Hermann Meier

Ostfriesland in Bildern und Skizzen

Land und Volk in Geschichte und Gegenwart

Hermann Meier

Ostfriesland in Bildern und Skizzen
Land und Volk in Geschichte und Gegenwart

ISBN/EAN: 9783742809506

Hergestellt in Europa, USA, Kanada, Australien, Japan

Cover: Foto ©Lupo / pixelio.de

Manufactured and distributed by brebook publishing software
(www.brebook.com)

Hermann Meier

Ostfriesland in Bildern und Skizzen

Ostfriesland

in

Bildern und Skizzen,

Land und Volk

in

Geschichte und Gegenwart,

geschildert

von

Hermann Meier,
Klassenlehrer in Emden.

Mit
einer Auswahl plattdeutscher Kinder- und Volksreime
und einem statistischen Anhang.

Leer.
Herm. Securius.
1868.

Herrn Dr. Karl Andree

zu Braunschweig

hochachtungsvoll gewidmet.

Vorwort.

Nachstehende Aufsätze, von denen im Laufe der letztern Jahre einige bereits in unsern bessern Zeitschriften (Globus, Daheim ꝛc.) erschienen sind, haben wir in Folge der Aufforderung verschiedener Freunde nochmals durchgesehen, um sie alsdann als selbstständige Schrift unsern Landsleuten darzubieten. Der jetzige Zeitpunkt möchte, nachdem sich unsere neuen politischen Verhältnisse dauernd abgeklärt zu haben scheinen, dazu kein ungeeigneter sein.

Wir hoffen, daß unsre Schrift im Stande sein wird, manche falsche Anschauung, manches Vorurtheil, welches man da draußen noch immer über Ostfriesland hegt, zu berichtigen und zu heben.

Auf die Volks- und Kinderreime erlauben wir uns besonders hinzuweisen. Es wird wahrlich hohe Zeit, daß diese Ueberreste unsrer Volkspoesie gesammelt und vor dem gänzlichen Untergange gerettet werden. — Wir geben vorläufig nur eine Auswahl aus einer größern Sammlung, die im nächsten Jahre erscheinen wird und richten an alle Freunde des Vaterlandes und seiner Eigenthümlichkeiten die Bitte, uns beim weitern Sammeln solcher Volksüberlieferungen freundlichst unterstützen zu wollen.

Den vielen Freunden, die uns bereits so thatkräftig zur Seite standen, sagen wir unsern ergebensten Dank.

Emden, im Dezember 1867.

Hermann Meier.

Inhalt.

I.

Geographisch-historische Einleitung.

Ostfriesland und seine Bewohner.

Allgemeine geographisch-historische Skizze.

In dem nordwestlichen Winkel Deutschlands, zwischen Oldenburg, einem Theile der Provinz Hannover, Holland und der Nordsee liegt Ostfriesland, ein wenige Quadrat-Meilen großes Ländchen, welches leider fast nur durch die Berichte phantasiereicher Touristen unsern Brüdern da draußen bekannt geworden ist. Seine reiche Vergangenheit, seine noch immer interessante Gegenwart, die des Ursprünglichen, Eigenthümlichen, Charakteristischen noch mancherlei bietet, war den Herren Touristen, die das Krasse und Abenteuerliche lieben, bei weitem nicht genug; die Lesewelt verlangte pikantere Speise und jene Herren haben es daran nicht fehlen lassen. Sie haben Ostfriesland zu einem Zerrbild gestaltet, haben Land und Leute geschildert, wie es — nicht ist und nie war. Das Großartigste in diesem Genre leistete der Freiherr A. v. Seld, der wesentlich dazu beitrug, daß dieser das Land als eine Einöde, jener als eine Gegend, in welcher Milch und Honig fließt, ansieht. Solches ist in seiner ganzen Erscheinung noch immer eine **terra incognita**, unbekannter als manche Partie fremder Erdtheile.

Das letzte Jahr, das Jahrhunderte aufwiegt, hat wiederholt den Blick auf Ostfriesland gelenkt; diesem selbst aber muß alles daran gelegen sein, nah und fern richtig be- und erkannt zu werden. Wir wollen deshalb im Folgenden den Versuch machen, eine richtige Schilderung unseres Vaterländchens und seiner Bewohner zu geben.

Ostfriesland ist ein Theil der großen norddeutschen Ebene, die sich von der Spitze Jütlands bis zum Ausflusse der Schelde hinzieht. Der Totaleindruck dieser Ebene, die eine weithin unübersehbare, mehr oder weniger gebogene, eine kümmerliche oder im entgegengesetzten Falle eine einförmige Vegetation zeigende Oberfläche darbietet, macht auf das Gefühl des Wanderers, der von oder hinter den Bergen herkommt, zwar keinen lieblichen, aber einen desto tiefern Eindruck. Die meisten seiner Bewohner kennen Berge nur von Hörensagen, denn wir haben nur einige wenige Hügel, die ihr Dasein der Menschenhand verdanken. Die Sehnsucht nach jenen Ländern, wo die Berge zum Himmel ragen, ist bei uns nicht gering, und sucht und findet nicht selten Befriedigung. Aber dafür haben wir das Meer mit Ebbe und Flut, mit Stille und Sturm, mit segelgeschwellten Schiffen und seinen vielen Bewohnern. Dafür haben wir den verschiedenartigsten Boden mit seinen köstlichen Produkten und einen Volksstamm, der echt deutsch war und ist.

Der Boden Ostfrieslands besteht aus Marsch, Geest und Moor. Ersterer wurde vom Meere gebildet und als Polder demselben abgewonnen. Es ist also selbstredend, daß man die Marsch nur an dem Meere und an den Ufern der Flüsse findet, so daß er wie ein ewig grünender Kranz drei Viertel unseres Landes umgürtet. Dieser Boden ist außerordentlich fruchtbar und reiche Weiden und Aecker wechseln ab mit üppigen Wiesen. Der goldne Raps und unser weit bekanntes und gesuchtes Vieh hat hier seine Heimat.

Während Ostfriesland sich nach der Mitte hin bis etwa 50 Fuß über den Wasserspiegel des Meeres erhebt, ist solches an der Nordsee und an den Flüssen so niedrig, daß es nur durch gewaltige Deiche (hoch 17—22', obere Breite 10—14', untere 90—110') gegen den Andrang der oft rasenden Flut geschützt werden kann. Im Ganzen sind es etwa 36 Meilen Deiche, die eine jährliche Unterhaltungssumme von ca. 70,000 Thaler erheischen. Außerdem haben die anliegenden Bauern noch Arbeiten und Strohlieferungen zu leisten, so daß der Marschbauer gewiß nicht Unrecht hat, wenn er sagt, daß er ohne Deichlast mit silbernem Pfluge würde pflügen können. Da, wo das Meer vorzugsweise die Deiche befehdet, hat man diese durch starke Eichpfähle, Balken und Steine befestigt. Und trotzdem kommen Zeiten, wie noch am 3. Dezember 1864, in denen ein Deichbruch und dadurch der Wohlstand der ganzen dahinter liegenden Gegend an einem Haare hängt. Erfolgt dieser, wie zuletzt im Jahre 1825, dann ergießt sich das empörte Element mit reißender Schnelligkeit über das Land, schlägt in nächster Nähe des Durchbruchs klaftertiefe Löcher (Kolken) und vernichtet für mehrere Jahre die Hoffnungen des Landmanns und den Wohlstand der Städte.

Noch andere Pflichten treten an die Tasche unsers Bauern heran. Mehr als 80 Schleusen (Sielen) lassen das durch Regen entstandene Binnenwasser durch, damit die See oder der Fluß es forttrage. Etwa 22,000 Thaler sind jährlich erforderlich, diese Vorrichtungen zu unterhalten. —

Der Bewohner dieses Landstrichs gleicht dem Boden. Reich wie jener, ist er auch stabil wie jener. Trägt sein Acker hundertfältige Frucht, so kennt seine Ueppigkeit und der von ihm entfaltete Luxus keine Grenzen; treten weniger gute Ernten oder gar Mißwachs ein, dann läßt er sofort den Kopf hängen und klagt ohne Aufhören. Der Marschbauer ist der konsequenteste Vertreter des phlegmatischen Temperaments.

Mehr dem Innern des Landes zu ist der Boden sandiger Natur — es ist die Geest. Dies ist der eigentliche Urboden, der an Fruchtbarkeit weit hinter der Marsch zurück steht. Dagegen findet man hier mehr Wechsel, sowohl in der Bildung des Bodens im Allgemeinen, als auch in der Vegetation. Der Geestbauer hat äußerlich nicht so gute Tage wie sein Kollege auf der Marsch, aber hinsichtlich seines Temperaments würde er mit jenem nicht tauschen. Er kennt die Wechselfälle des Schicksals besser als jener; was er dem oft eigensinnigen Acker abgewinnt, ist das Resultat seines Bienenfleißes; kein Produkt ist ihm werthlos; leicht wie der Boden ist sein Sinn, auch trägt er leichter die Bürde des Daseins. Ist man auf der Marsch schon mehr und mehr von der Kultur beleckt, der Geestbewohner bewahrt so viel ihm möglich das Erbe der Väter und die wenigen Ueberreste längst verschwundener Zeiten hat man hier zu suchen.

In der Nachbarschaft der Geest, theilweise weit in sie hineindringend, liegt der Moorboden, der unter sich den kalten Sand birgt. Die Kultur des Moores wird durch Abwässern, Grabenziehen, Aufreißen, Auflockern der Oberfläche und durch das Verbrennen des gehackten, aufgelockerten und ausgetrockneten obern Theiles vorbereitet, wo dann die Asche der verbrannten Oberfläche den Dünger für den Acker abgiebt. Bei dieser Prozedur entsteht der verpönte Moorrauch, auch Höhenrauch genannt. Auf dem Moor wird der Torf gegraben. Man unterscheidet Hochmoor und Leegmoor. Ersteres harrt noch seiner Abgrabung, die bei letzterm bereits erfolgt ist. Durch den Abbau und die Kultur der Moore entstehen die Fehne, die sich ausschließlich oder doch vorzugsweise mit der Torfgräberei beschäftigen.

Das Moor hat eine unfreundliche, düstre, melancholische Physiognomie und die Bewohner desselben harmoniren mit ihrem Boden in jeglicher Beziehung. Fern von dem Treiben der Welt, fern oft vom nächsten Nachbar, kennt der Moorbewohner nur eine Pflicht, eine Pflicht, die schon in allerfrühster Jugend an ihn herantrat: es ist die des Arbeitens. Mit dieser Pflicht tritt er ins Dasein und verläßt ihn solche erst, wenn der Moorboden im nächsten Kirchdorf sich über ihm schließt. Höhere Genüsse, edlere Freuden des menschlichen Daseins hat er nie geschmeckt und sich nie nach ihnen gesehnt.

Nicht so verschieden wie der Boden ist das Klima. Die Nähe des Meeres läßt es an Kälte und Unbeständigkeit nicht fehlen. Die Luft ist häufig dick und feucht und warmen Sommertagen folgen nicht selten die kühlsten Abende, die zum Winterrock greifen lassen. Der Gesundheitszustand ist nicht so befriedigend, als in den höher belegenen Theilen Hannovers. Daran ist theils die niedrige und feuchte Lage des Bodens, theils aber die schlechte Beschaffenheit des Trinkwassers schuld, welches häufig nur in dem in Zisternen angesammelten Regenwasser besteht. Besonders in heißen trocknen Sommern treten Marsch- und Sumpffieber vielfach auf. Außerdem sind rheumatische und katharralische Affectionen, Skropheln, chronische Ausschläge und Schwindsucht häufig. In neuerer Zeit hat sich aber die Sterblichkeit in Folge des allgemein gestiegenen Wohlstandes, wodurch Wohnung, Kleidung und Ernährung besser wurden, bedeutend vermindert.

Der südwestliche Theil Ostfrieslands wird von der Ems durchschnitten. Dieselbe kommt aus dem Teutoburger Walde, unweit Paderborn, durchschneidet bei Rheine die daselbst abgelagerten Kreideformationen, nimmt bei Meppen die Hase, bei Leer die Leda auf, durchzieht den Dollart und stürzt sich bei der Insel Borkum ins mütterliche Meer. Sie hat eine Länge von 50 Meilen und ihr Flußgebiet umschließt 240 Quadrat-Meilen.

Der Meerbusen Dollart entstand am Ende des 13. Jahrhunderts. Damals standen dort 50 schöne Dörfer und eine reiche Stadt, die vor und nach von den Wellen verschlungen wurden. Im Ganzen wurden 7½ Quadrat-Meilen Landes eine Beute des Meeres, von welchen man indeß nach und nach bereits mehr als die Hälfte wieder erhalten und in fruchtbare Polder verwandelt hat.

Am Saume der Nordsee liegen unsre sechs Inseln: Borkum, Juist, Baltrum, Norderney, Langeroog und Spiekeroog. Die beiden Badeinseln Borkum und Norderney sind auch über die Marken unsers Landes hinaus bekannt. Früher zusammenhängendes Land, ist dieses im Laufe der Jahrhunderte vom nimmersatten Meer in kleine Stücke zertheilt und macht solches alljährlich Versuche, sie gänzlich von der Erde zu vertilgen. Zur Zeit der Flut gleichen diese Eilande den Oasen der Wüste. Mit der Ebbe wird der zwischen Inseln und Festland befindliche Strand (das Watt) theilweise fast trocken und gestattet sogar bei den zunächstliegenden eine Fußreise dahin. Wehe aber dem Wanderer, der sich verirrt, der nicht vor Eintritt der Flut die Nähe der menschlichen Wohnungen erreicht: ein gewisser Tod ist das Ende langer Qual.

Für das Festland sind unsere Inseln von größter Bedeutung. Abgesehen davon, daß dort jährlich Tausende Gesundheit und neues Leben finden, sind sie ein treffliches Bollwerk gegen das Meer, welches dadurch gehindert wird, seine ganze Kraft an den Deichen auszulassen. Wenn dereinst die Inseln ganz verschwunden sind, werden unsre Ururenkel noch andere Deichlasten zu tragen haben, als dies heutzutage der Fall ist.

Von den fünf Städten des Landes ist Emden die größte. Sie treibt bedeutenden Handel und ihre Schiffe, wie die Leer's, befahren alle Gewässer der Erde. Emden vermittelt auch die Ausfuhr von Korn aller Art, von Butter, Käse und Vieh, welches in dem hinter ihm liegenden reichen Landstrich, dem Krummhörn, in bedeutender Quantität und ausgezeichneter Qualität gewonnen wird. Kein Dorf des Krummhörn ist ohne Kanal, auf welchen durch kleine Dorfschiffe zu fast allen Jahreszeiten die ländlichen Produkte zur Stadt befördert werden können. Ohne diese Kanäle würde die Kommunikation oft sehr gehemmt sein, da wenigstens ein Viertel des Jahres hindurch die Kleiwege kaum für Fußgänger und leichte Fahrzeuge zu passiren sind. Stellt sich längerer Regen ein, so werden die Wege glatt und schlüpfrig und schließlich so durchweicht, daß es keinem Wagen, geschweige einem beladenen möglich ist, hindurch zu kommen. Im Winter ist über die festgefrorenen Kanäle der Verkehr am leichtesten.

Die Hauptstadt der Provinz ist Aurich in der Mitte des Landes, mit reizender Umgebung; sie wird durch Kanal und Chaussee mit Emden verbunden. Leer ist erst seit etwa 50 Jahren zur Würde einer Stadt erhoben. Sein rüstiges, unermüdliches Ringen verspricht ihm eine nicht gewöhnliche Zukunft. Die älteste Stadt ist Norden, die kleinste Esens im nordöstlichen Theile Ostfrieslands, dem Harlingerland.

Die Größe Ostfrieslands beträgt 54½ Quadrat-Meilen.

Kein anderer Theil Deutschlands — sagt Kutzen — ist so innig mit dem ganzen Dasein der Bevölkerung verwachsen, als der kultivirte Küstensaum der Nordsee mit der seinigen. Auch die Alpen mit dem Alpenbewohner nicht; denn dieser fand hier das Land fertig; er hat keinen Theil an seiner Bildung; dort dagegen ist jeder Fleck, jeder Schritt historisch, dort nachweisbar, wie das ganze Land zusammen mit seinen Bewohnern Halt und Kultur gewonnen hat. Nirgends anders sind die Bewohner so ganz und wahrhaftig Söhne des Vaterlandes, das sie sich schufen und durch das sie wurden, was sie sind. Bei diesen Küstenbewohnern haben sich zugleich mit ihrem Vaterlande ihre Sitten, ihre Kenntnisse, ihre häuslichen und staatlichen Einrichtungen entwickelt und das Verständniß ihrer so eigenthümlichen politischen Geschichte, ihrer politischen Verhältnisse, ihrer moralischen Eigenschaften, kurz ihres ganzen, durch seine Besonderheit höchst ansprechenden Wesens und Lebens ist undenkbar ohne die Kenntniß der physischen Gestaltung des Landes.

Jahrhunderte lang von andern Völkern abgeschnitten, allein auf den Umgang mit der Natur und Seinesgleichen angewiesen, findet man beim Ostfriesen alle Tugenden und Fehler, die solch' ein isolirter Zustand überall mit sich führt. Wie der einsame Sohn des Gebirges, hält auch der Nachbar des Meeres fest am Alten und Hergebrachten und mit scheuer Zurückhaltung prüft er das Neue, wenn er es nicht ununtersucht sofort von sich weist und dadurch das Kind mit dem Bade ausschüttet. Daher auch sein zähes Festhalten an die alten Gesetze und Rechte, die einzig dastanden in der Christenheit. „Die Friesen sollen freie Bürger sein, so lange der Wind aus den Wolken wehen und die Erde stehen wird“, sagt eine alte Gerechtsame.

Steinerne Häuser wurden nicht geduldet, unverheirathete Priester eben so wenig. Kein Priester oder sonstiger Geistliche erhob hier je einen Zehnten oder eine ähnliche Abgabe. Dadurch wurde die Treue gegen den heimischen Boden, stolzes Selbstgefühl und echte, warme Vaterlands- und Freiheitsliebe gar kräftig genährt. Haben auch Aristokratie und herrschsüchtige Bischöfe im Laufe der Zeit manche Blume aus diesem reichen Kranz geraubt, so darf doch noch heute der Ostfriese das Wort: Ich bin meiner Väter werth! ohne Erröthen aussprechen.

Eala freya fresena! Dir freier Friese! war der Wahlspruch und Gruß unsrer Vorfahren Jahrhunderte lang. Schätzte er seine Freiheit hoch, nicht weniger seine Sprache. Mit so vielem Andern hat er auch diese verschwinden und ein Plattdeutsch an deren Stelle treten sehen müssen. Schon im 13. Jahrhundert vermißt man das Urwüchsige und die Spuren holländischen Einflusses werden sichtbar; im folgenden Jahrhundert werden diese häufiger und vielfache plattdeutsche Ausdrücke verunreinigen die altfriesische Sprache, die zu Anfang des 15. Jahrhunderts bereits bis zur Unkenntlichkeit verwässert war und am Ende desselben den letzten Odem aushauchte. Zu Anfang des 14. Jahrhunderts wurden die Gesetze noch in friesischer Sprache zusammengestellt. Aber alle aus dem Mittelalter stammenden Urkunden sind entweder lateinisch oder plattdeutsch abgefaßt. Das Plattdeutsche war die Hofsprache der ersten Grafen; das ostfriesische Landrecht erschien in derselben. Dieses Platt ist die Sprache des eigentlichen Volkes; vor nicht gar vielen Jahren auch die der Kanzel und des Katheders. In dem südwestlichen Theile enthält es viel Holländisches, im Nordosten viel Deutsches. Das reinste Plattdeutsch wird im sogenannten Brookmerlande gesprochen.*) Die Gebildeten reden durchweg deutsch und nur noch in den reformirten Kirchen wird von Zeit zu Zeit in holländischer Sprache gepredigt.

Die plattdeutsche Sprache ist derb und kräftig, schlagend, frank und frei, oft zügellos; wie jede Sprache der Ebene tief und weich, wodurch sie den Charakter traulicher, leidenschaftsloser Mittheilung erhält.

Unsere Sprichwörter, deren Schatz ein sehr reichhaltiger ist, nennen stets das Ding beim rechten Namen, unbekümmert darum, ob dieser die Nase rümpft und jene schämig sich abwendet. Dahingegen ist das Lied hier nicht zu Hause, die Ebene ist nun einmal nicht die Heimat desselben. **Frisia non cantat!** Auch der Gesang hat hier keine Stätte; die Kehlen sind rauh und das, was sie erzeugen, ist unmelodisch. Sonst darf der Ostfriese es in Betreff der Bildung ruhig mit

*) Siehe F. H. Müller, Döntjes und Vertellsels (Berlin, Springer).

andern deutschen Volksstämmen aufnehmen und die geistige Stufe, die er erklommen, ist eine keineswegs niedere. Die Zahl der Gelehrten, deren Wiege in Ostfriesland stand, die als Sterne erster und mittlerer Größe am literarischen Himmel glänzen, beweist solches zur Genüge. Wir nennen von den Naturforschern David Fabricius und Albert Seba, von den Medizinern Hermann Couring und Johann Christian Reil, von den Geschichtsschreibern Ubbo Emmius, Tilemann Wiarda und — den Welfen Onno Klopp, von den Theologen Helias Meder und Johann Christian Gittermann; außerdem Friedrich Arends und die Professoren Oltmanns und Dirksen.

Die Bevölkerung Ostfrieslands — etwa 194,000 — gehört mit geringen Ausnahmen dem friesischen Volksstamm an. Als solche Ausnahmen sind zu bezeichnen die Bewohner des südlichen, an das Meppen'sche grenzenden Theils des Oberledingerlands, woselbst eine aus Friesen und Sachsen gemischte Bevölkerung sich findet und die in einigen Kolonien im Amte Aurich aus Franken und Thüringen eingewanderten Familien.

Der Friese ist gewöhnlich eine derbe, breitschultrige, fleischige, zur Korpulenz geneigte Figur, von mittlerer Größe und untersetzter Statur. Allerdings sind auch große Leute, besonders in Harlingerland, nicht selten. Die stark vorherrschende Farbe der Haare ist lichtblond, die der Augen blau. Eigentlich rothes, braunes oder gar schwarzes Haar kommt selten vor. Nur das blonde, volle und mit lebhaft gerötheten Wangen begabte Mädchen gilt für schön.

Der alte friesische Staat erstreckte sich von der Maas bis zur Weser. Ob dessen Angehörigen den ersten Bewohnern unserer Gegend, den Chauken und Sachsen, entstammen, ist noch keineswegs nachgewiesen. Der Friese war schlicht und rauh von Sitten, stark an Leibeskraft und tapfern Gemüthes, dabei gastfreundlich, treuherzig und ehrlich, streng und keusch. Sein höchster Gott war Wodan, den er Allvater nannte. Freia war die Göttin der Fruchtbarkeit und der

Erde. Den Tapfern wurde in Walhalla süßer Lohn, während die Feigen die Hela bevölkerten. Die Schüler des Bonifazius brachten diesem Volk das Christenthum und trugen dadurch zu seiner Gesittung bei. Ihr Friedenswerk wurde von Karl dem Großen mit dem Schwert fortgesetzt; aber kaum hundert Jahre nach dessen Tode machte ein Theil der von ihm angestellten Grafen sich von der fränkischen Herrschaft frei und Friesland zerfiel in ein freies und in ein Erbfriesland. Jenes wurde in sieben Provinzen oder Seelande eingetheilt, von welchen Ostfriesland mit Jever ein Seeland ausmachte. Jedes Seeland hatte seine eignen dem Volkswillen entsprungenen Gesetze; wenn aber die Noth herantrat, dann standen Alle für Einen und die sieben Provinzen bildeten nur ein großes Ganze. Jährlich tagten deren Vertreter am Upstallsboom und die Normannen, die vom 9. bis ins 14. Jahrhundert hinein unsre Küsten sengend und mordend heimsuchten, haben solcher Einigung gegenüber das Feld räumen müssen.

Die Einigkeit wurde bald zu Grabe getragen, wie sich solches schon beim Einbruch des Dollarts im 13. Jahrhundert zeigte, aber seine Freiheit erhielt der Friese sich länger. Bald aber sehen wir auch hier Einzelne sich über alle andern erheben; sie erbauten sich steinerne Burgen und versprachen, das Volk bei Fehden zu beschützen, wogegen sie gewisse Abgaben und Arbeiten beanspruchten. Solche Beschützer, die man bald in fast jedem Dorfe fand, nannte man Häuptlinge. Diese aber lagen sich beständig in den Haaren und das Volk mußte die Zeche bezahlen. Kein Wunder! daß die Sehnsucht nach Einem, der solcher Noth ein Ende mache, eine allgemeine wurde. Aber zwei Männer — Ocko ten Brok und Fokko Ukena — strebten beide nach der Oberherrschaft. Ein wilder Krieg entbrannte. Das Volk aber trat am 10. November 1430 beim Upstallsboom zusammen und errichtete den Bund der Freiheit, nach welchem jegliche Tirannei bekämpft und alles Freiheitgefährliche beseitigt und fern gehalten werden sollte. Zum Schützer des Bundes wählte man Edzard Cirksena. Sein Nachfolger, Ulrich Cirksena, wurde im Jahre 1454 zum Reichsgrafen ernannt und vom Kaiser mit Ostfriesland erblich belehnt. Dessen Sohn und Nachfolger Edzard I., schon von seinen Zeitgenossen „der Große" genannt, war groß im Kriege wie im Frieden und unablässig bemüht, seine Unterthanen zu beglücken. Unter ihm drang die Reformation ins Land, er schützte und begünstigte die Verkünder und Bekenner derselben. Sein Andenken ist ein unauslöschliches.

Enno II. wollte die neue Lehre mit Gewalt einführen, wodurch er manches Ungewitter heraufbeschwor. Während seiner Regierung wurde Jever auf immer von Ostfriesland getrennt.

Unter seinen Nachfolgern wucherte der alte Streit mit den Unterthanen beständig fort. Der Delfsieler Vergleich (1595) sollte diesem ein Ende machen, erreichte aber weiter nichts, als daß seit der Zeit die Generalstaaten von Holland hier großen Einfluß gewannen, der bis zur preußischen Regierung fortdauerte. Um diese Zeit begann die Ems ihr altes Bett zu verlassen und Emdens Zukunft als Handelsstadt in Frage zu stellen. Die alte Uneinigkeit gestattete keine energische Hülfe und wenn auch Enno III. durch den Berumer Vergleich (1600) Harlingerland an Ostfriesland brachte, mit dem es seitdem vereinigt blieb; wenn das Volk sich auch von den Heimsuchungen eines Mansfeld (1622), von der verheerenden Fastnachtsflut (1625), von der hessischen Invasion vor und nach erholte, so kehrte doch zwischen Volk und Fürst Einigkeit nicht heim. Uneinigkeit und Zwietracht dauerte auch dann noch fort, als im Jahre 1654 Enno Ludwig vom Kaiser in den Reichsfürstenstand erhoben wurde. Als Georg Albrecht (1708—34) endlich Ruhe und Frieden erbte, rüstete sich die Natur zum Verderben. Viehseuchen, Fastnachtsflut (1715), Weihnachtsflut (1717), aber auch Bürgerkriege (1724—27) setzten das seit Jahrhunderten begonnene Werk der Zerstörung fort. Karl Edzard, der 1744 starb, war Ostfrieslands letzter Fürst. Am Tage nach seinem Tode anerkannte Emden den König Friedrich II. von Preußen als Landesherrn und gelobte ihm Gehorsam und Treue.

Mit dem nun erworbenen Frieden kehrte auch das Vertrauen zurück. Aber der siebenjährige Krieg vernichtete wiederum manche schöne Blüte. 1757 suchten die Franzosen Ostfriesland heim, 1760 kam der Marquis de Conflans mit seinem Gesindel. Letztere Heimsuchung kostete dem Lande über 3 Millionen Thaler. König Friedrich II. that sein Möglichstes, diese Wunden zu heilen; der 17. August 1786 war für ganz Ostfriesland ein Trauertag. Unter Friedrich Wilhelm III. erhielt die Provinz manche segensreiche Einrichtung, aber die Folgen der unglücklichen Schlacht bei Jena (1806) kosteten Ostfriesland an abgenommenen Schiffen etwa 3½ Million Thaler. Am 25. October genannten Jahres begann die Fremdherrschaft! Ostfriesland wurde holländisch. Sein König sprach: Das Schicksal gebietet, der Vater scheidet von seinen Kindern — und das Volk fühlte ihm nach. Ostfriesland wurde in Verbindung mit Jever, Knyphausen und Varel das 11. Departement des Königreichs Holland; Reiderland wurde zum Departement Groningen gelegt. Die alten Gesetze wurden beseitigt, die Sprache sollte die holländische werden. Die hohen Steuern erzeugten den Schmuggel, dieser großes Sittenverderbniß. 1810 wurde Ostfriesland als Departement der Ostems dem großen französischen Kaiserreiche einverleibt. Die letzten Ueberreste der ostfriesischen Verfassung fielen, die verhaßte Konskription, die französische Sprache, unerschwingliche Steuern und stets lauernde Spionage wurden eingeführt.

Die Schlacht bei Leipzig brachte Ostfriesland an Preußen zurück; aber am 15. Dezember 1815 trat dieses unsere Provinz an Hannover ab. Funfzig lange Jahre haben wir diesem Königreich angehört, mit ihm Freud' und Leid getheilt, sind aber nie aus dem Stiefkindsverhältnisse herausgekommen. Die Schlacht bei Langensalza (27. Juni 1866) gab uns „bis ans Ende aller Dinge" an Preußen zurück und kein Volksstamm hat sich der preußischen Siege und Eroberungen mehr gefreut als der Ostfriese, dem die Zeit der hannoverschen Regierung stets als die der Fremdherrschaft erschien.

II.

Die Marsch.

menkommt, bildet sich aus der Vermischung beider der Schlick oder Schlamm, der sich schließlich, besonders an den Flußmündungen, ablagert und durch fortwährende Ablagerungen neuen Boden erzeugt.

Arends, der vorzüglichste Geograph Ostfrieslands, ist anderer Ansicht. Seinem Dafürhalten nach sind Fluß- und Seewasser nicht im Stande, den Schlamm zu erzeugen, es müsse noch eine andere Potenz da sein, welche den Hauptstoff dazu hergäbe. Der Boden des Meeres sei von eben so verschiedener Beschaffenheit, als der des festen Landes. Er habe Felsen, Thon, Kalk, Sand; letztern am häufigsten, und den allein sähen wir auswerfen. Was hält uns aber ab, anzunehmen, daß in der Nähe unsrer Küste ausgedehnte Thon- und Kalksteinlager unter den Wellen liegen? Die Bestandtheile des Seewassers bestätigen diese Vermuthung. Arends giebt hier eine ziemlich alte Analyse des Nordseewassers, die wir durch die uns bekannte neueste ersetzen:

1 Pfund = 7680 Gran Nordseewasser enthalten:

Chlornatrium	197,5	Gran,
Chlorkalium	4,446	„
Chlormagnesium	28,362	„
Schwefelsaure Talkerde . .	10,2	„
Schwefelsaure Kalkerde . .	4,926	„
Kieselerde	0,782	„

Das sind sehr viel konstitutive Theile!

Welch' ungeheure Quantität solider Massen führen demnach die Millionen Kubikfuß Wasser, die täglich unsrer Küste zuströmen, herbei! Diese konstitutiven Theile können sich nicht im Wasser selbst erzeugen, sonst müßte sich das Seewasser überall gleich sein. Dem ist nicht so. Selbst die uns so nahe liegende Ostsee hat nur ein halb mal so viel feste Theile. Wie läßt sich diese große Ungleichheit besser erklären, als durch die Voraussetzung, daß im Boden der Ostsee geringe, in dem der Nordsee stärkere Betten von Thon, Kalk 2c. liegen, welche vom Meer nach und nach losgespült werden, bei Flutzeit der Küste zufließen und sich da als fetten Schlamm niedersenken, der unsere Marschen bildet. Nach

Allmers (im Marschenbuch) kommen dreierlei Weisen hinsichtlich der Marschbildung in Betracht.

Zuerst die mechanische. Wenn Flut und Ebbe oder Ebbe und Flut zusammentreten, wo alle Strömung aufgehoben zu sein scheint, setzt sich eine Lage Schlamm ab, die der Strom bis dahin ruhelos mit sich forttrug; sodann die chemische, welche identisch ist theils mit der jüngst aufgestellten Ansicht, theils mit der von Arends, und endlich die durch das Sterben der Infusorien erzeugte.

Ehrenberg fand in ihm zugesandten Schliekarten zum größten Theil Infusorien und deren Ueberreste. Die jedesmalige oberste, also jüngste Schicht bestand fast allein, und wenigstens zu 9/10 aus Infusorien, vorzugsweise Frustalia attenala und acuminata. In Folge dieser und anderer Untersuchungen ist Ehrenberg der Ansicht, daß die Marschen und Kulturländer der Flußgebiete nicht ausschließlich, vielleicht nicht hauptsächlich, ein Geschenk der Flüsse seien, sondern daß dieselben nachweislich einen Theil ihrer Existenz und Fruchtbarkeit jenen marinen animalischen Verhältnissen verdanken. Diese Ansicht wird bedeutend durch die Untersuchungen des Professor Harting unterstützt. Nach demselben soll z. B. der Dollartschlamm zum 10. Theil aus Ueberresten mikroskopischer Organismen bestehen. Derselbe berechnet aus der Höhe des Schlammes, daß, wenn 2000 Billionen dieser Reste auf einen Quadratmeter gehen, seit Entstehung des Dollarts (1277) bis 1854 jede Stunde 15,400 Billionen, in jeder Sekunde 4⅓ Billion dieser Organismen gestorben sind, um mit ihren Fragmenten einen fruchtbaren Boden mit erzeugen zu helfen, der jetzt in so reichem Maße tausende von Menschen nährt.

Gegen alle diese Hypothesen ließe sich Mancherlei einwenden, wie auch gegen die von untergeordneter Bedeutung. So ist es sehr auffallend, daß hier sich der Schlamm im Nachsommer und frühen Herbst, wenn die Binnengewässer auf dem niedrigsten Standpunkt stehen, am stärksten häuft, sowie daß er in regnigen Sommern weniger erzeugt wird, als sonst. Wir führen dies nur als Thatsache an, denn es fällt uns nicht entfernt ein, eine Kritik dieser verschiedenen

Ansichten zu versuchen; wir stimmen aber Allmers vollkommen bei, wenn er sagt: Man sieht, unsere Naturforscher und Geologen brauchen noch gar nicht hunderte von Meilen zu reisen, um schöne Beobachtungen und Entdeckungen machen zu können. — — —

Als man schrieb den 12. Januar 1277, da war in Ostfriesland große Noth. Der furchtbare Nordost, der seit verschiedenen Tagen wüthete, hatte durch die „Seegaten", das sind die Räume zwischen den einzelnen Inseln, so viel Wasser getrieben und peitschte so heftig dahinter her, daß die Anwohner des Meeres mit Bangen und Zittern der nächsten Zukunft entgegensehen mußten. Denn man kannte bereits aus Jahrhunderte langer Erfahrung die Eroberungssucht des nimmersatten Nachbarn, der schon so manche schöne Beute an Land und Häusern, an Vieh und Menschen auf Meeresgrund gebettet hatte. Besonders hatte an diesem Tage eine Gegend unweit Emden, eine gottgesegnete Gegend mit einer reichen Stadt, Torum, und mit funfzig blühenden Dörfern, Anlaß zur bangen Besorgniß. Bald flog der leichtgeflügelte Schaum über die damals noch nicht so starken und hohen Deiche weit ins Land hinein; immer lauter heulte der Sturm, immer höher stieg das Meer, immer schwächer wurden die Deiche. Endlich brachen sie und mit rasender Eile stürzten die Wogen in das Land hinein, Alles niederwerfend, was sie auf ihrem Wege fanden. Häuser und Gärten waren in einem Augenblick verschwunden, die stärksten Bäume wurden entwurzelt, und der Leichen von Menschen und Thieren gab es unzählige. Das Land war zum Meere geworden, zum Meere mit Ebbe und Flut. Es schien, als ob die Zeiten der Urväter zurückgekehrt seien, von denen Plinius sagt: Der unermeßliche Ozean läßt hier in dem Zeitraum eines Tages und einer Nacht zweimal seine Gewässer anschwellen und zweimal wieder ablaufen und offenbart uns dadurch den ewigen Kampf des Flüssigen und des Starren, so daß es zweifelhaft ist, ob die Sitze der Friesen dem Wasser oder dem Lande angehören. Dort wohnt das arme Volk auf Hügeln, welche entweder die Macht der Natur oder die Arbeit ihrer Hände gemäß ihrer Erfahrung vor der Höhe der Fluten aufgeworfen hat. Während die Gewässer das Land bedecken, sind die Bewohner in ihren armseligen Hütten den Schiffenden zu vergleichen; wenn jene wieder abgelaufen sind, den Schiffbrüchigen.

Die Beschaffenheit des Bodens im Innern dieses Landstriches stand dem Meere in seiner Zerstörungswuth bei, denn dieser Boden war so tief, so sumpfig, daß der Feind, einmal eingedrungen, hier die größten Verheerungen anrichten konnte. Emmius, der Vater aller friesischen Geschichtsschreibung, bemerkt: „Der Boden ist derartig, daß er sich unter den Füßen bewegt und zittert, dem Andrang gewaltiger Fluten also keinen Widerstand leisten kann. In solchen Fällen reißt er sich hier und dort los und treibt in kleinern und größern Stücken, oft mit ganzen Häusern und Ländereien. Dies mag wunderbar erscheinen und dem Fremden unglaublich; wir selbst würden daran zweifeln, wenn nicht der Augenschein uns gezeigt hätte, daß bei starken Wasserfluten ganze Strecken Landes mit Vieh, Dörfern, Weilern und Kirchen auf den Wogen dahin treiben können.“

Die Belege zu dieser Beschreibung sind in der friesischen Geschichte nicht selten. So wurde z. B. in der sogenannten Allerheiligen-Flut (1. November 1570) im Groningerlande eine Fläche Landes losgerissen, um sich in Ostfriesland niederzulassen. In der Weihnachtsflut (1717) trieben in Ostfriesland mehrere Häuser mit Menschen und Vieh davon; ein Haus trieb so unmerklich von der Stelle, daß die Lampe nicht erlosch und die Hühner ruhig auf der Stange sitzen blieben. Derartige Beispiele giebt es viele, und noch im Jahre 1793 rutschte ein Theil des Hochmoors über niedriges Land, weite Strecken bedeckend. —

Als nun aber die empörte Natur sich beruhigt hatte, als das entfesselte Element wieder in seine Grenzen zurückgekehrt war, als das Maß des Elends und des unsäglichen Jammers mehr als voll war, da wucherte das fluchwürdige Erbtheil der Deutschen auch hier im fernsten Winkel hochauf. Statt Hand in Hand zu schlagen und den Sommer einträchtiglich zur Ausbesserung und Verstärkung des Deiches zu benutzen, ließ Einer den Andern schalten und walten, wie's ihm wohlgefiel. Streit und Uneinigkeit hatte auch diese Men-

Darum wendet der Mensch sein Möglichstes an, den Schlamm zu fangen und den gefangenen so rasch wie thunlich zu erhöhen.

Zu diesem Zwecke bringt man an unsrer Küste zwei Grundsätze zur Geltung. Erstens sorgt man dafür, daß die Flut ungehindert den Schlammboden überströmen kann, setzt dem Wasser bei der Ebbe aber alle möglichen Hindernisse entgegen, um es zu zwingen, im ruhigen Zustande möglichst vielen Schlamm zurückzulassen.

Zweitens strebt man dahin, alle Anlagen so zu machen, daß das Wasser vollständig wieder abfließen kann. Diese Anlagen bestehen aus sogenannten Schliekschlöten oder Schliekhunden. Einige Fuß von der Berme (dem Fuß des Deiches) entfernt, zieht man durch den weichen Schlamm kleine Gräben oder Schlöte, die 3 bis 4 Fuß weit, 1 bis 2 Fuß tief und 15 bis 20 Deichruthen (à 20 rheinl. Fuß) lang, 4 bis 10 Deichruthen von einander entfernt sind. Da wo diese Schlöte aufhören, wird ein Querschlot gegraben, die Erde daraus nach der Landseite geworfen und von hier an eine neue Reihe Schlöte gezogen, jedoch so nahe zusammen, daß die Erde daraus auf einander geworfen werden kann, um dem auf diese Weise entstandenen Damm doppelte Anlage und Höhe zu geben, weil das Watt, je weiter vom Deiche, desto niedriger wird, folglich die Wälle dem Wasser stärkern Widerstand leisten müssen. Ein Quergraben verbindet diese Schlöte wieder und manchmal folgt noch eine dritte Reihe, was von der Lage des Watts abhängt. Im folgenden Jahre werden neue Schlöte zwischen den alten gegraben, im dritten ebenfalls; im vierten gräbt man die alten, welche nun völlig mit Schlamm angefüllt sind, wieder aus, oder auch schon im dritten, ja es kann sein, daß schon in einem Jahre die Schlöte voll Schlamm kommen, wenn die Lage besonders günstig ist. Auf solche Weise wird jährlich mit der Arbeit fortgefahren und das Watt erhöht. Begrünung stellt sich bald ein, erst auf den Wällen, dann über die ganze Fläche, wenn nicht die Eisgänge des Winters oft in einer Nacht die Arbeiten mehrerer Jahre zerstören.*)

---

*) Die jährliche Ausgabe für diese Arbeiten ist keine geringe.

Die erste Pflanze, die sich auf dem neugewonnenen Boden zeigt, ist der blätterlose Glasschmalz (**Salicornia herbacea**); sobald sich aber der Boden erhöht, verschwindet derselbe und macht der ansehnlichen, schönen Sternaster (**Aster tripolium**) Platz. Ihre unzähligen hellblauen Blumen erfreuen das Auge des Wanderers, der nimmermehr auf dem grauen Schlamm solchen Blumenwald gesucht hätte. Die dicken Stengel dieses Gewächses halten vielen Schlamm zurück, immer mehr begrünt sich der Boden, auch die Aster verschwindet und **Glyceria maritima**, hier Queller genannt, **Plantago maritima**, **Agrostis stolonifera distans**, nebst vielen andern Pflanzen, überziehen mit ihren Ausläufern bald das Ganze und vollenden die Begrünung des Bodens, der nun schon zum Weiden und Mähen benutzt wird.

Solche Anwächse sind für das dahinter liegende Land von großem Nutzen, denn sie schützen dasselbe besser, als Dämme und Deiche, gegen die Wuth der Wogen, deren Gewalt sie brechen. Je größer der Anwachs oder das Vorland, desto gesicherter sind die Deiche, desto geringer die Unterhaltungskosten derselben und umgekehrt. Darum sucht man auch dort ein möglichst großes Vorland zu gewinnen, wo keine Aussicht auf Gewinnung eines Polders vorhanden ist.

Hat sich das Vorland völlig begrünt und steht seine Größe mit den Eindeichungskosten im Verhältniß, so schreitet man zur Eindeichung, indem man vom alten Deiche aus einen zweiten um das neugewonnene Land legt. Die Anwächse gehören, mit wenigen Ausnahmen, dem Landesherrn, der ent-

---

Beim Heinitzpolder im gesegneten Reiderland, dem südwestlichen Theil Ostfrieslands, wurden von 1823 bis 1840 jährlich 11,280 Quadrat-Ruthen hannov. bearbeitet und dafür jährlich etwa 828 Thaler verausgabt, in den 18 Jahren also 14,904 Thaler. Dahingegen ist aber schon der Ertrag des Anwachses ein so großer, daß man, von andern Gründen für's physische Wohl des Landes abgesehen, nichts Vortheilhafteres thun kann, als überall, wo die Natur dazu die geringste Veranlassung giebt, durch Arbeiten den Anwachs zu erhöhen. Nach einer zehnjährigen Durchschnittsrechnung bringt eine Fläche von 460 Quadrat-Ruthen jährlich auf an Gras 15 Thaler, an Nachweide 16 Groschen, zusammen 15 Thlr. 16 Gr. Verausgabt für Graben 3 Thlr. 9 Gr. Bleibt ein jährlicher Gewinn von 12 Thlr. 7 Gr.

weder die Bedeichung des Polders selbst beschaffen läßt oder ihn gegen Erbpacht zur Bedeichung an Privatpersonen überläßt. In alten Zeiten war das neue Land Gemeingut. Die Bewohner der nächstliegenden Dörfer benutzten den Anwachs gemeinschaftlich. Sie deichten ihn zusammen ein und vertheilten das Land unter sich. Später aber, als die friesische Freiheit in das Reich der Träume gebannt wurde, maßten sich die Grafen das neue Land an. Die Stände wehrten sich freilich gegen diese Uebergriffe, aber eine kaiserliche Resolution von 1595 gab den Grafen ausdrücklich Recht.*)

Das gewonnene Neuland wird **Polder** oder **Groden** genannt; zwei gleichbedeutende Wörter, von denen ersteres mehr in Ostfriesland, letzteres mehr in Oldenburg gebräuchlich ist. Nun hat sich die Szene völlig geändert. In den Marschen ist die üppigste Fruchtbarkeit, der herrlichste Anbau, auf den Watten völlige Wüstenei; in den Marschen ein neugewonnener, frischer Boden, in den Watten das Gerippe uralten, untergegangenen Landes; in den Marschen das Walten der raffinirtesten Menschenkunst, in den Watten das Schalten roher, zerstörender Naturkräfte; in den Marschen die Glockentöne der neuerbauten Kirchen und der Jubel zu fröhlichem Besitz gelangter Menschen, in den Watten die Todesstille über im Grabe verschütteter Habe und ertränkter Geschlechter; in den Marschen die Furcht vor dem Verlust des Ergriffenen, über den Watten die Hoffnung der neuen Auferstehung über Landschaften schwebend. Die Watten sind der lange Kirchhof der Marschen, und die Marschen sind, Polder an Polder, ein eben so langer Triumphzug des Menschen über die Natur.

Diese Worte Kohl's können wir nur nach allen Seiten

---

*) Die Kosten eines Deiches sind nicht unerheblich, wenn auch die Anwachsdeiche nicht so hoch und stark zu sein brauchen, als die Hauptdeiche des Landes. So betrugen die Eindeichungskosten eines 1772 gewonnenen Polders von 84,800 Quadrat-Ruthen rheinl., dessen Deichlinie 900 Ruthen einnahm, 180,000 Thaler. Ostfrieslands größter Polder wurde 1752 eingedeicht. 1800 Mann legten im Frühling Hand an's Werk und waren im Herbst damit fertig. Er hielt über 800,000 Ruthen rheinl. Friedrich II. verkaufte solchen später an die Stände des Landes für 299,161 Thaler.

hin unterschreiben, wenn auch andrerseits das Naturkleid des neugewonnenen Marschbodens ein ziemlich einfaches ist; denn die Flora desselben ist trotz ihrer Fruchtbarkeit dennoch arm, sehr arm. Individuen die Hülle und Fülle, aber sehr wenig Arten. **Ranunculus acris, Trifolium filiforme, Lathyrus pratense, Vicia cracca, Daucus carota, Bellis perennis, Artemisia maritima, Achillea millifolium** u. a. kommen in Millionen von Exemplaren vor, erfreuen aber durch ihr ewiges Wiederkehren keineswegs unser Auge, welches vergeblich auf weiten Strecken nach neuen Arten sucht. Keine Bodenart unsers Landes ist daran ärmer als die Marsch. Aber sie hat doch ihre Reize. Einmal die Nähe des nie ruhenden und stets an den Deichen nagenden, aber doch auch unzählige Genüsse bietenden Meeres, andermal aber die Produkte der immensen Fruchtbarkeit, die der Marschboden darbietet.

Ist der Deich gelegt, sind die Gräben gezogen, ist die erste Bearbeitung geschehen, wobei oft den Pferden Schuhe angezogen werden müssen, um nicht in den noch weichen Boden zu sinken, dann wird das Land bestellt. Seinen Salzgehalt verliert dieses bald und ist dann einer der fettesten und fruchtbarsten Boden. Besonders sind die acht Dollartpolder die interessantesten von allen Marschgegenden, mit Recht weit und breit berühmt durch ihre Schönheit, ihre alles übertreffende Fruchtbarkeit und den Reichthum ihrer Bewohner.

Stattliche Häuser, „Plaatsen", entsteigen nach und nach dem Boden, die, mehr lang und breit als hoch, sich durch ihre Bauart vortheilhaft von vielen andern ländlichen Gebäuden unterscheiden. Niedliche kleine Blumengärten und Rasenplätze vor, und größere mit Fruchtbäumen, Fischteichen und Blumenbeeten hinter dem Hause, und das Ganze eingefaßt vom üppigsten Baumwuchs, geben diesen Höfen einen um so größern Reiz, da man sonst gewohnt ist, auch in den Marschgegenden neben den Häusern nur Kohlgärten zu finden, wodurch die Landschaft ein sehr eintöniges Ansehen erhält.*)

---

*) Die Behauptung des Freiherrn von Seld (Wunderliche Reilen, S. 224): Alles schweigt, — nicht einmal ein Baum rauscht; denn

Und dann die herrlichen Wiesen und Felder mit üppigem Korn, mit einem unabsehbaren Meere wogender Saaten, in welchem die Gebäude zu schwimmen scheinen!

Wunderbar ist der Ertrag der neuen Ländereien. Eine Chronik vom Jahre 1559 erzählt, daß Jemand, der in einem Theile eines neu eingedeichten Polders fünf Tonnen Gerste ausgesäet, sich eines Reinertrags von 300 Tonnen erfreut habe. — Es giebt Polder, die 200 Jahre lang unter dem Pfluge gelegen haben, ohne je gedüngt zu sein, und trotzdem noch immer guten Ertrag bringen.

Erinnert schon das Aeußere der Häuser an den Reichthum und oft auch an die Bildung und den Geschmack der Bewohner, um so mehr noch das Innere. Kostbare Möbeln, wie man sie in der Stadt nicht schöner und moderner findet, hübsche, oft werthvolle Gemälde, eine oft zusammengewürfelte, oft auserlesene Bibliothek, einige musikalische Instrumente, unter welchen das Pianoforte nie fehlt. Im Winter hat man Lesezirkel, welche die besseren belletristischen, historischen und landwirthschaftlichen Bücher und Zeitschriften enthalten, und von Zeit zu Zeit Konzerte, zu welchen man sich die Musiker aus der Stadt kommen läßt.

Betreten wir das Haus, welches massiv aus Backsteinen gebaut ist, so finden wir, daß es bis zur Dachspitze durch eine starke Brandmauer in zwei Theile getheilt ist, von denen der vordere zur Wohnung, der hintere als Scheune und Stall dient. Im Vorderhause findet man die große Sommer- und die etwas kleinere Winterküche. Hat erstere auch durchaus den Charakter einer Küche, so doch letztere den einer ganz behaglich eingerichteten Stube. In der Sommerküche ist der große, mächtige Feuerheerd, der mit einer eisernen blankgescheuerten Platte belegt ist, die Hinterseite wird theils von einer kleinen Platte, theils von weißem oder be-

---

in den Küstengegenden giebt's keinen Baum, kein Gesträuch; das kalte Wehen von der Nordsee her läßt sie nicht aufkommen, ist durchaus unwahr, wie u. a. mehrere tausend kräftige Bäume auf dem Walle Embdens deutlich beweisen. — Aber jene Reisen sind „wunderlich", wie wir leider mehrfach nachzuweisen Gelegenheit haben werden.

maltem Estrich ausgefüllt. In der Ecke dieses Heerdes (in d'Hörn) ist der Platz des Hausherrn, d. h. des Hausvaters, der noch nicht zu sehr von der Kultur beleckt ist. Von hier aus ertheilt er seine Befehle, hier ist er sicher zu finden, wenn Feld und Stall seine Gegenwart nicht erfordern, oder wenn ihn keine Geschäfte zur Stadt rufen. Besuchende Personen müssen sich im Hörn niederlassen, während der Bauer sich mitten vors Feuer setzt; wenn er seinen Platz verläßt, versäumt er nie, das Stuhlkissen umzukehren. Auf dem Rande des Kamins ruht seine tägliche Lektüre: Zeitung, Amtsblatt und Kalender; hier findet sich der immer gefüllte Tabackskasten und unter demselben hängen die Pfeifen in Reihe und Glied, große für den Haus=, wie kleine für den Reisebedarf. Eine andere Seite dieser Küche enthält die Bettstellen, die sich in der Wand befinden und früher so hoch angebracht waren, daß man nur mittelst einer Bank hineingelangen konnte, wie dies auf unseren Inseln noch jetzt der Fall ist. Ueber dem Bette hängen meistens eine geladene Flinte, ein paar Pistolen oder ein blankgescheuerter Säbel. An der Decke der Küche sieht man Sommer und Winter eine große Anzahl mächtiger Speckseiten, Schinken und ein ganzes Heer von Mettwürsten.

An die Sommerküche grenzt in älteren Gebäuden die sogenannte Aufkammer, sogenannt, weil man nur vermittelst einiger Stufen hinaufkommen kann; werden diese Stufen zurückgeschlagen, so sieht man in die geräumige, luftige und reinliche Milchkammer, wo die meistens blau angestrichenen, platten Milchkübel mit ihrem weißen Inhalt der Reihe nach stehen, um am folgenden oder dritten Tage abgerahmt zu werden. Neuere Gebäude haben außerdem noch Wohn=, Visiten, Kinder=, Gouvernanten=, Schlaf= und Fremdenzimmer, Einrichtungen, die man indeß in den älteren ostfriesischen Wohnungen vergeblich sucht.

Die Bettstellen für die männlichen Dienstboten befinden sich meistens in dem Gang, der zwischen Wohnhaus und Hinterhaus herläuft. Aus dem Gang führen zwei Thüren, die eine auf die Dreschtenne, die andere in den Stall. Vor letzterem befindet sich noch eine kleine Küche, in welcher sich des Abends die Dienstboten aufhalten, wo die Mägde schlafen und woselbst gebuttert wird.

Das Hinterhaus ist bedeutend niedriger und hat ein viel platteres Dach, als das Wohnhaus, ist aber doch bei aller anscheinenden Leichtigkeit, ungemein fest gebaut, — lauter Vorrichtungen, um den häufigen Sturmwinden widerstehen zu können. Die Dreschflur ist mit Lehm belegt und hat am hintern Ende ein großes Thor zur Einfahrt. Der Hauptraum der Tenne dient zur Aufbewahrung der Ernte, doch ist jene selten im Stande, den ganzen Segen aufzunehmen, und alsdann wird Heu und Getreide neben dem Hause in Feimen — Schelsen (Getreide), Blokken (Heu) — aufgestellt; eine Nebenabtheilung dient zur Wagenremise, der hintere Theil zum Pferdestall.

Im Viehhause stehen die Kühe nicht mit dem Kopf ins Haus hinein, sondern wenden solchen der Mauer zu, und hinter dem Vieh her geht eine einen Fuß breite und eben so tiefe Gosse zur Aufnahme des Düngers. Derselbe wird täglich wenigstens zweimal hinausgekarrt. Die Viehstände sind durch Bretterverschlag von drei bis vier Fuß Höhe von einander geschieden. Jeder Stand ist für zwei Kühe. Das Vieh steht an beiden Seiten des Viehhauses, in der Mitte bleibt ein mäßig schmaler Gang.

Die Zahl der Kühe auf einem mittelgroßen Platze ist 30 bis 50, doch werden auch deren gefunden, wo 80 bis 100 Stück auf dem Stall stehen; dann aber ist gewöhnlich eine nicht geringe Anzahl derselben zum Fettfüttern und demnächstigen Verkauf, nicht zum Milchgeben aufgestellt. Von Mai bis November befindet sich auf der Marsch alles Vieh ohne Hirten auf der Weide (die jedes Stück Land umgebenden Gräben sind hinlängliche Schutzmittel gegen das Verlaufen), die übrige Zeit auf dem Stall. Während der Sommermonate kommt es gar nicht ins Haus, Stallfütterung ist hier nirgends gebräuchlich. Im Frühjahr ist das Vieh nicht so bald auf der Weide, als man anfängt die Ställe zu reinigen und zu lüften. Der Fußboden wird mit reichlichem Wasser und stumpfen Besen gescheuert, sämmtliche Wände, die geweißten sowohl, wie die Bretterverschläge sammt den hölzernen Decken, werden sauber abgewaschen, alle Ecken und Winkel werden ausgespült und gesäubert. Thüren und Fenster bleiben während des ganzen Sommers offen, um der Luft freien Durchzug zu gestatten, und gelegentlich werden dann die Wände wieder neu überweißt. So ist den Sommer über der Stall so sauber, so frei von aller Dumpfigkeit, wie wohl wenige Stuben unserer Tagelöhner. Wird dann vor dem Winter noch einmal alles besenrein gekehrt, so kommt das Vieh in einen Stall so sauber, als wäre er nagelneu. Täglich zweimal gehen die Mägde mit blankgescheuerten kupfernen Eimern (Ketelemmers) hin, um die strotzenden Euter zu leeren. Die Pferde verlassen die Weide nur für die erforderliche Arbeitszeit. — Eine recht gute Kuh giebt in der besten Zeit täglich 18 bis 20 Kannen Milch, welche theils zu Butter, theils zu Käse verarbeitet wird. Die dann entstehende Buttermilch giebt die Morgen- und Abendkost der Dienstboten oder dient zur Schweine- und Kälbermast.

Sobald die Milch im Sommer zu Hause angelangt ist, wird sie durch einen Haarsieb in die Milchkübel geseihet und diese werden alsdann in den Milchkeller getragen, wo sie neben einander, nur bei beschränktem Raum auf einander gestellt werden. Nach 24 bis 48 Stunden wird sie meistens von der Hausfrau selbst, selten von der „großen Magd“ abgerahmt. Die abgerahmte Milch wird zur Käsebereitung in die „Stremmliene“, der Rahm zum Buttermachen in die „Roomliene“ gebracht. Beides sind tonnenartige Gefäße, ersteres das weit größere. Gebuttert wird durch Menschenhand, durch einen Hund, der im Rade läuft, oder durch ein Pferd. Der Käse wird in den allermeisten Fällen von der Hausfrau selbst gemacht. Ein gewöhnlicher Käse wiegt 16 bis 20 Pfund, ein Faß Butter 50 Pfund. Ist von beiden erforderlicher Vorrath vorhanden, so wird's vom Bauer mit dem Wagen zur Stadt gebracht, sind die Wege aber zu schlecht, so geschieht die Versendung mittelst des Dorfschiffers.

Die Güter und Ländereien theilen sich in völlig freie, in erbpachtspflichtige und in beheerdische. Bedingt frei sind alle. Im Lande der Friesen kennt man keine Erbunterthänigkeit, keine Frohnden, keine Zehnten; kein Edelmann oder sonstiger privilegirter Besitzer darf sein Vieh auf die Felder der Bauern treiben oder sonstige Beeinträchtigungen wagen. Der Eigenthümer schaltet und waltet mit seinem Gut, wie es ihm gefällt. Gezwungen, sagt Wiarda, gab der Friese dem Geistlichen, seinem Priester, seinem Dekan, seinem Bischof keinen Kreuzer, und wider seinen Willen konnte ihm der Bischof kein Huhn nehmen. Denn eine solche Gewalt stritt wider die friesische Freiheit. — Die Friesen waren das einzige Volk der Christenheit, welches von den Zehnten und Erstlingen frei war.

Erbpachtspflichtige findet man vorzüglich in den neueren Marschen, denn diese gehören ja, wie bereits gesagt, der Krone. Ein Erbpachtsgut ist übrigens eben so frei wie ein eigenes; die einzige Einschränkung, daß beim Verkauf die Einwilligung des Erbpachtsherrn nachgesucht werden muß, ist ohne Bedeutung, da diese nie versagt werden darf. Beheerdischheite, die es bloß in Ostfriesland giebt, sind im Grunde mit den erbpachtspflichtigen einerlei. Sie stammen aus früheren Zeiten, wo man nach Ablauf der Pachtzeit ein Geschenk darbrachte, welche Sitte später zum Gesetz umgewandelt wurde, und aus dem Geschenk wurde eine feststehende Abgabe.

Abgesehen von allem Andern, sind die Abgaben unserer Plätze bedeutend hohe. Besonders die Deichlast ist eine enorme. In früheren Zeiten, z. B. öfters noch im 17. Jahrhundert, sind häufig ganze Plätze von dem Eigenthümer verlassen worden, um nicht den Deich wieder herstellen zu müssen. Denn in dem Spadenrecht oder Spadelandesrecht, welches noch am Schlusse des vorigen Jahrhunderts in Ostfriesland wie an der ganzen Küste bis zur Eider Gesetzeskraft hatte, wurde festgesetzt, daß, wenn Unvermögende nicht im Stande wären, ihren Deich ferner zu unterhalten, oder wenn der Besitzer nach einem Deichbruch den Deich nicht wieder herstellen könne, er diesen mit seiner Habe an Land, Haus und beweglichen Gütern abtreten solle. Solches geschah mit einer gewissen Feierlichkeit, wie aus der ältesten Ordnung, die aus dem dreizehnten Jahrhundert stammt, erhellt. In dieser heißt es: wenn Jemand sein Land mit dem Deich übergeben will, so gehe er auf den Deich und werfe drei Soden oder Rasen in den Bruch und schwöre, daß er den Deich nicht länger halten könne; so sollen die sechs nächsten Verwandten den Deich und das Land, auch alle seine beweglichen Güter nehmen und dagegen den Deich bis zum Fuß desselben unterhalten. Später wurde bestimmt, daß wenn sich von den nächsten Verwandten des Unvermögenden, welcher Deich und Land abzutreten genöthigt, keiner zur Annahme des Deichs und Landes finde, alsdann solche der Obrigkeit zufallen sollten.

Wer Deichlast zu tragen hat, muß auch Siellast bezahlen, das sind die Leistungen, welche zur Anlegung und Unterhaltung der zur Fortschaffung des Binnenwassers in den Deichen angelegten Schleusen, der sogenannten Siele erfordert werden. Ein neuer Siel kostet 5000 bis 17,000 Thaler, die jährlichen Unterhaltungskosten für unsere 87 Sielen belaufen sich auf mehr als 25,000 Thaler.

Nach Berechnung solcher Summen für Neubau und Unterhaltung der Deiche und Sielen muß man fürwahr einstimmen in den Ausruf eines vaterländischen Schriftstellers: „Mit welch kostspieligen Gegenständen hat unser Vaterland zu thun, um sich gegen die Gewalt der See zu verwahren!“

Jeder Platz hat seine Dienstboten, sein „Volk“, wie sie von der Herrschaft genannt werden, während diese „Buur“ und „Froo“ oder „Weerdinne“ (Wirthin) genannt werden. Die Zeiten, in welchen der Bauer mit seiner Frau durch eigene Arbeit ein paar Dienstboten ersparte, sind dahin; jeder Platz, wenn er nicht gar zu klein ist, hat zwei bis drei Mägde, und drei bis vier Knechte. Die Knechte verrichten alle Arbeiten, wozu Gespann nöthig ist. Im Winter besorgen der große und der kleine Knecht das Vieh; der Mittelknecht geht mit den Arbeitern ans Dreschen. Auch Getreide mähen die Knechte meist mit.

Denn trotz des Freiherrn von Seld, der sich Monate lang in den verschiedensten Gegenden Ostfrieslands aufhielt, und bei offenen Augen das Richtige hätte sehen können, erklingen auch hier „die Sensen und Sicheln beim Wetzen“, und es ist durchaus unwahr, daß „hier keine Sichel und keine Sense klingt, daß die Erntearbeit hier ohne diese Werkzeuge vollbracht wird.“ Man schneidet in Ostfriesland, wie anderwärts, das Korn mit der Sichel, das Gras mit der Sense. Trotzdem sagt v. Seld (Wunderl. Reisen S. 229): Dem fruchtbaren Boden entwachsen starke, rohrartige Getreidehalme, daß der Schnitter sie nur mit Hülfe eines breiten Schwertes, das er wie ein Richtschwert schwingt, zu köpfen vermag. Ja, er köpft sie; er durchschneidet sie nicht wie unsere Schnitter, tief unten am Boden, das vermöchte er mit solchem Werkzeuge nicht; auch hat das Stroh dort kaum einen Werth, der überfette Acker bedarf keiner Düngung, und an einer Fülle besseren Futters fehlt es nie; so durchhaut er die Halme in der Höhe und läßt einen Wald von Stoppeln stehen.

Das klingt nun freilich recht abenteuerlich, ist aber unwahr von A bis Z; das Stroh hat gerade in der Marsch besondern Werth, nicht nur als Streu und Futter für's Vieh, sondern auch ganz vorzüglich zum Besticken der Deiche. Außerdem muß manches Stück Land gedüngt werden, und endlich ist bei schlechter Heuernte das Stroh das Hauptfutter des Viehs, und jeder Bauer sorgt zu allen Zeiten dafür, davon ordentliche Quantitäten einzufahren.

Die Mägde besorgen im Sommer die Milchwirthschaft und die Geschäfte in Haus und Garten; zur Erntezeit gehen sie zum Getreidebinden mit ins Feld; im Winter ist, neben der Besorgung der Milch- und Hauswirthschaft, Spinnen die Hauptbeschäftigung.

Die Dienstboten verdienen nicht nur Geld, sondern auch Schuhe, Leinwand, Käse und Schafweiden. Neben diesen werden auch noch Arbeiter gedungen; einige feste hat jeder Platz, andere miethet man nur in der geschäftigsten Sommerzeit, in der Ernte. Das eigene Land hat dann nicht Arbeitskräfte genug, so daß besonders Oldenburg und die Landdrostei Osnabrück aushelfen müssen. An verschiedenen Stellen versammeln sich diese Arbeiter in Masse, mit ihrem Arbeitszeug auf Rücken und Schultern, um Sonntag Morgens für eine Woche gemiethet zu werden. Der abgeschlossene Kontrakt bezieht sich entweder nur auf eine Woche oder auf die ganze Ernte. Während dieser sieht man überall kleine längliche Leinwandzelte aufgeschlagen, die als Lagerstätte der

Arbeiter dienen, bis sie mit ihrer Arbeit vollständig fertig geworden sind.

Die Kost unserer Dienstboten und Arbeiter ist eine nahrhafte, dem Klima angemessene. Im Sommer wird viermal, im Winter dreimal täglich gegessen. Abends und Morgens giebt's Buttermilch mit gekochter Grütze oder mit Bohnen nebst Butterbrot. Die Löffel der Dienstboten haben ein rundes Blatt und sind wohl geeignet, die großen, sogenannten Breimäuler zu erzeugen. Der Mittagstisch wird in den meisten Fällen mit der Herrschaft getheilt. Diese und jene speisen in einem Lokal, aber an besonderen Tischen. Speck oder Fleisch fehlt nie, dazu werden Kohl, Möhren, Bohnen, Erbsen oder Mehlspeisen gegessen. Die Knechte essen zusammen aus einer großen Schüssel, die Mägde ebenfalls, und zur Zertheilung des Fleisches und Specks hat man in einzelnen Fällen Teller, in den meisten runde Stückchen Holz, in den wenigsten den Tisch selbst. Regel ist, daß, wenn der erste Knecht (der große Knecht) satt ist und aufsteht, alle übrigen ihm folgen müssen.

Den ursprünglichen friesischen Charakter findet man in den Marschen am wenigsten mehr, solcher zieht sich immer tiefer landeinwärts, wo er, mehr und mehr vom Auslande berührt, seinem völligen Entschwinden entgegengeht.

Der Marschbauer des Dollarts ist ein ganz anderer, als der an der Nordküste unsers Landes. Jener gleicht mehr dem ruhigen, berechnenden Holländer, dieser mehr dem ewig fidelen, singenden und spielenden, in Wirthshäusern Gesellschaft suchenden Süddeutschen; aber bei allen ist doch die Quintessenz des friesischen Nationalcharakters zu finden.

Ihre abgelegen isolirte Lage am Gestade des Meeres, aus der sie erst seit etwa zwölf Jahren durch die Eisenbahn gerissen wurden, ließ sie, wenn auch nur bedingt, einen eigenen Charakter bewahren.

Selbstgefühl wohnt dem Marschbauer, der auf Titel, wie „Oekonom" &c. nichts giebt, sondern sich am liebsten „Buur" nennen läßt, in nicht geringem Maße bei. Ist er doch, was er ist, durch Menschenhand und Menschenfleiß, und hat er doch nicht selten selbst sein redliches Theil dazu beigetragen.

„Der dumme Bauer“, jenes alberne, allgemeine Urtheil, nimmt er nicht gleichgültig hin, es reizt und kränkt ihn. Er ist gern unter seines Gleichen, hier braucht er sein Selbstgefühl nicht zu unterdrücken. Auf Märkten, ländlichen Auktionen 2c. hat er das Regiment und übt es aus. — Bei alledem strebt er nach Popularität. Wer sich absondert, dem Wissen lebt, agrikulturchemische Studien und Versuche macht, heißt ein „latienske buur“; wer aber so recht populär sich zeigt, ist ein „gemeiner“, ein „niederträchtiger“, d. h. ein herablassender Mann. Der Adel gilt wenig, nur wahre und baare Verdienste stehen hoch. Dieses Selbstgefühl aber artet oft in dummen Stolz und in rauhe Grobheit aus. Sein Selbstgefühl verdankt unser Marschbauer gewiß zum größten Theil seiner körperlichen Kraft und seiner fast nie wankenden Gesundheit. Seine Nahrung ist derb, und „etwas vor dem Messer haben“, d. h. Fleisch oder Speck auf dem Teller haben, zur Mittagszeit einer seiner liebsten Ausdrücke.

Seine Charakterfestigkeit wird häufig zum Eigensinn und stürzt ihn in ein Meer von Prozessen. Er hält fest, was er für wahr erkannt und als bewährt gefunden hat. Nicht leicht macht ein Widerspruch oder das Ansehen Einzelner, nicht leicht macht Ueberredung sein Urtheil irre. Er hält fest am Althergebrachten. Sprache und Gebräuche, Sitten und Gewohnheiten läßt er sich nur zollweise abzwingen; sie sind ihm ein Heiliges, von seinen Vätern Ueberliefertes. Dadurch ist allerdings manches Gute erhalten geblieben, aber auch vieles Bessere unbarmherzig von der Thür gewiesen. Darum auch traut er Fremden im Allgemeinen sehr wenig. Gegen Bekannte und Freunde ist er frei und offen, gegen Untergebene nicht selten rauh und herrisch, gegen Fremde und Unbekannte anfangs einsilbig und trocken.

In einer Gesellschaft, in der sich auch ein Fremder befindet, geht es anfänglich sehr still her, indem sich jeder vorsehen zu müssen meint. Ueberhaupt ist Geschwätzigkeit seine Sache nicht; wenig Worte, aber oft sehr treffend. Redner hat Ostfriesland wohl nie geboren, die Sprecher in unseren Volksversammlungen sind wenigstens nicht auf der Marsch erzeugt und groß geworden. Die laute Lebendigkeit, das

Lachen und Fluchen der an Jever grenzenden Landsleute ist ihm ein Greuel. Besonders zeigt sich dieser Ernst auch bei seinen öffentlichen Festen und Lustbarkeiten. Er hat wenige derselben; er hat keine Kirchweihfeste und andere allgemeine Vergnügungen, selten Musik und Tanz. Dagegen bricht sich der zu eng gezügelte Sinn auf Jahrmärkten 2c. desto ungeregelter Bahn und veranlaßt beim „Jungvolk" oft wüste und sittenlose Szenen. Die früher sehr besuchten Vogelschießen sind als eine Verachtung des heiligen Geistes von einer fanatischen Geistlichkeit unterdrückt worden und kommen nur noch in Verbindung mit dem Scheibenschießen vor.

Essen und Trinken sind zwei Hauptwörter. Ist auch der Tisch nur mäßig und einfach, fehlen auch meistens die Gaumenkitzeleien, so ist doch für den Magen sehr befriedigend gesorgt. Die früheren großen Hochzeiten, Kindtaufen, Leichenbegängnisse 2c., bei denen auf eine wirklich schreckenerregende Weise getafelt wurde, sind theils durch die Gesetzgebung, theils durch größere Kultur gänzlich verbannt. Im Winter besonders besucht unser Marschbauer gern ein Wirthshaus, muß er auch, um ein besuchtes zu finden, eine Stunde hin und eine zurück gehen. Mit langen Wasserstiefeln, der kurzen Pfeife im Munde und dem „Pulsstock" (einem langen Springstock, unten mit einem knopfartigen Klotz) auf dem Nacken, um in gerader Richtung auf sein Ziel lossteuern zu können, geht er meistens bei eintretender Dunkelheit aus dem Hause, um sich von dem Mond oder den Sternen wieder heimleuchten zu lassen, wenn nicht die besorgte Frau ihm den „lüttje" (kleinen) Knecht nachgeschickt hat. Im Wirthshause schwatzt man bei dem nicht kalt werdenden „Döfke", mit dem selten vollen Glas Doornkaat (ein sehr beliebter Genever) vor sich, bis die Polizeistunde schlägt und länger noch. Wenn unser Bauer von der „Stadt" kommt oder dahin geht, so bleibt selten ein Wirthshaus, an dem ihn sein Weg vorbeiführt, unbesucht. Ein „Klarer" oder ein „Bitterer" (Genever, jener ohne, dieser mit Bitter) werden wenigstens gefordert, bleiben aber häufig unberührt stehen; aber das „Döfke" wird neu gestopft und angezündet oder „'n Kollde" (ein Priemchen) hinter die Backe geschoben. — Erst seit Kurzem ist der Genuß des Bieres hier ein größerer geworden; es wird aber noch recht lange währen, bevor solcher den Genever besiegt.

Unsere Frauen lieben ein „Koppke“ (Tasse) Thee über alle Maßen, verschmähen aber auch den Kaffee nicht. In den westlichen und südlichen Theilen des Landes trinkt man zum Frühstück Thee, um 10 Uhr Kaffee, um 3 Uhr Thee, um 6 Uhr Kaffee und zum Abendbrot Thee. In dem nördlichen und östlichen Theile ist die Reihenfolge etwas anders: Kaffee, Thee, Thee, Kaffee, Kaffee.

Die Kleidung unserer Marschbauern hat alles eigenthümliche Gepräge verloren. Bei der Arbeit kleidet er sich möglichst seiner Arbeit angemessen, gehts aber zur „Stadt“, dann wissen besonders unsere Landschönen einen Luxus zu entfalten, der häufig an das Uebertriebene streift, noch häufiger aber mitten d'rin steckt. Besonders die guten funfziger Jahre haben in dieser Beziehung Bedeutendes erzeugt, und an den Markttagen besonders sieht man von dem weiblichen Geschlecht des Landes die ihm angewiesenen und eigenthümlichen Grenzen durch einen zu großen Kleiderstaat und durch zu vielfaches Geschmeide weit überschreiten.

Von jeher liebte der sich zu dem Soliden hinneigende Ostfriese Gold und Silber. Unsere ländlichen Schönen beweisen wenigstens in dieser Beziehung, der Ahnen werth zu sein. Am Halse dicke, goldene Ketten oder große, goldene Schlösser, dazu goldene Uhren und Medaillons mit goldenen Ketten, goldene Gürtel und Haarbandschnallen, goldene Boutons, goldene Knöpfe und Schnallen an den Unterärmeln, an den meisten Fingern goldene Ringe. Die Tasche birgt goldene Eau de Cologne-Flacons oder goldene Schnupftabacks-Dosen, silberne oder goldene Scheeren mit silberner Kette, silberne Fingerhüte ꝛc. Thee- und Kaffeegeschirr sind von Silber, Löffel von Silber oder — bei einigen, seit etlichen Jahren — von Gold, und sogar silberne Spucknäpfe sind nicht selten. Zu solchen Verirrungen kann sich nur da der Geschmack hinreißen lassen, wo Erwerb und Bildung zu wenig gleichen Schritt halten.

Emden.

Da, wo jetzt Emden, die größte und bedeutendste Stadt Ostfrieslands, liegt, befand sich der Sage zufolge, vor mehr als 1800 Jahren ein armseliges Fischerdorf. Dasselbe soll aber dadurch größere Wichtigkeit erhalten haben, daß der römische Feldherr Drusus, etwa 12 Jahre vor Christi Geburt, als er mit einer großen Flotte in die Ems einlief, hier zur Ueberwachung und zum Schutz der Flotte ein Kastell anlegte, welches er Amisia nannte. Im Jahre 16 nach Christi Geburt kam Drusus Sohn Germanikus ebenfalls hieher.

Ob beides wahr oder nur Sage ist, wer will's entscheiden? Tacitus, der manches über die Friesen, deren Behältnisse, Sitten und Gebräuche und deren Wohnsitze mittheilt, erwähnt Emdens nirgends. Eine Stelle in seinen Annalen: classis amisiae relicta laevô amne hat zu dem Irrthum Veranlassung gegeben, daß jenes Amisia unser jetziges Emden bezeichne, während Tacitus dort deutlich genug von dem Flusse Amisia, unsrer jetzigen Ems redet. So will's wenigstens uns erscheinen, während andere obige Meinung festhalten. Mag dem nun sein, wie ihm wolle.

Im 15. Jahrhundert verschmolzen drei volkreiche Dörfer zu einem Ganzen, dieses erhielt den Namen des ältesten Dorfes Emede, welches durch viele Variationen hindurch sich endlich in den Namen Emden umgestaltete. Den ersten Grundstein zu dessen Größe legten die Viktualienbrüder, denen es vom Probst Hisko erlaubt wurde, ihre geraubten Sachen hier zu verkaufen. Dadurch wurden viele Kaufleute angelockt und der Verkauf der geraubten Waaren brachte Bürger, Handwerker und Ackersmann reichen Gewinn und weckte den Handelsgeist in der gesammten Einwohnerschaft. Emden's immer mehr aufblühender Wohlstand, besonders aber seine Verbindung mit jenen gefürchteten Seeräubern reizte die Feindschaft der Hamburger, die die Stadt besetzten und befestigten, zu gleicher Zeit aber deren Handel begünstigten und ihre Blüte beförderten. Während dieser Zeit bildete sich die Stadt innerlich, wie äußerlich, nicht unbedeutend aus.

Schifffahrt, dann aber, als Ostfriesland unter holländische Herrschaft gerathen war, die Wegnahme sämmtlicher Schiffe Emden's, 277 an der Zahl, wodurch dasselbe mehr als 2 Mill. Gulden holl. verlor. Alles stockte und der ein paar Jahre später aufkommende Schleichhandel konnte wohl Einzelne bereichern, im Ganzen aber nur einen demoralisirenden Einfluß ausüben.

Unter hannoverscher Regierung, 1815—66, ist freilich Einiges für die Stadt geschehen, aber alle Versuche, Emden wiederum zur Handelsstadt zu erheben, wurden von der Regierung zum Vortheile Geestemünde's beharrlich niedergehalten. Emden ist nie hannoversch geworden, sein Herz schlug stets für Preußen; kein Wunder, daß hier die Einverleibung in letztern Staat mit lautester Freude begrüßt wurde. — — —

Das jetzige Emden besteht aus vier Haupttheilen: die Altstadt, die meistens kleine, schmale Straßen hat, das Faldern, die Boltenthors- und Neuthors-Vorstadt, von regelmäßigerer Bauart und mit breiten Straßen. Die Stadt ist von allen Seiten von Kanälen durchschnitten, über welche mehr als 30 Brücken führen, von denen die Rathhausbrücke mit fünf Bogen sich vor allen auszeichnet. An der Seeseite ist Emden durch einen Deich und durch eine Seeschleuse gegen das Eindringen des Meerwassers geschützt, während solches vor Erbauung der Schleuse bei jeder einigermaßen hohen Flut in die Stadt drang und auf lange Zeit seine Spuren zurückließ. An der Landseite befindet sich ein breiter Graben und ein mit acht Bastionen versehener Wall. Derselbe ist 1570 angelegt; er wird von einer dreifachen Baumreihe beschattet. Hübsche Anlagen und bequeme Ruhebänke laden zum häufigen Besuche ein, bei welchem sich manche lohnende Aussicht in die Ferne darbietet.

Die durch einen Kanal mit dem Dollart in Verbindung stehenden beiden Binnenhäfen sind so geräumig, daß mehr als 300 Seeschiffe mit Bequemlichkeit darin lagern können. Leider aber ist die Ansammlung des Schlicks im Kanal wie im Hafen so häufig, daß solcher mit großem Kostenaufwande hinweggeschafft werden muß. Deshalb können auch nur Fahrzeuge bis zu einem gewissen Tiefgange in den Hafen kommen;

größere Schiffe laden und löschen im eine Stunde entfernten Außenhafen, der sich wegen seiner Größe und Sicherheit vorzugsweise zu einem Kriegshafen eignen würde. Vielleicht wird in naher Zukunft das Projekt, die Stadt mittelst eines Kanals mit jenem Außenhafen zu verbinden, realisirt. Emden's neues Aufblühen würde dadurch kräftig gefördert werden, denn die ganze Nordsee würde alsdann keinen vortrefflichern Hafen aufzuweisen im Stande sein.

Nach der Landseite hin steht Emden mit jedem Dorfe des reichen Krummhörn durch Kanäle in Verbindung, über welche im Sommer mit kleinen Kähnen, im Winter mit Schlitten dessen Produkte stadtwärts befördert werden, von wo aus diese theils durch die Eisenbahn ins Innere Deutschlands, theils durch Seeschiffe ins Ausland geschafft werden. Auch bis in die Mitte des Landes und weiter führen Land- und Wasserwege; von letztern nennen wir den 3⅓ Meilen langen Treckfahrtskanal, der Emden mit Aurich verbindet. —

Die Gebäude der Altstadt sind größtentheils noch recht alterthümlich, sowohl äußerlich wie im Innern; dahingegen findet man in den übrigen Stadttheilen vorzugsweise Häuser neuern Styls. Das ansehnlichste Gebäude der ganzen Stadt ist das dem Antwerpener nachgebildete Rathhaus, welches während der Jahre 1574—76 erbaut wurde. Es hat eine Länge von 180′ und hält in der Breite 60′. Es herrscht in diesem Gebäude kein reiner und durch Einheit imposanter Styl vor; vielmehr sind dabei Stücke aus vielen und verschiedenen Ordnungen angebracht; allein die vielen schönen und mit bewundernswerthem Fleiße gearbeiteten Details, die Masse von sauber gemeißelten Quadern, von Caryathyden, Arabesken, Figuren, Larven und Wappen bilden ein ausdrucksvolles Ensemble, ein ausgezeichnetes Ganzes, von dem man in unsern Tagen nicht begreifen kann, wie es für die geringe Summe von 55,897 Gulden erbaut werden konnte.

Außer verschiedenen sonstigen Schätzen verwahrt das Rathhaus in seinem Dachgeschoß eine Sammlung, auf die jeder Emder mit Recht stolz ist. Es ist die für den Kunstkenner, den Alterthumsforscher, den Geschichtsfreund gleich interessante Rüstkammer. Dieselbe enthält eine große

Sammlung mittelalterlicher Schutz- und Angriffswaffen, bestehend in Rüstungen, Panzern, Harnischen, Schwertern, Hellebarden, Musketen, Flinten mit werthvoller Einfassung, Donnerbüchsen, Sattelpistolen, Kanonen, Sturmfackeln, Richtschwertern, Trommeln, Pauken, Fahnen, Bannern, Standarten 2c. Besonders schön ist die Sammlung der Feuergewehre von der Zeit ihrer ersten mangelhaften Einrichtung bis auf ihre heutige Gestalt. *)

Ein viel älteres Gebäude ist die große Kirche. Wann sie erbaut wurde, ist unbekannt. In ihrem Chor befindet sich das von der Gräfin Anna ihrem Gemahl Enno II. errichtete prächtige Mausoleum, wo derselbe in voller Rüstung, in Marmor ausgehauen, ruht, und dessen Fries mit einem meisterhaft gemeißelten Basrelief, den Leichenzug des Grafen vorstellend, geschmückt ist. Ritterstatuen und allegorische Figuren bewachen dieses schöne Denkmal.

Die in der Kirche befindliche Orgel ist die schönste der Provinz.

In den obern Räumen des Gotteshauses trifft man auf der sog. Konsistorienstube werthvolle Oelgemälde der Reformatoren und ihrer ersten Jünger, sowie in einem abgesonderten Raume eine um 1550 gestiftete Bibliothek, die etwa 6000 Bände stark ist und viele seltene Werke, sowie auch verschiedene prachtvolle Handschriften enthält.

Am östlichen Eingange des Gotteshauses sieht man ein Sandstein-Medaillon, worauf ein Schiff in hochgehender See angebracht ist und welches die Umschrift trägt:

Godts Kerck vervolgt verdreven,
Heeft Godt hijr troost gegeven.

wörtlich:

Gottes Kirche, verfolgt, vertrieben,
Hat Gott hier Trost gegeben.

Trotz dieser Einfachheit gehört aber dieses Medaillon zu den größern Zierden der Stadt, indem es nicht nur das thatkräftige Christenthum ihrer Bewohner, sondern auch die

---

*) S. A. Rolffs, die antike Rüstkammer des Emder Rathhauses. Emden 1861.

Dankbarkeit jener Unglücklichen bezeugt, die ihres reformirten Glaubens halber im September 1553 durch Maria die Blutige aus England vertrieben wurden und überall zurückgewiesen, nach dreimonatlicher Irrfahrt erst hier eine Ruhestätte, ein Asyl fanden, wie Tausende von Leidensgefährten vor ihnen und nach ihnen.

Die übrigen Kirchen Emden's bieten wenig Bemerkenswerthes. Vertauschen wir deshalb das Halbdunkel des Gotteshauses mit den sonnigen Hallen der Kunst und Natur.

Die „Kunst“, wie der gleich allen Ostfriesen wortkarge Emder schlechtweg das Gebäude nennt, wo die 1820 gestiftete Gesellschaft für bildende Kunst und vaterländische Alterthümer ihre Schätze aufbewahrt, enthält eine reiche Sammlung werthvoller Oelgemälde, Kupferstiche, Stahlstiche und Lithographien, ostfriesischer Alterthümer und Münzen, Bücher und Manuskripte, die sich sammt und sonders auf friesische Verhältnisse beziehen. Es ist manches Werthvolle und Seltene in diesen Sammlungen zu finden.

Die naturforschende Gesellschaft wurde am 29. Dezbr. 1814 gestiftet, so daß dieselbe bereits vor zwei Jahren ihr fünfzigjähriges Jubelfest feiern konnte. Sie besitzt eine reiche Sammlung naturhistorischer und ethnographischer Gegenstände. Leider steht die Zahl derselben mit dem Raum in schlechtem Verhältniß, so daß einestheils nicht alles aufgestellt werden kann, anderntheils bis jetzt von einer geeignetern charakteristischen Auf- und Zusammenstellung Abstand genommen werden mußte. Die Gesellschaft zählt etwa 500 Mitglieder und steht mit mehr als 100 auswärtigen Vereinen in reger Verbindung.

Der Hering und sein Fang.

Noch immer heißt es in den geographischen Leitfäden und Handbüchern bei der Erwähnung Emden's: Heringsfang, trotzdem in den letzten zehn Jahren kein Hering mehr von hier aus gefangen ist. Schon lange führte dieser einst so erträgliche Erwerbszweig nur noch ein Scheinleben; da machte plötzlich eine großartige Feuersbrunst, die fast das ganze Inventar verzehrte, der Sache ein Ende. Die bisherigen Unternehmer hatten alle Lust verloren, das Geschäft fortzusetzen, die letzten Fahrzeuge wurden theils verkauft, theils verfaulten sie im Hafen.

Seit der Mitte des 16. Jahrhunderts ging man mit einigen Unterbrechungen hier diesem Erwerbe nach, den man in Holland schon längst als einen der ergiebigsten hatte kennen lernen, wie denn Hollands Ruhm und Wohlfahrt, Glück und Fortschritt größtentheils auf Heringsgräten gebaut ist. — Im Jahre 1553 sandten, veranlaßt durch die mütterliche Gräfin Anna, mehrere Kaufleute Emden's, etliche Kauffahrer in die Ostsee auf den Heringsfang, denn damals ging noch ein bedeutender Zug durch den Sund zwischen Schonen und Seeland her. Der Erfolg krönte das Unternehmen und ermuthigte, dasselbe in größerm Maße fortzusetzen. Nach Art der holländischen Heringsbuisen, die zum Fangen und Verarbeiten der Fische besonders eingerichtet sind, erbaute man auch hier solche Fahrzeuge, und bereits 1555 liefen 19 Emder Buisen aus, um von der norwegischen Küste reiche Beute zu holen. Jede Buise wurde von dem Schiffer, der sie führte, ausgerüstet; er fischte und verkaufte für eigene Rechnung; aber er mußte bei Verlust des Schiffes den ganzen Fang nach Emden bringen und sich in Allem den obrigkeitlichen Verordnungen fügen. Bei Ankunft der Buisen wurden die Heringe auf offener Straße oder doch bei offenen Thüren durch einen vom Magistrat dazu Angestellten vor Aller Augen umgepackt, und erst wenn dieser die Tonnen als „gut" bezeichnet hatte, setzte der Platzmeister sein Zeichen darauf und ließ sie passiren. Sogar das zu verwendende Salz wurde zuvor geprüft. Die Einführung fremder Heringe war verpönt, der durchzuführende durfte weder umgepackt, noch durften die Tonnen geöffnet werden.

Bei einer so scharfen Kontrole mußte der Emder Fisch bald einen großen Ruf erlangen; die Nachfrage stieg bedeutend, von nah und fern liefen Aufträge ein; der Nutzen, den dieser Erwerbszweig der Stadt abwarf, war ein enormer. Aber seit dem Jahre 1587 verlor sich der Fisch sowohl an der norwegischen wie an der dänischen Küste.

Im genannten Jahre hatte man nämlich in jenen Gewässern einen ungewöhnlich großen Hering gefangen, in dessen Bauch sich besondere Zeichen, eine Art Hieroglyphen-Schrift befunden haben soll. Im nächsten Jahre blieben die Heringszüge aus. Der Volksglaube deutete dies so: jener große Hering war ein Heringskönig; weil man nun die Heringe ihres Königs, ihres Führers beraubte, so konnten sie den Weg in die bisherigen Gewässer nicht wiederfinden. Von geistlicher Seite wurde sogar der Untergang der Welt prophezeiht, weil die armen Heringe ihren König verloren hätten. Die Welt ging nicht unter, aber der Hering kam auch nicht wieder. Man wandte sich nun nach der schottischen Küste und kam mit reicher Beute heim. Aber vor und nach fing das Unternehmen an zu siechen; die vielfachen Streitigkeiten, in die sich Emden in seinem Bestreben, Staat im Staat zu sein, verwickelte, die Uneinigkeiten zwischen Reformirten und Lutheranern, Pest, Sturmfluten u. s. w. ließen die alten Vorschriften in Vergessenheit gerathen. 1600 wurde nur eine Buise auf gemeinschaftliche Kosten ausgerüstet, später fing man nur noch den magern Hering des Dollarts, der alsdann getrocknet wurde.

Friedrich II. von Preußen, eifrig besorgt, den Handel Emden's zu heben und überzeugt, daß keine Ausrüstung für seine neu erworbene Provinz nutzbringender sein könne, als der Heringsfang, forderte die Kaufmannschaft auf, eine Kompagnie zu errichten, und versprach von vornherein Sicherung des Absatzes in seinen Staaten, sowie bedeutende Vorrechte. Abermals schickte Emden seine Buisen aus, das „Seeobst“, wie ein holländischer Dichter den Hering nennt, zu pflücken. Die Kompagnie erhielt Freiheit von allen Zöllen, vollständige Selbstverwaltung in Friedens- und Kriegszeiten, die Zusicherung, daß die Einfuhr holländischer Heringe zum Besten der Kompagnie besteuert, und sobald die Kompagnie die Bedürfnisse des Landes befriedigen könne, für alle preutischen Staaten verboten werden solle. Sogar die freie Einfuhr des erforderlichen fremden Salzes wurde gestattet.

Als die Holländer merkten, daß es in Emden Ernst mit der Sache sei, verbot deren Regierung ihren Unterthanen jeglichen Dienst in Emden und untersagte die Ausfuhr alles dazu nöthigen Materials. Dagegen steigerte sich hier der Eifer immer mehr, je mehr Hindernisse man ihnen in den Weg legte. Bereits 1770, im zweiten Jahre des neuen Unternehmens, waren die Erfolge so günstig, daß in Ostfriesland die Einfuhr fremder Heringe untersagt wurde. Im folgenden Jahre wurden zehn Buisen, jede mit 14 Mann Besatzung, ausgerüstet und außerdem beschäftigten die Ausrüstungsgegenstände, Netze, Taue, Tonnen ꝛc. gegen 300 Menschen.

Abermals rührten sich die Herren Holländer gegen ihre Rivalen. Friedrich II. aber besteuerte in seinem ganzen Staate die holländischen Heringe und zahlte aus dem Ertrage der Emder Kompagnie bedeutende Unterstützungen, so daß von Jahr zu Jahr sich die Anzahl der Buisen mehrte und 1785 bereits 45, 1799 sogar 58 Schiffe auf den Heringsfang ausliefen. Die Zahl derer, die dem kleinen Heringe ihr Wohl und Wehe, ihren ganzen Lebensunterhalt verdankte, mußte jetzt nach tausenden gezählt werden.

Aber bald kam nun die Zeit der Fremdherrschaft, die bedeutend schwer auf Ostfriesland lastete; eine bedeutende Anzahl Buisen ging mit ihrem Eigenthümer nach Holland, die Bevorzugungen von Seiten der Regierung hörten auf, der Eifer erlahmte, Verlust und Schaden mehrten sich von Jahr zu Jahr, 1856 liefen noch sechs höchst baufällige Fahrzeuge aus, und ohne Prophet zu sein, konnte man dem einst so blühenden Unternehmen mit Gewißheit einen baldigen Tod vorhersagen. Die Flamme machte dem Siechthum ein Ende.

Es war ein Freuden- und Festtag, wenn früher Anfang Juni die Buisen ausliefen. Wer damals zum ersten Mal an den Emder Hafen gekommen ist, wird sich kaum die Aufregung, die Hast, die freudige Stimmung, die hier ihren Sitz aufgeschlagen zu haben schien, haben deuten können. Und nicht bloß am Hafen, sondern in der ganzen Stadt fand man solche Theilnahme. In der Woche vorher wurde eine eigene Buisenpredigt gehalten, vom Himmel Segen für einen ergiebigen Fang, Schutz für die Seeleute zu erflehen.

„Die Buisen gehen aus!“ rief der Nachbar dem Nachbar zu und alle eilten hinaus, die wenig hübschen Schiffe im vollen Segel- und Flaggenschmuck, eins hinter dem andern hinausfahren zu sehen, um beim fernen Hitland den Hering zu fangen, der zur Blüte der Stadt, zur Wohlfahrt so vieler seiner Bürger ganz Bedeutendes beigetragen hatte und noch beitrug. Manches Gebet um glückliche Heimkehr der Geliebten stieg himmelwärts, manche bittre Abschiedsthräne floß.

Nur um diese Zeit war es gestattet, den Hering zu fangen, denn das Gesetz bestimmte, daß vor dem 25. Juni kein Fisch gefangen werden sollte. Die Fischer mußten sich eidlich verpflichten, dieser Bestimmung nachzukommen. Die Netze wurden nach gegebenen Regeln angefertigt und die Maschen mußten eine bestimmte Weite haben, damit im Interesse künftiger Jahre die jungen Fischlein durchschlüpfen konnten. Jedes Netz war 700 Maschen lang und halb so breit.

Bald sind die Segler dem Auge entschwunden, die Zuschauer kehren heimwärts, die Buisen aber segeln nach der schottischen Küste, um dort am Abend des 24. Juni das erste Netz über Bord zu werfen. Dieses geschah mit einer gewissen Feierlichkeit nach stattgefundenem Gebet um reichen Fang, denn jeder der Mannschaft war dabei interessirt, da ein Theil des über ein gewisses Quantum Gefangenen der Mannschaft bei ihrem Lohn zu Gute kam.

Verschiedene Anzeichen verrathen dem erfahrenen Fischer das Vorhandensein einer großen Menge Heringe. Wo Möven und Seeschwalben öfters niedertauchend in die See schießen, wo viele Heringsschuppen an den Seitenwänden der Schiffe kleben, wo eine milchartige Flüssigkeit sich auf dem Wasser zeigt, da werden sich gewiß in kurzer Zeit die Netze füllen. Der Fang ist zuweilen so ergiebig, daß man mit einem Zuge 130—140,000 Heringe fängt und zum Aufwinden des Netzes mehr als drei Stunden gebraucht. Ja, zuweilen müssen die Zugleinen zerschnitten werden, um das Umschlagen des Schiffes wegen mangelnden Gleichgewichts, das Zugrundegehen mit Mann und Maus zu verhindern.

Laut jauchzend wurden am Morgen des nächsten Tages die Netze mittelst einer Rolle aufgezogen und die gefangene Beute sofort gekaakt, d. h. ihnen Eingeweide und Kiemen genommen und der Fisch alsdann mit Salz fest in Tonnen verpackt. Bald erschienen die Heringsjäger, die von Buise zu Buise fuhren und ihren Fang übernahmen, um damit, sobald wie irgend thunlich, in die Heimat zu fahren. Die Ankunft desselben wurde durch Glockengeläute bekannt gemacht, von Thür zu Thür erscholl bald das Rufen der Verkäuferinnen: Neue Heringe! und wer nur irgend im Stande war, den anfänglich hohen Preis derselben zu erschwingen, der ließ sich's nicht nehmen, sich ein Urtheil über die Qualität der „neuen Heringe“ zu bilden. Freunden und Gönnern nah und fern wurde die Delikatesse schlennigst per Post zugesandt.

Je nach ihrem Fange kamen die Buisen 2—3 mal heim, ihren Fang abzuliefern, und wenn endlich im Herbst alle wieder im Hafen lagen, dann wurde in besonderer kirchlicher Abendstunde dem Höchsten Lob und Dank dargebracht für Rettung aus mancher drohenden Gefahr. Nicht immer kehrten aber alle wieder heim; die Wogen der Nordsee zertrümmerten manches dieser zerbrechlichen Fahrzeuge. —

Es dürfte nicht unpassend erscheinen, hier einige Notizen über den Hering folgen zu lassen:

Er trägt seinen Namen von dem skandinavischen Worte heer, d. h. ein Lager. Er bewohnt die nördlicheren Meere und wird selten in gemäßigteren Gegenden angetroffen. Südlich von der Bai von Gascogne findet man ihn nicht häufig und zu La Rochelle ist er eine große Merkwürdigkeit. Im Mittelmeere kommt er nicht vor. Der ziemlich allgemeine Glaube, daß der Hering sofort sterbe, sobald er das Wasser verlassen habe, ist durch vielfache Beobachtungen Naturkundiger in das Reich der Fabel verwiesen. Er kann allerdings einige Zeit außerhalb des Wassers leben, wenn auch nicht so lange, wie viele andere Fische.

Aber im Wasser hat er ein zähes Leben, welches sogar unter dem Eise nicht gefährdet wird. Bevor er stirbt, stößt er einen leisen Laut aus. In hellen Mondnächten, besonders im Herbst, schwimmt der Hering oft auf der Oberfläche des Meeres mit der Rückenflosse und dem obern Theil der Schwanzflosse über dem Wasser. Es soll ein über alle Beschreibung prächtiger Anblick sein, die See in einer Breite von 3—4 und in einer Länge von 5—6 Meilen mit Heringen wie bedeckt zu sehen, während die sanften Strahlen des Mondes von den glatten Rücken der Fische zurückgeworfen werden. Durch diese Strahlenbrechung glänzt die ganze Oberfläche, als wenn sie mit Edelsteinen bedeckt wäre; durch das phosphorische Licht, welches die Millionen Fische entwickeln, und durch das Leuchten des Meeres wird alles wie mit einem flatternden Schleier überzogen. Der Nordländer nennt diese Erscheinung Heringsblick, Sindblick.

Oft, wenn der Hering auf diese Weise schwimmt, steckt er dann und wann den ganzen Kopf aus dem Wasser, nach Luft zu schnappen. Durch das Zusammenschlagen der Lippen entsteht ein Geräusch, wie wenn eine Menge dicker Regentropfen auf das Wasser fiele. Alle Fischer wissen davon zu erzählen. Auch diese Erscheinung findet besonders an hellen Herbstabenden statt, und das ganze Meer wird wie mit Wasserblasen bedeckt. Für die Fischer bedeutet diese Erscheinung einen schlechten Fang in der nächsten Nacht, weil alsdann die Netze zu hoch gehalten werden müssen.

Manchmal springt auch der Hering truppweise aus dem Meere in die Höhe, sodaß in der Nähe befindliche Schaluppen zu nicht geringem Theile ganz mit Heringen angefüllt sind.

Die Menge der Heringe, die oft in einer Richtung schwimmen, ist eine kaum glaubliche; nicht selten schwimmen sie so nahe beisammen, daß viele todtgedrückt werden. Daher kommt es auch, daß oft ein Fahrzeug in kürzester Zeit seine Ladung hat, während zwanzig andere in seiner Nähe nichts fangen. Man hat Beispiele, daß eine Buise an einem Tage 150,000 Heringe fing, ihre Nachbarn aber auch nicht einen.

Sonderbar und unerklärlich ist es, warum die Heringe dann eine gewisse Stelle Jahre lang nach einander besuchen und dann plötzlich wegbleiben, um nie wiederzukehren. Diese Erscheinung hat zu vielem Aberglauben Veranlassung gegeben; der richtige Grund ist vielleicht der von Leeuwenhoek angegebene: daß, wenn in solche Gegenden mehr Heringe kommen, als Nahrung für sie da ist, sie also Hunger leiden müssen, sie alsdann fortziehen, um mehr Nahrung zu suchen, und nicht wieder dorthin kommen, wo nicht hinreichendes Futter für sie zu finden war.

Wie das plötzliche Verschwinden, so ist auch das plötzliche Erscheinen lange mit Verwunderung beobachtet. Die Geschichte des Nordens spricht häufig von so viel Heringen, daß die Netze zerrissen. 1781 fand man bei Buskoe so viele Heringe, daß sie einen lebendigen Berg im Meere bildeten und mit den Händen gegriffen werden konnten. 1784 zeigte sich in Loch Ure eine solche Unmasse Heringe, daß in 40—50 Tagen über 60,000 Last gefangen wurden, und 1753 fingen 250 in Loch Terridon anwesende Buisen in einer einzigen Nacht so viel Fische, daß sie dem Sinken nahe waren und man die Netze in Stücke schneiden mußte, weil es unmöglich war, ein ganzes Netz voll Fische aufzuziehen. So viel Heringe blieben dort zwei Monate lang. 1774 fing man zu Auld Haiks in jedem Netze, welches man aufzog, ungefähr 50,000 Heringe. Man wußte nicht, was man mit dieser Masse beginnen sollte, und verkaufte 10,000 Stück für eine Flasche Genever. —

Der Hering hat viele Feinde, besonders stellt der Nordkaper ihm nach und verschluckt tausende auf einmal. Der Hering flieht vor ihm in die Buchten der Küste und nach Untiefen, wo er aber von dem Regen in die Traufe kommt, indem er hier den Menschen in die Hände fällt. Deswegen gilt noch jetzt in Norwegen das Gesetz, daß zur Heringszeit kein Wallfisch getödtet werden darf. Die Art und Weise, wie dieser sich seiner Beute bemächtigt, ist nicht uninteressant. Er schwimmt nämlich etliche mal ziemlich schnell in einem Kreise, dadurch entsteht im Meere ein kräftiger Strudel, der die Heringe mit sich zieht; plötzlich wendet er sich um, öffnet das Maul, und eine ganze Schar Heringe treibt hinein. Auch die Robben, Haie, Kabliaue, Dorsche, die Lengfische, viele Seevögel ꝛc. stellen dem Heringe nach dem Leben.

Aber der größte aller seiner Feinde ist der Mensch; denn ihm stehen ja die meisten Mittel zu Gebote, sich seiner zu bemächtigen. Und Tausenden, ja Millionen dient dieser winzige Fisch, der gewöhnlich nur 10 Zoll lang ist (Heringe von 12—13 Zoll werden schon in Museen aufbewahrt), zur Nahrung; er kommt sowohl auf die Tafeln der Könige, wie auf die der Bettler. Bloch, einer der ausgezeichnetsten Ichthyologen, bemerkt, daß durch Beukelszoon's Erfindung mehr Menschen am Leben erhalten, als durch die von Berthold Schwarz getödtet seien, und Karl V. theilte 1556 auf Beukelzoon's Grabe mit seiner Schwester, der Königin von Ungarn, einen Hering und aß ihn, dem Erfinder des noch jetzt üblichen Konservations-Verfahrens zu Ehren.

Der Schlittschuhläufer.

Kein Volk der Erde verkennt mehr den sittlichen Einfluß der Fußbekleidung auf den Menschen, als der Holländer und der ihm benachbarte und verwandte Ostfriese. Ziehe ihm Tanzschuhe an, schnalle ihm Sporen an die Fersen, gieb ihm Jagdstiefeln oder Pantoffeln an die Füße: Du veränderst den Mann nicht. Das macht ihn weder zum Tänzer, Reiter noch Jäger. Er bleibt ein Holländer oder Ostfriese, der tanzt, reitet oder jagt. Aber gieb ihm ein Paar Schlittschuhe, oder wie Klopstock will, Schrittschuhe an die Füße — er ist kein Holländer, kein Ostfriese mehr. Er ist Schlittschuhläufer, wie je ein Spanier Tänzer, ein Engländer Reiter ist. Er ist ein Mannschlittschuh — **un homme patin,** würden die Franzosen sagen, geworden. Die Siebenmeilenstiefeln veränderten Kleindäumchen nicht mehr, als die Schlittschuhe den Ostfriesen. Es scheint hier eine Verzauberung, ein Spuk, ein Gestaltenwechsel, wie aus den Ovid'schen Metamorphosen, stattgefunden zu haben.

Kaum kommt die ganze Natur zur Ruhe, kaum zieht die Erde die warme Schneedecke über, so wird dieser Volksstamm wach, er thaut auf, er verändert in umgekehrter Ordnung sein Temperament. Er brennt und kracht, wie der Hekla unter dem Schnee.

Endlich ist es Zeit! Es ist wahr, das Eis ist noch schwach und kaum so dick, wie ein Zweithalerstück, man spricht sogar von Gefahr. Aber danach frägt der Schlittschuhläufer nicht. Sonst ist der Ostfriese der vorsichtigste Mensch, er bedenkt sich zehnmal, bevor er eine Schaukel, funfzigmal, bevor er ein Boot, hundertmal, bevor er den Dampfwagen besteigt. Aber auf dem Eise ist er ein Wagehals. Dort entwickelt er eine Kühnheit, die selbst einem Gemsjäger Schrecken einjagen würde. Dort gleicht er der Möve, die mit ihren Flügeln das Wasser berührt.

Mich dünkt, man kann es dem Schlittschuhläufer ansehen, wohin er geht. Nicht nur an seiner Ausrüstung, an seinem zugeknöpften Rock, an seinem wollenen Halstuch, an den blankgeschliffenen Schlittschuhen, sondern an der Farbe seines Gesichts, an dem Glanz seiner Augen, an seinem lebendigen Gang, an dem Eifer und an der Ungeduld, die aus seiner ganzen Haltung spricht. So kommt er an die Bahn. Mit vor Kälte und Eifer bebenden Fingern werden die Schlittschuhe an die Füße geschnallt. Er ist fertig! Eins! — zwei! — drei! — vier! — fünf! — sechs! Dahin fliegt er, einem Vogel gleich. Eben so schnell, eben so leicht, eben so froh. Die Bequemlichkeit des Getragenwerdens verbindet er mit dem Angenehmen des Selbsttragens. So lange er die Schlittschuhe unter den Füßen hat, ist der Schlittschuhläufer der glücklichste der Menschen.

Aber es ist dem Menschen nicht genug, glücklich zu sein. Auch auf dem Eise nicht. Der Schlittschuhläufer strebt auch nach Bewunderung. Darum ist das Schlittschuhlaufen bald nicht mehr alleiniger Zweck. Er muß während des Laufens ein Bein über das andere schlagen können. Er muß, einem Adler gleich, an beiden Seiten wenigstens sechs Fuß Flugweite haben. Er muß mit den Füßen den Namen seines Mädchens in's Eis schneiden können. Nachdem er sich einige Zeit in der Schule Uebung erworben und von Zeit zu Zeit theures Lehrgeld bezahlt hat, ist er endlich der Held der Bahn! Welche Wollust! Niemand, der mit ihm wetteifern darf! Er beschreibt mit seinen Schlittschuhen die Wellenlinien der Schönheit. Abwechselnd biegt er sich malerisch nach beiden Seiten und bewegt sich mit den gefälligen Wendungen des Schwans! Jeder bewundert ihn! Die Herren beneiden ihn. Die Damen schauen ihm mit Wohlgefallen nach. Ueberall, wohin er kommt, wird er mit Jauchzen und Beifall empfangen.

Aber nicht Jeder geizt nach solcher Anerkennung. Viele wählen stillere Vergnügungen. „Die Liebe auf dem Eise“ ist in unsern Gegenden sprichwörtlich geworden. Nirgends giebt es mehr Liebeshändel, als auf dem Eise. Kein Wunder! Nirgends doch giebt die Gelegenheit mehr Recht zu unschuldigen Freiheiten. Der Jüngling und sein Mädchen bilden ein Paar; sie gehen Hand in Hand; vielleicht verlieren sie sich hier oder dort auf einen einsamen Kanal und befinden sich allein. Wenn sie eben ruhen will, muß er sie mit dem Arm aufhalten; er muß ihr die Schlittschuhe an die kleinen Füße an- und abbinden. Auf dem Eise ist alles ohne Argwohn. Der Frohsinn der Bewegung scheint sich den Herzen mitgetheilt zu haben. Man erbittet und erlaubt, was man auf dem Lande nie würde fordern, geben und nehmen dürfen.

Andere freilich stellen wieder andere Anforderungen an das Eis. Sie machen es zu einem Kampfplatz. Ein Wirth kündigt ein Schlittschuhrennen an. Schlittschuhrennen sind für uns, was die Wettrennen zu Epsom für England sind. Die Helden melden sich zum Kampf. Die Uebrigen kommen als Zuschauer. Die Bahn wird gemessen und bestimmt. Der Kampf beginnt. Pfeilschnell eilen die Kämpfenden längs der Bahn. Athemlos folgen ihnen tausend Köpfe. Wie lang auch der Kampf dauert, wie sehr auch die Kälte kneift, wie sehr der Hunger quält — die Theilnahme bleibt dieselbe. Endlich ist der Sieg errungen, das Fähnlein weht, die Musik ertönt, das Hurrah erschallt und die ganze Menge strömt herbei, den Preis austheilen zu sehen.

Wir wären im Stande, diesem Bilde gegenüber ein anderes den Blicken zu entrollen. Sie verstehen uns und sehen vielleicht in Ihrer Phantasie bereits gebrochene Arme, blutige Nasen, blaue Augen, nasse Kleidungsstücke; vielleicht auch eine blasse Gestalt, kalt wie das Eis, aus welchem sie gezogen wird, — eine befrorne Blume. Aber wir wollen die Mütter, die dieses lesen, nicht ängstigen, und den Knaben, die dabei stehen, nicht mißfallen.

Wir hoffen aber, daß bei uns geschöfelt (so nennt der Ostfriese das Schlittschuhlaufen) werden möge, so lange es bei uns Eis giebt. Es ist ein gesundes, eigenthümliches, nationales Vergnügen. Und wenn dann die Fremden schimpfen und sich über unsere Schwerfälligkeit aufhalten, wir wollen sie auf's Eis bringen, damit sie sich von ihrem Unrecht überzeugen.

Das Saatdreschen.

Wenn Du im Mai durch die Marsch unsers Landes reisest, so bietet sich Dir ein überraschender Anblick dar. Du siehst freilich weder Berg noch Hügel, weder Wald noch Gebüsch, siehst höchstens hier und dort bei einem Dörfchen oder bei einem isolirt stehenden Bauerhofe ein paar Dutzend Bäume; aber rings um Dich, abwechselnd mit grünen Wiesen und Weiden siehst Du die goldenen Rappsaatfelder (Brassica oleracea litiniata). Ganze Strecken blühen im glänzendsten

Gold und erfüllen die Luft mit lieblichem Duft. Von Oldenburg her kommen eben vor oder um diese Zeit die Bienenzüchter (Imkers) mit ihren Körben; sie miethen sich in einem nahen Dorfe oder Hause ein und lassen ihre fleißigen Thierchen fliegen, köstlichen Honig in reicher Fülle aus der Saat zu sammeln. Unzählige Scharen summen auf den Feldern und ihr Gesumme klingt Dir lieblich in's Ohr. Einen Monat nur dauert diese Herrlichkeit; kaum werden die Körner in den Schoten braun, so schickt der Landmann seine Knechte und Arbeiter ins Feld, die Saat zu schneiden. Versäumt er die rechte Zeit, so ist der Schaden nicht gering, weil bei vollständiger Reife viel Saat ausfällt. Sind die Tage sehr heiß, so wird nur am frühen Morgen und in den späten Abendstunden, wenn dasselbe vom Thau befeuchtet ist und man also kein Ausfallen zu befürchten hat, geschnitten. Eine kurze Zeit bleibt es liegen, damit es trocknet; umgewendet wird es nicht, aus Furcht vor dem Ausfallen. Dies ist aber auch nicht nöthig, da der starke ästige Stengel ein dichtes Aufeinanderliegen verhindert und die Luft frei hindurch spielen kann.

„Morgen können wir dreschen", sagt der Bauer zu seinem „Volk" (so nennt er seine Dienstboten), „macht den Platz bereit!" — Fröhlichkeit lagert sich auf alle Gesichter; ist doch das Saatdreschen eine Lust für Jung und Alt, ein Fest, welches alle Jahre nur einmal gefeiert werden kann. „Es war so und so viel Wochen vor und nach dem Saatdreschen" sagt der Arbeiter im Krummhörn, und beweist dadurch, welche Rolle diese Thätigkeit in seinem Leben spielt. — Man zieht mit Spaten und Harke hinaus, dem Befehle des Herrn nachzukommen. In der Mitte des Saatfeldes wird „das Saat" behutsam bei Seite geschafft; ein ungefähr 2000 □' großer Platz wird von den Stoppeln befreit und so gut geebnet, wie nur möglich.

Der nächste Morgen sieht die Arbeiter frühzeitig auf den Beinen, denn mancherlei sind noch der Vorbereitungen, bevor man an die Arbeit gehen kann. Vor allen Dingen muß das Dreschsegel hinausgebracht und zurechtgelegt werden, sodann die beiden Tragsegel, die Walze, die Harlen und hölzernen Gabeln, das Bierfaß, der Geneverkrug u. s. w.

Das Dreschsegel ist 30—40 Ellen lang und etwa 25 Ellen breit, es wird ausgespannt und vermittelst einer Anzahl Pflöcke befestigt; sobald etwas Saat gedroschen ist, legt man das Stroh ringsum unter den Rand, um durch den so gebildeten, einen bis zwei Fuß hohen Wall dem Wegspringen der Körner vorzubeugen.

Die Tragsegel dienen zur Herbeischaffung des Saats in das Dreschsegel; jedes ist ungefähr vier Ellen lang und ebenso breit, an zwei Seiten an runden Latten befestigt; es wird entweder getragen oder auf einem leichten Schlitten nach dem Dreschplatz geführt.

Die Walze ist sieben Fuß lang, an einem Ende fünf, am andern drei Fuß dick, sie dreht sich in einem Rahmen, an welchem die Deichsel befestigt ist. —

Der Thau ist abgetrocknet, und frohen Muthes zieht Alles in's Feld. Das Dreschsegel ist bald hingelegt, die Schlitten mit den Tragsegeln schaffen schnell eine erforderliche Anzahl Garben herbei, welche an der „Sturzseite“ in das Segel geworfen werden.

Das Pferd, auch wohl zwei, wird vor die Walze gespannt, ein Knabe setzt sich auf dasselbe und fährt die Walze in das Segel. Das Pferd geht nun in der Runde über die Saat; ein paar Männer folgen, die Saat jedesmal mit hölzernen Gabeln wieder aufzuschütteln. Glaubt man, daß eine „Lage“ ausgedroschen, so wird das Stroh, wie bereits gesagt, erst unter den Rand des Segels gesteckt, später aber aus demselben geworfen, wo der „Brander“ (Brenner) es aufhäuft.

Die Anzahl der Arbeiter ist an und für sich schon keine geringe, ab und an bringen dieselben auch noch Weiber und Kinder mit, und gleich den Männern thun auch diese sich bei dem Bierfaß und bei der Geneverkruke gütlich. Wer von der Herrschaft oder sonst von Bekannten und Fremden an das Segel kommt, dem werden flugs die Füße gewischt, ein Anderer hält ihm eine Schaufel mit Saat hin, deren Güte zu prüfen und zu preisen, ein Dritter reicht ihm einen

Becher mit Bier. Dafür wird natürlich ein Trinkgeld bezahlt, welches später unter alle vertheilt wird.

Des Mittags tritt eine kurze Pause ein, in der Jeder sein Proviant hervorzieht, denn nur selten noch wandert alsdann ein fast thurmhoher Haufen gewaltiger Pfannkuchen in's Segel; aber am Abend nach vollbrachter Arbeit erwarten Klöße mit Schinken oder Grütze mit Pflaumen und Schinken die hungrige Mannschaft. Bevor diese aber das Feld verläßt, wird das Segel über der ausgedroschenen Saat zusammengeschlagen, damit etwaiger Regen oder Thau keinen Schaden bringe. Am nächsten Morgen wird die gedroschene Saat mittelst des „Wehers" rein gemacht. Ist im weiten Kreise um das Segel hin die Frucht schon abgedroschen, so wird eine andere Stelle geebnet und das Segel dorthin gebracht. —

Nicht überall geschieht aber das Dreschen mit der Walze; man gebraucht dazu in den meisten Fällen den Flegel, seltener läßt man es durch Pferde austreten. Nur im höchsten Nothfalle drischt man in der Scheune: beim Transport dahin geht viel Saat verloren.

Nicht alle Bauern, besonders die Besitzer kleinen Eigenthums nicht, haben selbst ein Dreschsegel, da ein solches ziemlich theuer ist. Sie wenden sich an einen „Saatbaas", welcher sein Segel vermiethet und auch die Mannschaft dazu stellt. Die Arbeit geschieht nach der Reihe; bei dem, welcher das Segel zuerst gedungen hat, wird zuerst gedroschen und so fort. Da dies indeß mit manchen Unbequemlichkeiten verbunden ist, da Mancher, wenn ihm viele zuvor kommen, oft viele Tage warten muß, während welcher Zeit seine Frucht jeglicher Witterung ausgesetzt ist, so werden immer mehr Privatsegel angeschafft.

Während des Dreschens herrscht ausgelassene Fröhlichkeit; der nationale Ernst verschwindet und allgemeine Heiterkeit zeigt sich überall in Wort und That.

Die Einholung der letzten Garbe ist eine feierliche. Die Mannschaft stellt die Arbeit ein, den „Hasen" zu fangen, der unter die letzte Garbe sich geflüchtet haben soll. Die Halstücher werden an die verschiedenen Geräthe gebunden, um als

Flaggen zu dienen, und nun geht's mit Gesang an die einsame Garbe. Sie wird umstellt, das Geneverglas macht mehrmals die Runde und alsdann die Garbe unter lautschallendem Hurrah aufgehoben. Mit ihr wandert der Bauer in's Segel, um mit Gesang an den Dreschplatz geführt zu werden. —

Das Dreschen ist vorbei; mit Sang und Klang ist man heimgekehrt an die vollen Schüsseln; die Werkzeuge befinden sich wieder unter Dach und Fach, die Saat steht in Säcken auf der Tenne, eine Probe derselben ist vielleicht schon an den Mäkler in der Stadt geschickt, der Bauer träumt nur noch von seinen „Saatpistolen" und begiebt sich mit Weib und Kind und Gesinde noch einmal auf das jetzt so öde Feld. Nur die Strohhaufen zeugen von dem Segen, der hier waltete. Auf diese aber ist es abgesehen. Nur eine kleine Quantität ist davon zum Gebrauch nach Hause geführt. Die Kinder werfen mitgebrachtes Feuer in das Stroh und blasen vereint mit dem Winde in dasselbe, bis die Flamme an den trocknen Stämmen leckt. Bald steht der ganze Haufen in Flammen. Es gewährt einen herrlichen Anblick, wenn Du in dunkler Abendstunde auf Emden's Wällen spazierst und da überall, in der Nähe und Ferne, im eigenen Lande, wie im benachbarten Holland über den Dollart her das brennende Rappstroh lodern siehst. Du gedenkst der Oster-, Pfingst- und Johannisfeuer; Du träumst wohl gar, das ewige Feuer der Parsen zu erblicken — Täuschung, nichts als Täuschung! — Dort steigt der Mond am Himmel auf und beleuchtet die endlose Wasserfläche, sie erinnert Dich daran, daß Du in dem meerumdonnerten Emsgau verweilst, in dem nordwestlichen Winkel des deutschen Vaterlandes.

Ein Jahrmarkt.

Wer noch nie einen der besuchtern ostfriesischen Jahrmärkte beigewohnt, hat keine Gelegenheit gehabt, das Volk in seinen verschiedenen Abstufungen kennen zu lernen. Hier zeigt es sich so recht, wie es ist, nicht wie es sein sollte, und der an solche Szenen nicht gewohnte Beobachter würde in dem Augenblick, wo der Höhepunkt der Fidelität der Jahrmarktsbesucher eingetreten, eher glauben, in einem zoologischen Garten sich zu befinden, als unter Menschen.

Heut ist endlich Markt, ihr Leute.
Endlich brach der Festtag ein.
Und wer nie bis jetzt sich freute,
Heute lernt er fröhlich sein.

sang vor etlichen Jahren einer unsrer Dichter und diese wahren Verse sagen zur Genüge, welch' eine Stellung ein beliebter Jahrmarkt — der wortkarge Ostfriese sagt nur „Markt“ — im Volksleben der Ostfriesen einnimmt. „So und so viel Tage vor oder nach jenem Markt“ gilt mehr als alle gedruckte Kalenderweisheit. Knechte und Mägde verdingen sich unter der Bedingung, den zunächst gelegenen frequenten Markt besuchen zu dürfen. Daß solchem so große Bedeutung beigelegt wird, erklärt sich leicht aus dem Mangel aller sonstigen öffentlichen Lustbarkeiten.

Es ist früh Morgens. Die Sonne ruht noch in ihrem kalten Wittwerbett und dem dicken Nebel, der auf den Wiesen und Weiden liegt, macht noch nichts die Herrschaft streitig. Draußen ist alles stumm, aber daheim im Stall hat der Haushahn bereits die Nähe des Herbsttages verkündet. Bald regt's sich Haus bei Haus. Hier öffnet ein noch schlaftrunkener Knecht, dort ein kaum halbbekleideter Hausherr das große Scheunenthor, um den besten, bereits gestern geputzten und geschmierten Wagen ins Freie zu bringen. Ist doch heute Markt, ein Tag voller Lust und Wonne, voller Jubel, Katzenjammer und Prügelei; ein Tag, schon so lange herbeigesehnt von Alt und Jung, von Herrschaften und Dienstboten, von Männern und Weibern. Heute bleibt nur der zu Hause, den unabweisbare Pflichten binden und er bleibt höchst ungern und Gnade dem, der heute ihm quer kömmt. — Bald ist Leben in jedem Hause und in jeder Hütte. Hier rollt bereits eine altmodische Kutsche davon, vollgepfropft zum Erbarmen, dort eine stattliche Karosse mit dem „lateinischen“ Bauer (so nennt der Ostfriese den Bauer, der die breite

Spur der Väter verläßt), seiner Frau Gemahlin und den Fräulein Töchtern, die Ballkleid und Krinoline auf dem Schoß halten, damit solche nicht vor der Zeit zerknittert werden; hier ein alter „Bullerwagen“ mit dem einfachen Bauer und seiner „Weerdin“ (Wirthin); jener trotz der frühen Morgenstunde mit der kurzen dampfenden Pfeife im Munde; dort eine Chaise, die heute sogar drei Mann fassen kann. Und links und rechts, vorne und hinten, auf Fußwegen, wie auf der Landstraße schreiten Personen jeglichen Alters und Geschlechts mehr oder weniger rüstig einher, alle dahinstrebend, baldmöglichst das Ziel der Reise, — das Marktdorf — zu erreichen. Wo sich in einem Fahrzeug noch irgend Platz befindet, wird ein Fußgänger aufgenommen und die schnellbeinige Jugend hängt sich hinten an und fährt laufend, rennend gratis mit.

Je näher dem Wallfahrtsorte, desto größer die Zahl der Wallenden: jedes Dorf, jedes Gehöft liefert seinen Tribut. Alle in Sonntagsstaat, alle in bester Laune, mit heiler Haut, mit klarem Kopf, mit zufriedenem Sinn. Morgen und Abend! welch' ein Unterschied!

Die Sonne geht auf! Der Nebel verschwindet! Der Thurm wird sichtbar! Musik und menschliches Brüllen läßt sich hören! Das Fahren wird zum Jagen, das Gehen zum Laufen — zum Rennen — das Ziel ist erreicht!

Das Festdorf hatte keine Nacht. Haus an Haus ist mit verwelktem Grün geschmückt, Kartoffelnlaub und Baumzweige allerlei Art, besonders die des Fliederstrauchs sind zu Guirlanden gewunden, aus denen hie und da sogar eine vereinzelte Georgine hervorschaut. In den Häusern, wo heute gefeiert werden soll — an der Hauptstraße also in allen — sind die Fenster der obern Etage herausgenommen, sie würden sonst springen von dem barbarischen Geschrei oder zerschlagen werden bei dem zu erwartenden „ochssigen“ Vergnügen. Die Hauptstraße des Dorfs ist mit Buden besetzt, links und rechts, die nur enge Eingänge zu den dahinter stehenden Häusern übrig lassen. — Von Minute zu Minute vermehrt sich die Schar der Feiernden, die fortwährend zu Wagen, zu Roß und zu Fuß herangeeilt kommen.

Guten Tag! Auch hier? Wie geht's? Noch allein? Noch kein „Wicht" (Mädchen)? Voll heute! Ist doch ein Haupttag, ein solcher Markt! Diese und ähnliche Redensarten, verbunden mit kräftigen Handschlägen und schallenden Küssen von purpurnen Lippen wiederholen sich jeden Augenblick. Der Marktplatz belebt sich immer mehr. Die Damen haben im innersten Heiligthum des Gasthofes eine Metamorphose durchgemacht; sie erscheinen jetzt in lauter Sammt und Seide und weit bauschender Krinoline, dazu angethan mit allem, was der Laden eines Goldarbeiters an Damenschmuck darbietet. Die derbe Magd schreitet in ihrem roth-boyenen National-Unterrock, in kurzer Jacke, schwarzen Strümpfen und niedrigen geschmierten Lederschuhen einher. Wer ist glücklicher, jene, die vor Gold und Silber strotzen, oder diese am Arm ihres kräftigen „Jungen"?

Alles strömt nach dem eigentlichen Marktplatz, der sich meistens eben vor dem Dorfe befindet. Welch' ein Lärm, Drängen, Schreien, Kreischen, Brüllen, Heulen! Wahrlich, die Mauern von Jericho würden vergebens versucht haben, demselben Widerstand zu leisten. Drehorgelspiel mit dazu gehörendem noch miserabelerem Gesang, Trompetengeschmetter, unaufhörliches Schellen und Läuten, Tanzmusik aus den verschiedensten Tanzlokalen und Zelten, heiseres Geschrei der Harfenmädchen, Pfeifen und Flöten und Schnarren und Quaken und Tuten der Kinder auf mancherlei Nürnberger Musikinstrumenten — wahrhaftig, hier ist's mehr als Phrase: Man kann die Ohren kaum am Kopfe halten.

Doch die Mitte des Marktplatzes bietet noch mehr. Hier haben wir das Rufen der verschiedensten Verkäufer, die ihren ganzen Stimm- und Wortvorrath aufbieten, Käufer herbeizulocken: Neue Heringe, fett wie Speck, aber ohne Trichinen! Immer heran, immer herein, hier verkauft man Bier und Branntewein! Geräucherte Aale, wer will geräucherte Aale? Stück für Stück zu einem Neugroschen! Frische Oelkuchen, frische Oelkuchen! Hier gewinnt man Kuchen, so groß wie Bauernhöfe, wer will ein Lo—o—o—os! Echte Glanzwichse! Delikate Salzgurken! Weg da Junge, laß die Herrschaften durch! Und Knecht und Magd treten näher, um im „schwarzen Spiegel“ die Zukunft zu schauen. Ein gereimter „Planet“ enthüllt, was noch der Spiegel verschwieg.

Während dessen wird von Groß und Klein Kuchen geschlagen und gewürfelt; man macht im Dampfkaroussel die erste Fahrt auf der Eisenbahn; staunt einen gefärbten Landsmann als Neger an oder verschlingt mit Auge und Ohr die gruselige Geschichte eines Leierkastenmanns, der sogar „sechs neue Lieder, gedruckt in diesem Jahr“ für zehn Pfennige feilbietet und nichts mehr bedauert, als daß er nicht sofort eine neue Auflage veranstalten kann. —

Zu Mittag ißt der Bauer mit den Seinen table d'hôte, das eigentliche Volk macht's kürzer. In der einen Hand ein Weißbrot, in der andern einen Hering und dann Bissen um Bissen. Bald ist der Hunger gestillt, aber der Durst ist nicht zum Schweigen zu bringen. Bier und Branntwein, Branntwein und Bier, mit und ohne Zucker, fließt in schrecklichen Quantitäten durch seine und ihre Kehle. Zur Abwechselung Tanz und Gesang, kräftige Flüche und glühendheiße Küsse, Alles naturwüchsig in höchster Potenz.

Dort aber im Wirthshause knallen die Champagnerpfropfen. Von den „Saatpistolen“ können heute schon einige springen. Unser Bauer läßt sich nicht lumpen. Bald bedeckt ein ganzes Regiment Flaschen den Tisch, leere werden unter denselben geworfen. — Ein Mordspektakel erhebt sich, so daß die Tanzenden mitten in der Tour aufhören. Flaschen und Gläser, Stuhl- und Tischbeine fliegen durch die Luft und dem Gegner an den Hals. Die Einreden des Wirth's sind wirkungslos: Wir können's bezahlen! Was kostet's? lautet die stolz-brutale Antwort.

Frau und Tochter drängen zum Aufbruch. Vergebens! Es ist nur einmal Markt und außerdem ist's noch so früh. Wein her! Eine Flasche nach der andern. Tische und Stühle, soweit sie ganz geblieben, bedecken die Tapfern des Tages, die schweigend oder in unartikulirten Tönen schreiend, den Kampfplatz bedecken.

Endlich ist der „selige“, über die frühe Trennung von seinem „Wicht“ murrende Knecht gefunden; nach langem Warten stehen die Pferde vor dem Wagen; der verwundete, berauschte Bauer hat nach vielen fruchtlosen Anstrengungen endlich mit Hülfe der Seinen denselben bestiegen, die Peitsche knallt, fort geht es. Wiederum kräht der Haushahn, der östliche Himmel röthet sich — das Haus ist erreicht. Knechte und Mägde kommen erst im Laufe des Tages und alle sehen den Himmel voller Baßgeigen.

'S ist doch ein Haupttag, solch' ein Markt!

Die Garneele und ihr Fang.

Kürzlich lasen wir in Zeller's Monatsbildern der Naturreiche II., 115: Dieses kleine Krebschen (die Garneele) wird häufig in Netzen gefangen und ungekocht verspeist.

Der würdige Verfasser hat gewiß nie Garneele gegessen, jedenfalls wäre es ihm nicht würdig gewesen, solche roh zu verspeisen. Gewiß giebt es noch recht viele, die gleich ihm von der Garneele nur das Eine wissen, daß sie ungekocht gegessen wird, und dies Eine ist leider falsch.

Die Garneele (Crangon vulgaris), fälschlich auch Granate oder Garnat genannt, gehört zu den langschwänzigen Krebsen und ist eine Verwandtin der bekanntern Hummer. Sie hat eine blaßblaugrüne Farbe, ist durchscheinend und nur 1—2 Zoll lang. Sie wird an den Meeresküsten Norddeutschlands in großer Menge angetroffen. Ihres sehr wohlschmeckenden, wenn auch schwerverdaulichen Fleisches wegen dienen sie den Küstenbewohnern vielfach als Speise. Sie kommen Mittags, besonders aber Abends auf den Tisch.

Von Mai bis Oktober ist die Fangzeit, und selten vergeht in dieser Zeit ein Tag, an dem man nicht die Garneele-Verkäuferinnen der am Dollart liegenden Dörfer in Emden von Haus zu Haus wandern sieht, ihre Waare feilzubieten. Sie wird per Kanne verkauft.

Kurz vor Eintritt der Ebbe, mit der sie wieder zurückgehen, fängt man die dicksten, im ersten Flutwasser, wie im letzten Ebbewasser die kleinsten Thiere. Sie nähren sich wahrscheinlich von verschiedenen mikroskopischen Geschöpfen, wenigstens haben die Untersuchungen namhafter Gelehrten (Leeuwenhoek) im Magen der Garneele kleine Muscheln von der Größe eines Sandkorns entdeckt. Früher fand man die Garneele häufiger im Dollart als jetzt, welches aus der Erhöhung des Anwachses erklärt wird. Man fängt jetzt nur noch wenig Garneele, die ihre Eier an den Füßen tragen, da sie sich wahrscheinlich in dem Dollart immer mehr zurückziehen und ihre Brut andern Orts unterbringen.

Die Garneele, die zur Flutzeit gefangen wird, ist geschätzter, als die, die man während der Ebbe fängt. Erstere ist kräftiger und nimmt beim Kochen eine rothere Farbe an, denn die Garneele wird nur gekocht genossen; ungekocht würde sie kaum den Weg durch eine menschliche Kehle finden. Letztere dahingegen ist dicker und wird in größerer Menge gefangen.

In andern Gegenden soll das Verhältniß ein umgekehrtes sein. Beide Wahrnehmungen sind vielleicht richtig und ist hier hauptsächlich Raum und Zeit zwischen Fangort und Feuerheerd entscheidend. Zur Zeit der Flut wird der Fischer viel früher den Deich erreichen, die Garneele werden deshalb rascher in den Topf befördert werden können, als wenn derselbe erst gegen die Ebbe zu kämpfen hat und dann vielleicht mit ganz- oder halbtodter Beute das Haus erreicht. Denn die Garneele lebt außerhalb ihres Elements nur kurze Zeit. Kommt sie todt über's Feuer, so bleibt sie weniger kräftig und da ihr beim Sterben ein heller, farbloser Saft entfließt, ist sie alsdann nicht so voll, nach Einigen sogar ungesund. Der Fischer liebt deshalb im Sommer den kühlen Nordwind, der seinem Fange ein längeres Leben gönnt, im Frühling und Herbst den wärmern Südwind, da die Garneele bei mittelmäßiger Temperatur reichlicher erscheint, als an kalten Tagen.

Man fischt sowohl des Nachts wie am Tage, erstere ist die bessere, weil sie nicht so schleunig stirbt. Sie ist rother und kräftiger. Die besten Garneele fängt man im Nachsommer. Wer recht rothe Garneele haben will, darf beim Kochen das Salz nicht scheuen und muß dafür sorgen, daß während desselben das Wasser stets in wallender Bewegung bleibt.

Zum Fange der Garneele zieht unser Dollartfischer meistens des Abends aus. An Ort und Stelle angekommen, stellt er seine Flügelnetze, die ein großes Hintertheil haben, aus und erwartet nun seine Beute. Von Zeit zu Zeit öffnet er dies Hintertheil, die gefangenen Thierchen in einen Korb schüttend. Die Netze werden im Winter vom Fischer selbst gestrickt. Hat er genug gefangen oder kündet sich der anbrechende Morgen an, so eilt er schnell heimwärts, um noch am Vormittag seine Beute versilbern zu können. Bevor er dies aber thun kann, müssen erst die fremden Gäste: Anchovis, Stint, Knurhahn, Butt 2c. entfernt und durch das Sieb die kleinen Garneele von den größern getrennt werden, denn nur diese werden gekocht, jene aber den Schweinen gegeben oder auf den Düngerhaufen gebracht, dessen Qualität dadurch gewiß nicht schlechter wird.

Zum Kochen nimmt man aber nicht jedesmal frisches Wasser mit frischem Salz: ein und dasselbe Gebräu muß mehrfach dienen und wird es gar zu schmutzig, zu schlammig, nun, dann wird das reinere Wasser abgeschöpft und mit frischem Wasser und reinem Salz vermischt so lange benutzt, als es eben geht. Daran trägt weder Bequemlichkeitsliebe noch Habsucht Schuld, sondern nur die Armuth des Fischers. Denn sein Gewerbe ist ein kümmerliches, da er für eine Kanne Garneele, die er fischen, kochen und zur Stadt bringen muß, höchstens einen Groschen lösen kann. Um nothdürftig auszukommen, legt er sich zu gleicher Zeit auf den Buttfang.

Der Menschenmarkt.

Ist denn kein Wilberforce da? In unserm 19. Jahrhundert noch Menschenhandel und zwar in Deutschland, in dem seiner alten Freiheiten wegen berühmten Ostfriesland, ist das nicht eine Schande, eine Sünde, die zum Himmel schreit? Wir verdammen den Negerhandel, sympathisirten mit den veruneinigten Staaten Nordamerika's, bloß ihrer Negerfreundlichkeit wegen, weinten oder ballten die Faust bei der Lektüre von Onkel Toms Hütte — und haben sogar im eigenen Vaterlande, in einem der christlichsten Staaten desselben noch solche Abscheulichkeiten aufzuweisen?

Der entrüstete Leser und die noch mehr empörte Leserin sind im vollen Recht. Ist es nicht eine Schande, daß Menschen, daß unsere Mitbrüder Leib und Leben und Freiheit zu Markte tragen und sich verschachern lassen müssen? Ist es nicht eine Abscheulichkeit sonder Gleichen, daß sogar Frauen von diesem Loose nicht verschont bleiben, sondern gleich ihren Männern sich das Sklavenjoch auferlegen lassen müssen? Und was soll man von einem christlichen Staate denken, der solchen Handel duldet und sogar Gensd'armen dahin sendet, die leidende Partei im Zügel zu halten und etwaige Ausbrüche der beleidigten Menschlichkeit im Keime zu ersticken?

Doch gemach! lieber Leser, Du siehst den Wald vor lauter Bäumen nicht. Jener Markt ist, wenn Du willst, freilich ein Menschen- aber kein Sklavenmarkt, und die auf denselben nicht Getriebenen, sondern freiwillig Gekommenen gehen nicht zitternd, sondern frohen Muthes mit ihrem neuen Herrn. Denn diese Sache, die allerdings im obigen Sinne auf literarischem Gebiete ausgemalt wurde, verhält sich so:

Im Monat August und später, wenn die goldene Frucht des Feldes reif geworden ist und sich nach der Scheune sehnt, ist auf unserer gottgesegneten Marsch selten ein Bauer im Stande, mit seinem gewöhnlichen Dienstpersonal die Ernte-arbeiten zu verrichten. Es muß eben extra-ordinäre Hülfe in Anspruch genommen werden und da dies schon seit undenklichen Zeiten so war, so hat sich eine Einrichtung geschaffen, die von Seiten hirnverbrannter Touristen für das diametrale Gegentheil von dem angesehen und verschrieen wurde, was es in Wirklichkeit ist.

Sobald der Bauer in der Erntezeit — zu andern Zeiten nicht, dann weiß er sich auf sonstige Weise Arbeiter zu verschaffen — mehr Hülfe bedarf, als sein Dienstpersonal und das ihm zunächst liegende Dorf leisten kann, begiebt er sich nach dem Dorfe Hinte oder Pewsum, um dort Arbeiter zu miethen. Denn dort finden sich an jedem Sonntag Morgen vor Beginn der Kirche eine große Menge arbeitsuchende Personen ein, um sich von den Arbeiter suchenden Bauern für die Zeit einer Woche oder länger engagiren zu lassen. Jene kommen hauptsächlich von der Geest oder aus Oldenburg.

Auf einem bestimmten Platz des Dorfes stehen oder liegen dieselben, versehen mit ihren zum Schneiden des Getreides erforderlichen Werkzeugen: Sichel, Hammer und „Haarstapel", und mit einem leinenen Bündel, in welchem sie einige Kleidungsstücke, oder was ihnen sonst unentbehrlich geschienen, aufbewahren. Der Hammer dient zur Schärfung der Sichel, indem man damit die Schneide möglichst dünn schlägt und sie dann mit einem hölzernen Stabe abzieht. Man legt dabei die Sichel auf einen in den Boden geschlagenen, starken, einen Fuß langen, eisernen Nagel mit viereckigem, etwas gewölbtem Knopf. Ein hölzerner Querstock verhindert, daß er beim Hämmern nicht zu tief in die Erde dringt. Dieser Apparat heißt „Haarstapel".

Die Arbeiter suchenden Bauern gehen nun zwischen den anwesenden Schnittern hin und her und suchen sich den aus, der ihnen am meisten zusagt, und so viele, als sie eben nöthig haben. Gewöhnlich lautet der Kontrakt auf acht Tage und der durchschnittliche tägliche Arbeitslohn beträgt ohne Kost 15 gr. Sobald der Arbeiter gedungen ist, giebt er seinem zeitweiligen Herrn Hammer und Haarstapel als Unterpfand in Verwahrung, um solches an Ort und Stelle wieder in Empfang zu nehmen. Die meisten Kontrakte werden vor dem Gottesdienste abgeschlossen und sorgen anwesende Gensd'armen dafür, daß während desselben solche nicht versucht werden.

Nicht wenige Männer bringen auch ihre Weiber mit hierher und lassen sich mit jenen dingen, damit solche beim Binden des Korns mit verwandt werden. Denn das Korn, welches heute geschnitten wird, muß am folgenden Tage zu Garben gebunden werden. Diese Arbeit wird mit der zweiten Magd und mit Weibern aus den nächsten Dörfern verrichtet. Bleibt der Mann längere Zeit, vielleicht den ganzen Winter über, auch zum Dreschen beim Bauer, dann kehrt das Weib nach gethaner Erntearbeit heimwärts.

Wie gesagt, besteht die eigentliche Beschäftigung des Arbeiters im Schneiden des Korns. Bei dieser Arbeit giebt es auch noch eine gewisse Rangordnung, gegen die nicht gesündigt werden darf. Wie im sozialen Leben und in der Natur, so hat auch hier die Dreiheit sich ihren unbestrittenen Platz erobert. Der „große Knecht" vertritt hier den Adel und geht voran, ihm folgt der bürgerliche Mittelknecht und dann erst kommt der Proletarier, der nur momentan anwesende Schnitter. So rasch der „große Knecht" schneidet, so rasch müssen auch die Andern arbeiten und sie suchen ihren Stolz darin, es ihm gleich zu thun.

Ist die Arbeit in einer Woche vorbei oder hat der engagirte Schnitter sich nicht die Zufriedenheit seines zeitweiligen Herrn erworben, oder meint jener einen höhern Tagelohn erzielen zu können, dann ist am Sonnabend der Kontrakt stillschweigend abgelaufen und machen sie sich nach eingenommenem Abendbrei auf die Sohlen, ihrer oft mehrere Stunden entfernt wohnenden Familie den verdienten Wochenlohn zu bringen. Nach kurzer Zeit geht's dann wieder zum Menschenmarkt des folgenden Tages.

Wer am Sonntage keine Beschäftigung findet, sucht sich solche von Dorf zu Dorf, von einem Bauernhofe zum andern, bis es ihm gelingt, Arbeit zu erhalten.

Das ist der Menschenmarkt: eine freilich alte, aber für Arbeitsuchende und Arbeitgeber doch noch immer höchst zeitgemäße Einrichtung, die nur durch das Jagen nach Abenteuerlichem neben den amerikanischen Sklavenmarkt gestellt worden ist.

Das St. Nikolausfest.

Der grüne Tannenbaum hat sich erst in den letzten Jahren in Ostfriesland ein größeres Terrain erworben. Der Ostfriese von altem Schrot und Korn verschmäht noch immer den Lichterglanz des Weihnachtsbaumes und feiert zwanzig Tage früher das ihm von den Vätern überlieferte Fest — das des heiligen Nikolaus. Unter den vielen Anklängen, die uns von den benachbarten Holländern geworden sind, die der sich an das Hergebrachte anklammernde Ostfriese sich nicht leicht rauben läßt, gehört auch dieses Fest. Es ist aber bemerkenswerth und für Holländer, wie für Ostfriesen, die Gut und Blut für die Sache der Reformation hingegeben, bezeichnend, daß man gegen dieses echt katholische Fest hier noch immer das protestantische Fest nicht allgemein hat aufkommen lassen.

Wer war St. Nikolaus? Der historische Träger dieses Namens — denn wir unterscheiden auch einen sagenhaften — wurde kurz vor der Regierung Constantin's des Großen in der kleinasiatischen Landschaft Lycien in der kleinen Hafenstadt Patera geboren, woselbst sein Vater Epiphanes ein reicher und gläubiger Christ war. Seine Eltern erzogen ihn in der Gottesfurcht damaliger Zeit, und der heranwachsende Nikolaus gelobte schon früh, sich ganz dem Dienst des Herrn zu weihen. Er wurde Mönch, und das ihm von seinen Eltern hinterlassene ansehnliche Vermögen verwandte er zum Besten seiner Mitbrüder und zur Ehre Gottes. Wo sich irgend ein verschämter Armer befand, wo Mangel und Noth eine Familie heimsuchten, da kam oft Hülfe aus unbekannter Hand; denn Nikolaus suchte sich stets verborgen zu halten, um seine Hülfe als unmittelbare Gaben Gottes hinstellen zu können. Aber nicht nur leibliche, auch geistige Hülfe spendete er in reichem Maße: Rath und Trost, Mahnung und Belehrung machten ihn beliebt bei Jung und Alt, bei Vornehm und Gering, und seine Mitmönche wählten ihn zum Abte ihres Klosters. In derselben Landschaft lag ein jetzt verschwundener Ort mit Namen Myra. Der Bischof dieser Gegend war gestorben, und kannte man keinen Würdigeren, den bischöflichen Stuhl einzunehmen, als den Abt Nikolaus. Doch glaubte man von anderer Seite, einem älteren, erfahrenern Manne, der bereits ein Bisthum verwaltete, den Vorzug geben zu müssen. Man kam endlich dahin überein, daß der Geistliche, der an einem bestimmten Tage zuerst seinen Weg zur Kirche lenke, den erledigten Stuhl besteigen solle. Und siehe — der erste, der bei Anbruch des Tages zum Gotteshause eilte — war Nikolaus. So wurde er also Bischof von Myra und war seinem Sprengel ein treuer, thätiger und gottgefälliger Hirte, bis er unter Diokletian und Maximilianus seines Christenglaubens wegen gemartert und eingekerkert wurde. *) — Konstantin aber gab ihn seiner Ge-

---

*) Auch die Feier seines Gedächtnisses ist nicht ohne Verfolgungen geblieben, wie u. A. nachfolgendes Verbot des Raths zu Emden zeigte: Herren Bürgermeister und Rath, demnach die Erfahrung gelehret, daß gemeiniglich auf Nicolai-Abend verschiedene Mißbräuchen, indem einige dieser Stadt Bürger und Einwohner aus lauter Superstition und vom Pabstumb hinterbliebene Gewohnheit, ihre Kinder etwa mit Geback und sonsten andern Gaben, zur bösen Nachfolge und Mißleitung der zahrten Jugend, auch vergebliche jedoch beschwerliche Ohnkosten ihrer selbsten, wie denn daß verschiedene Saufferenen und andere Ueppigkeiten, wider hiebevor deßwegen publicirte Placaten, angerichtet werden: gebieten hiemit, daß nicht allein ein jedweder sich dergleichen Ueberglaubischen Handelns und aller andern Saufferenen und Muthwillen enthalten, sondern auch sowoll den Sucker- als andern Backern, Gestalt sie von dergleichen Backereien nicht allein desistiren und absehen, sondern auch gantz und zu einem mahlen ohnverkauffet lassen sollen, alles bei Straffe, den vorigen Placaten einverleibt und

meinde zurück, die ihn mit ungeheuchelter Freude empfing. Er starb im Jahre 327. Seine Gebeine ruhen in Apulien, in Süditalien, und zwar daselbst in der Stephanskirche zu Bari, wohin sie von neapolitanischen Kaufleuten, die solche im Jahre 1087 aus einem Kloster auf dem nahe bei Myra gelegenen Berge Sion geraubt hatten, gebracht wurden. Es ist also unrichtig, wenn es in einem ostfriesischen Kinderliede heißt:

Sünderklaas kan hier neet komen,
Denn hee is al lang al doot,
Hee liggt in de Kark van Romen
Mit sien beide Beentjes bloot.

Der Sage nach quoll aus seinen Gebeinen lange Zeit ein Oel, welches große Heilkraft besaß. — Ihm ist der 6. Dezember gewidmet, wie er denn überhaupt in der katholischen, besonders aber in der griechischen Kirche hochgehalten wird. In Rußland feiert man ihn als den vorzüglichsten Heiligen, viele Tempel sind ihm zu Ehren gebaut und tragen seinen Namen. Die Sage hat ihn mit großen Tugenden geschmückt, und wollen wir nun einige der vielen Legenden, in denen er Mittelpunkt ist, hier mittheilen:

Ein armer Mann, Vater zweier wunderschöner Mädchen, hatte, um sein Leben zu fristen, diese verkuppelt. Kaum hörte Nikolaus davon, da warf er der bedrängten Familie durch das offene Fenster eine große Summe Geldes in's Haus. Da war die Noth verscheucht und die Unschuld der Mädchen gerettet. Er wiederholte diese Wohlthat noch verschiedene Male und erreichte dadurch, daß sich die Mädchen anständig verheirathen konnten.

Einst ging Nikolaus am Ufer des Meeres und sah, wie dort eine arme Frau mit ihren drei Kindern Muscheln zur Stillung ihres Hungers suchte. Die Kinder hatten sich aber zu weit vorgewagt und versanken plötzlich. Das Nothgeschrei

---

nach Ermeßigung, und haben zu dem Ende den Capitain-Schultheißen und andern Bedienten hierauf gute Acht zu geben ernstlich anbefohlen.
Signatum Embdae in curia, 30. Nov. Ao. 1667.

der Kinder und das der Mutter erfüllte die Luft, aber außer Nikolaus war Niemand in der Nähe. Obgleich des Schwimmens durchaus unkundig, stürzte er sich doch in Gottes Namen in's Wasser und war so glücklich, ein Kind nach dem andern zu retten und sie alle der hocherfreuten Mutter an's Herz legen zu können.

Ein ander Mal fuhr Nikolaus auf einem Schiffe. Es entstand ein heftiger Sturm und die Wellen schlugen über das Fahrzeug. Da verzagte die Mannschaft und ließ die Hände in den Schoß sinken. Aber der Bischof erfaßte ein Ruder und befahl auch den Uebrigen, wieder zu arbeiten. Sie gehorchten, und das Schiff mit Allen, die darin waren, wurden gerettet.

Darum rufen noch heute die Schiffer zur Zeit der Noth den heiligen Nikolaus um Beistand an.

In Myra und in seiner ganzen Umgegend war einst große Hungersnoth, denn es hatte lange, lange nicht geregnet. Da verzweifelte endlich das Volk und es sprach zum Bischof: Siest du, daß Gottes Hülfe ausbleibt? Der Bischof aber setzte sich in ein Schifflein und fuhr so lange, bis er in ein Land kam, wo es geregnet hatte, und woselbst Korn im Ueberfluß gewachsen war. Kaum ausgestiegen, sah er einen Bäcker vor der Hausthür stehen und er sprach zu ihm: Hast du wohl so viel Getreide, um dort mein Schifflein damit beladen zu können? O ja, erwiederte der Bäcker, wenn's auch noch mehr sein muß! Dann erbarme dich meiner armen Stadt, in der wir fast vor Hunger sterben und fülle mir schleunigst mein Fahrzeug. Was aber dein Laden an Backwerk aufzuweisen hat, gieb mir sofort, damit ich nach Hause eile und es den hungrigen Kindern bringe; die Erwachsenen mögen warten, bis das Korn eintrifft. Und so geschah's. Nikolaus packte alles Eßbare zusammen, was im Laden zu finden war und eilte damit nach Hause, so rasch er konnte. Die Kinder, denen seine Freundlichkeit seit langem bekannt, erwarteten ihn mit Sehnsucht, sie liefen ihm voll Verlangen entgegen und keins ging unbeschenkt von dannen. Von der Zeit an, erzählt die Legende weiter, werden alljährlich artige Kinder vom heiligen Nikolaus beschenkt.

Schon lange vor dem 6. Dezember zählen unsere Kinder die Tage, wie lange sie noch warten müssen, bis Sünderklaas bescheert. Und die Mutter erzählt, daß St. Nikolaus*) ein guter Mann mit langem, grauen Bart sei, er reite auf einem schneeweißen Pferde über die Häuser hinweg, aber überall, wo die Kindlein hübsch artig, fromm und fleißig gewesen, theile er seine Geschenke aus, die er in einem großen Sack hinter sich auf dem Rosse liegen habe. Da giebt es nun ein Fragen ohne Unterlaß: Bin ich auch artig gewesen? Wird er mir auch etwas schenken? und die Mutter hat ihre liebe Noth, all' die kleinen Mäulchen zum Schweigen zu bringen, die selbst im Traume noch von Sünderklaas reden. Hier und da läßt er sich schon vor dem Haupttage verspüren, denn den Kindern, die ihn ansingend unter dem Schornstein oder in einer dunklen Ecke des Zimmers stehen, fällt oft gar plötzlich ein Stück Zuckergebäck in Mütze oder Schürze. Alsdann aber wird gesungen:

Sünderklaas, du goode Blood,
Geef mi'n Stückje Sükkergood.
Neet to völ un neet to min.
Smiet mi't man to d' Soböstien in.

Endlich erscheint der so sehnsüchtig herbeigewünschte 5. Dezember. Nicht nur im eignen Hause, sondern auch in denen mancher Verwandten und Freunde werden Teller hingesetzt, auf die St. Nikolaus seine Gaben niederlegen kann. Jene müssen gewöhnlich auf der Fensterbank stehen und die Fensterläden werden geöffnet, damit St. Nikolaus die Teller sehen und beschweren kann. Der ganze Abend wird fast nur

---

*) Eine ähnliche Persönlichkeit, wie der St. Nikolaus, ist der St. Stephanus, dessen Gedächtniß die ersten Christen am 2. Weihnachtstage feierten. Bevor in unserer Gegend der Weihnachtsmann auftrat, beschenkte der Stafen (Stephanus) am 2. Weihnachtsabend die Kinder. In Friesland fragte man sich gegenseitig (Ehrentraut, Fr., Archiv 1, 396): „beist du ok wit to Stafens krigen?" — Den Abend kommt Stephanus auf seinem weißen Pferde über's Watt. „Hi kaum up'n witen bingst ur strik surd (festgebunden) ful Stafensgöder. Da bêner (die Kinder) der nu ardig sint, da kriget 'n ganz deil, da der aber unardig sint, da kriget wit mit'n tau."

mit Gesprächen über den lieben Mann ausgefüllt, der von der Volkspoesie gar lieblich ausgestattet ist.

Sünderklaas, dat is een Edelmann,
Een Edelmann is hee.
Hee het een Brook van Krinten an,
Een Rock van Riesebree.
Sien Oogjes sünt Rosientjes.
Sien Haar is van Sötholt,
Sien Lippen sünt van Sükkergood,
Sien Wangen sünt van Gold.

Früher, wie sonst, gehen die Kleinen zu Bett, um recht frühzeitig die Bescheerung in Empfang nehmen zu können.

Wir lassen sie träumen, um noch einen Blick in die hellerleuchteten Läden zu werfen. Schon Wochen vorher sind in Amsterdam die Läden der Spielwaaren- und Galanterie-händler, aber besonders die der Konditoren, glänzender und reicher ausstaffirt, als sonst. Am Vorabende selbst ist die Kalverstraat, es mag regnen, stürmen oder schneien, durch die gaffenden und einkaufenden Fußgänger, sowie durch die Equipagen der ihre Einkäufe haltenden Damen so vollgepfropft, daß es nur mit vieler Mühe möglich ist, sich hindurchzuwinden. Die Läden der Konditoren, die sich durch den Erlös dieses einzigen Abends oft aus einer drohenden Geldkrisis retten, sind in hellerleuchtete Salons umgestaltet, wo die ausgestellten Waaren und besonders die sogenannten Klaasmänner, reichlich mit Gold verziert, sich an Größe und Pracht überbieten. Am Festtage selbst sind alle Schulen geschlossen und auch die Erwachsenen, die sich gegenseitig beschenken, besuchen Konzerte und sonstige Vergnügungsorte.

So großartig wird nun freilich St. Nikolaus bei uns nicht gefeiert, aber doch ist ein Schimmer jenes holländischen Glanzes auch auf unser Fest gefallen. Schon viele Tage vor dem Feste werden die politischen Nachrichten unserer Zeitung auf ein Minimum beschränkt, um Raum für die sich von Tag zu Tag häufenden Annoncen zu finden. Am St. Nikolausabend: Ball, Konzert, Tanzmusik, musikalische Abend-unterhaltung, Roastbeaf, allerlei Bier vom Faß, Ausstellung von Bilderbüchern, Jugendschriften, Spielsachen, Back-

und Konditoreiwaaren, Porzellan und Glas, Modewaaren, Photographien 2c., so geht's in ununterbrochener Reihe fort, Spalte auf, Spalte nieder.

Am Abend des 5. Dezember ist in Emden fast jeder Laden mit doppelter und dreifacher Stärke erleuchtet, so daß es scheint, als ob das Gas seinen Werth verloren habe. Auf den Straßen aber wogt es ab und nieder, und bald genug weiß die liebe Jugend, wo die beste Ausstellung zu sehen ist.

Erwachsene lassen sich gegenseitig allerlei Geschenke in's Haus werfen, wobei es an dem nöthigen Humor nicht fehlt. Mancher wickelt einen ganzen Haufen einhüllenden Papiers ab, um schließlich eine winzig kleine Porzellanpuppe, ein Stückchen Torf oder eine kleine Wiege 2c. zu finden. Bis in die Nacht hinein sind Straßen und Läden belebt, denn erst dann, wenn die Kinder sich schlafen gelegt, verlassen die Eltern das Haus, um Einkäufe für ihre Lieben zu machen. Besonders sind die Läden der Bäcker herausgeputzt, und das Zuckerzeug, ein Gebäck aus Zucker und Mehl in allen Formen und Größen, wie auch das beliebte Bankett spielt hier die hervorragendste Rolle. Vom Bäcker eilt die liebende Mutter zum Buchhändler, ein Neuruppiner oder Mainzer Bilderbuch zu kaufen, und schließlich zum Spielwaarenhändler, dem Knaben eine Arche, dem Mädchen eine neue Puppe zu holen. —

Laßt uns unsern Kindern leben! das sagt auch das verklärte Antlitz der rasch dahineilenden, mit Tuten und Packeten reich beladenen Bürgerfrau; das jener armen Frau, welche ihre letzten paar Pfennige verausgabte, damit doch auch ihren Lieblingen eine Freude und Ueberraschung werde, sagt dasselbe.

Zu Hause angekommen, werden die Geschenke vertheilt und dem großen Kinde, welches bereits die Kreise der süßen Sage gesprengt und das Gebiet der baaren Wirklichkeit betreten, wird noch ein Tütchen voll Salz auf den Teller oder in den Schuh gelegt und ihm damit gesagt, daß St. Nikolaus ihn nicht mehr kenne, weil er von ihm verleugnet werde.

Die Geest und der Geestbauer.

Was willst Du draußen? sagte einst ein Vater zu seinem reiselustigen Sohne. Bleib' daheim, denn außerhalb der Marsch ist die ganze Welt nur Geest. Und der Sohn gab seine Reisepläne auf.

Bezeichnet diese Warnung des alten Marschbauern einestheils die Anhänglichkeit an die eigne Scholle, die er für den reizendsten Fleck der ganzen weiten Erde hielt, so doch auch andererseits eine Mißachtung der Geest, die weit hinter der Marsch zurückstehen soll.

Hinsichtlich der Fruchtbarkeit und Ergiebigkeit des Bodens hatte er vollkommen recht. Liefert die Marsch schon bei geringerer Anstrengung die reichsten Ernten des edelsten Getreides; die Geest verlangt die ganze Arbeitskraft des Mannes, sie erheischt hinlängliche Düngung, um dann doch nur mittelmäßige Ernten hervorzubringen.

Ostfriesland hat etwa 16 □Meilen Geest (von güst = unfruchtbar) oder Sandboden, der sich zwischen Marsch und Moor hindurchzieht. Dies ist der höchste und älteste Theil unsers Landes, der schon seit Jahrtausenden sich von der Herrschaft des Meeres frei gemacht hat.

Er durchschneidet die in ihm befindlichen ausgedehnten Moräste nach allen Richtungen hin und erstreckt sich mehr oder weniger weit und mehr oder weniger verzweigt nach der Küste hin, fünf Minuten bis eine Stunde breite Landengen oder inselartige Ausläufer in die Marsch sendend. Vom Flugsand der Inseln und den Sandplatten des Meeres ausgehend, bildet der Sand, theilweise mit andern Stoffen vermischt, das Watt, unterteuft dann den Marschboden, tritt hinter diesem wieder hervor, an den höchsten und an den trockensten gelegenen Stellen in unfruchtbaren, wirklichen Dünensand ausartend, in seinen Niederungen aber fruchtbaren Sandboden und die Hochmoore aufnehmend und geht dann von Papenburg ab in eine eigentliche Haidestrecke über.

Etwa drei Viertel dieses Bodens sind angebaut, das Uebrige ist noch wüst, mit Haide bewachsen und dient nur kleinen Haidschnucken und wenigen magern Geestkühen zur Weide.

Der Sandboden ist nach seinen verschiedenen Beimischungen von verschiedener Art und Güte. Wir finden alle Abstufungen. Der feine, reichlich mit Humus vermischte Sand ist zum Roggen- und Buchweizenbau außerordentlich gut geeignet; der unfruchtbarste, aus scharfem Sande bestehende, bringt nicht einmal Haide hervor. Erstgenannter Boden ist entweder lehmig (einzeln an der Grenze der Marsch auch thonig) und eignet sich dann zum Bau von Roggen, Hafer, Gerste und in der Nähe der Marsch von Rapssamen, oder schwarzsandig, welche Farbe er von der Beimischung milder Dammerde oder saurer Torferde erhält. Dieser schwarzsandige Boden, den man auf fast allen unsern Fehnen findet, wo der Torf bis auf den Sand abgegraben und der Sandboden dann unter Beimischung gebrannter Torferde in Kultur genommen wurde, ist bei Weitem nicht so fruchtbar, als der ebengenannte. Doch läßt sich jene Ertragsfähigkeit durch reichliche Düngung und Beimischung von Seeschlamm (Schliek) bedeutend erhöhen. Man hat mit dem Schliek Versuche gemacht, die ein über alle Erwartung glänzendes Resultat gehabt haben.

Nicht unerwähnt dürfen wir jene Niederungen des Sandterrains lassen, die freilich über dem Spiegel des Meeres liegen, aber doch im Winter theilweise oder ganz vom Binnenwasser überflutet werden. War die Menge des sich ansammelnden Wassers sehr bedeutend, die Lage relativ sehr niedrig und der Abfluß sehr oder ganz gehemmt, so bildeten sich Seen, hier Meere oder Meerten genannt, zwar nicht von besonderer Größe, doch in großer Zahl.

Der größte derselben, das „große Meer", ist etwa eine Stunde lang und eine halbe Stunde breit. Viele dieser Seen, die man auch, aber weniger, auf der Marsch findet, sind seit Mitte des vorigen Jahrhunderts ausgetrocknet und in ergiebige Weiden und Wiesen verwandelt worden.

Wo die Niederungen nur im Winter vom Binnenwasser überschwemmt werden, dagegen aber der Meeresküste zu einen so bedeutenden Abfluß haben, daß beim Eintritt der trockenen Jahreszeit das auf ihnen angesammelte Wasser abfließen kann, da haben wir die natürlichen Wiesen oder Meeden. Sie haben unter ihrem dichten Grasteppich einen aus den modernden Theilen der Gräser und Riedgräser und einiger andern phanerogamischen Sumpfpflanzen und Sumpfmooser gebildeten, torfähnlichen Morast, den sog. Darg, der reichlich mit Sand vermischt ist.

Der Untergrund des Sandbodens zeigt unter der wenige Zoll tiefen Ackerkrume rothen, unfruchtbaren Sand, dem der weiße Seesand folgt. Der rothe Sand wird häufig durch Lehm ersetzt, noch häufiger durch Urre, einen feinen, rostfarbigen, äußerst festen Sand, der sehr unfruchtbar und namentlich dem Baumwuchs hinderlich ist, da die Bäume absterben, sobald ihre Pfahlwurzel die für sie undurchdringliche Urre berührt. —

Ist der unter der Ackerkrume vorhandene Lehm weiß oder gelb, feinsandig und milde, so ist er fruchtbar; zeigt er sich aber blau und gräulich, mit grobem Sande, Kieseln oder Quarz ꝛc. vermischt, so läßt seine Kultur wenig Resultate erwarten.

Die Oberfläche der Geest hat durch die auf ihr befindlichen Hügel, die unaufhörlich mit Niederungen abwechseln, ein wellenförmiges Ansehen.

Etwas niedriger als das Hochmoor senkt sich der Boden, sich davon entfernend, allmälig, steigt wieder, hier wenig, dort stark, ein oder mehrmals bis zur Marsch; er ragt einige

Fuß über diese hervor und bildet gewöhnlich einen etwas steil ablaufenden Rand. Jene Hügel sind meistens nur einige Fuß hoch, doch ziemlichen Umfangs, sie bestehen aus unfruchtbarem, im Urzustande nur Haide tragendem Sande, der hier in wirklichen Dünensand übergeht, dort an der Grenze der Marsch mit fruchtbarer Erde untermischt ist, wie das fast immer der Fall in den Niederungen zwischen den Hügeln. Hier finden wir die alten Dörfer (die hoogen Loogen, Loog = Dorf), die Stadt Aurich, die Städte Leer, Norden und Esens ganz oder zum größten Theil.

Vom botanischen Gesichtspunkte betrachtet, läßt sich die Geest wiederum in drei Unterabtheilungen eintheilen: das ist die kultivirte, die bewaldete und die wilde Geest oder die Haide im engern Sinne des Wortes. Die kultivirte Geest liefert dem Botaniker fast keine einzige bemerkenswerthe, hervorragende Erscheinung und ist eine der uninteressantesten Floren. Eben so arm ist der Waldboden, schon wegen der äußerst geringen Ausdehnung unserer Forsten, aber trotz der Armuth bieten sie doch mehrere interessante, charakteristische Einzelnheiten dar, z. B. die schöne Corydalis claviculata, die niedliche Cornus Suecica, die seltene Ajuga pyramidalis und Primula acaulis, vor Allem aber die herrliche Agraphis nutans, die äußerst selten in der deutschen Flora vorkommt.

Die Vegetation der wilden Haide wird an Einförmigkeit und Oede nur noch vom Hochmoor übertroffen. Die gemeine Haide (Calunna vulgaris) tritt so massenhaft auf, daß man in ihrem Revier nur einzelne, kleine, durch ihre Vegetation abweichende Oasen findet, welche ihr graubraunes Kleid nicht tragen. Den „Meeden“ zu finden sich nur wenige Wiesen innerhalb der Haide. Wo sie vorhanden sind, liegen sie meistens in feuchten Niederungen und bestehen gewöhnlich aus wenigen, gemeinen Gräsern. In der Nähe der menschlichen Wohnungen zeigen sich mehr oder weniger Abweichungen, die indessen nur durch die Kultur bedingt sind; denn überläßt man den Boden wieder mehrere Jahre sich selbst, so wird derselbe von der Haide und ihren Vasallen erobert. Zu den vorzüglichsten dieser letzteren gehören: Gentiana, Pneumonanthe, Linaria, Pedicularis, Pinguicula und besonders die in schönstem Farbenschmuck und in sehr abweichender Form prangende Orchis maculata, nicht zu vergessen die wohlriechende Platanthere.

In den „Meeden“ führen die Gräser eine absolute Herrschaft, alle zwischen ihnen wachsenden Vegetabilien sind nur geduldete Gäste, denen es selten gelingt, sich eine unabhängige Stellung zu erringen. Die „Meeden“ gleichen in ihrer äußern Erscheinung dem Spiegel des ruhigen Meeres; statt der öden graubraunen Farbe der Haide haben wir hier das schöne Grün als Grundfarbe. Die Haide ist öde und wild, auch der Charakter der „Meeden“ streift an das Wildromantische; aber das Wilde desselben wird doch meistens durch das Aufheiternde, Freundliche der Pflanzen selbst wesentlich gemildert. Die Haide nimmt freilich einen viel größern Raum ein, als die „Meeden“, trotzdem bietet aber auch letztere Flächen dar, die nach mehr als einer Himmelsgegend hin unbegrenzt zu sein scheinen. Sie erinnern in dieser Beziehung, wenn auch in sehr geringem Maße, an die Prairien Amerika’s.

Die Dörfer der Geest sind durchgängig größer, als die der Marsch. Im Innern des Landes liegen sie mehr in runder, an der Grenze der Marsch mehr in länglicher Form. Einen Vergleich gegen die Marschdörfer können sie wohl aushalten. Während man dort im Anpflanzen größerer Baumpartien noch immer sehr lässig ist, findet man in jenen Häuser und Gärten, von Eschen und Eichen reichlich umgeben. Während dort die Gärten fast nur Kohlacker an Kohlacker zeigen, findet man hier eine reiche Abwechslung. Die Häuser stehen in den Dörfern am Rande der Geest in einiger Entfernung von einander und ziehen sich oft in weiter Ausdehnung längs des Hauptweges hin; ein Dorf schließt sich nicht selten so dicht an das andere, daß man in vielen Fällen nicht weiß, in welchem Dorfe man sich befindet und die am Wege stehenden Anzeigetafeln um Auskunft befragen muß. Während auf der Marsch fast jedes Dorf seine eigene Kirche hat, sind auf der Geest durchgängig mehrere Ortschaften zu einer Gemeinde vereinigt. — Hinter jedem Hause findet man dessen Sandäcker, die in unabsehbarer Ferne bis zum Hochmoor hinlaufen. Vor sich hat man die niedrige, grüne, von unzähligen kleinen Gräben durchschnittene Marsch, wo rüstige Mäher das hochaufgeschossene Gras schneiden, wo fröhliche Arbeiter und Arbeiterinnen die Luft von Gesang und Scherz ertönen lassen, in den nebenan das Vieh in vollem Chor einstimmt.

Zur Winterszeit aber hat sich die Szene vollständig geändert. Die ganze Gegend scheint zum See umgeschaffen zu sein; die entfernte, höhere Marsch erscheint wie eine Insel, auf der die rothen oder in Schnee gehüllten Dächer sich nur mühsam erkennen lassen.

Auch auf der eigentlichen Geest, wo die Dörfer eine mehr geschlossene Form haben, gleichen im Winter Wege und Umgebung derselben einem Sumpfe, der von Menschen und Vieh nur mit Mühe zu passiren ist. Nicht selten liegt die Hinterseite des Hauses dem Wege zugekehrt und der hier befindliche Düngerhaufen sendet das, was von ihm abläuft, so reichlich über die nächste Umgebung, daß Seiltänzerkünste dazu gehören, trocknen Fußes durch diesen Schmutz zu gelangen.

Die Häuser der Geest sind nicht so massiv und großartig, wie jene der Marsch, sie sind niedriger und in der Regel mit Stroh gedeckt. Während dort ein Bauernhof „Plaatse“ genannt wird, heißt solcher hier „Heerd“; es giebt ganze, halbe und viertel Heerde. Die innere Einrichtung der Bauernhäuser gleicht der auf der Marsch fast ganz. Das Gebäude zerfällt in „Vörhamm“ und „Achterhamm“ (Vorder- und Hintertheil); auf letzterm steht die Windfahne, fast immer ein Pferd. Im Vordertheil befinden sich Küche und „Aufkammer“, unter dieser die Milchkammer. Der Thür der Küche gegenüber ist der Kamin, auf dem Rande desselben stehen die nur bei Begräbnissen dienenden Zinnkrüge mit je zwei Henkeln, sowie zinnerne oder altmodische, porzellanene, blaue Teller. Massive eichene Schränke mit oft kunstvollem Schnitzwerk, sowie „Buddelehen“ (Glasschränke) mit zur Schau aufgestellten Glassachen nehmen mit den Bettstellen die andere Seiten der Küche ein.

Der Viehreichthum ist nicht so groß wie auf der Marsch;

mehr als zehn Stück Hornvieh und einige Pferde findet man selten, wie man denn überhaupt der Viehzucht weniger Aufmerksamkeit widmet und sich hauptsächlich auf den Ackerbau legt, der aber auch, so lange man zur Erlangung des so nothwendigen Düngers keine Stallfütterung einführt oder andere Quellen eröffnet, auf einer ziemlich niedrigen Stufe stehen bleiben muß. Da ihm solche zur Zeit noch nicht fließen, so muß sich unser Geestbauer auf jede andere Weise Dünger zu verschaffen suchen. Bei Dörfern, welche Gemeindeweiden haben, und auch sonst, wo die privaten Weiden nicht hinlänglich Nahrung bieten, stallt er das Vieh des Nachts auf; freilich erhält er dadurch noch nicht viel Dünger, aber durch Vermischung mit Plaggen (große Rasenstücke, die von sandigen Haidefeldern abgehauen werden) weiß er seinem Acker doch ergiebige Ernten abzugewinnen.

Aufgestalltes Vieh steht, wie auf der Marsch, mit dem Kopf nach der Außenmauer, nur das Jungvieh stellt man umgekehrt hin.

Das Ackerland einer Gemeinde liegt gewöhnlich in einer Fläche beisammen, die Aecker sind nur durch eine Furche von einander getrennt. Hochliegendes Weideland, hin und wieder auch die ganze Dorfflur oder wenigstens das unmittelbar am Dorfe liegende, wird in größere und kleinere Stücke getheilt. Solche Stücke, die mit einem Erdwall umgeben werden, weil hier wegen der Höhe des Bodens keine Gräben gezogen werden können, wie auf der Marsch, heißen „Kämpe". Diese Einfriedigung macht das Hüten des Viehs nothwendig; wer in einem „Kamp" nur ein oder einige Stück Vieh hat, „tüdert" dasselbe, d. h. er bindet dasselbe an einen in die Erde geschlagenen Pfahl und überhebt sich dadurch der Mühe des Hütens. Jene Wälle werden mit Birken und Eichen bepflanzt, wodurch besonders größere Dörfer einen angenehmen Anblick darbieten.

Die Arbeit des Geestbauern ist eine viel mühsamere, als die seines Kollegen auf der Marsch. Alles muß dem Boden völlig abgerungen werden, und will er reichliche Resultate seines Schweißes sehen, so darf er die Hände niemals in den Schoß legen. Früh Morgens schon sieht man ihn auf seinem Acker, und wenn die Sonne längst untergegangen ist, kann man ihn noch „pöseln“ (unaufhaltsam und mühevoll arbeiten) sehen, denn eine bestimmte Arbeitszeit mit einem erquicklichen Feierabend gestattet ihm sein Boden nicht. Seine Kinder, Mädchen und Knaben müssen schon recht früh ihren Antheil zum Lebensunterhalt beitragen; ihre Thätigkeit beginnt mit dem Hüten des Viehs und steigt zu immer schwereren Arbeiten auf. Nur selten findet man beim Geestbauer einen Knecht; er behilft sich meistens mit einer billigeren Magd, die bald in der Hauswirthschaft, bald beim Ackerbau auszuhelfen hat. Gegen acht Uhr Morgens kehrt Alles hauswärts, die am vorigen Abend übrig gebliebene Buttermilch mit Roggenmehl zu verzehren; blieb nichts übrig, so kocht die Hausfrau Roggenmehl mit Wasser, welches alsdann mit Milch übergossen wird. Der Mittagstisch steht um 12 Uhr bereit und bietet viel Buchweizenspeisen, viel Speck, aber wenig Fleisch; zwischen drei und vier Uhr wird Thee getrunken, Abends kommt der eben genannte Brei, zu dem Butter und Brot gegeben wird, auf den Tisch. So essen und trinken die Dienstboten, und die Herrschaft hat's nicht besser.

Die alte schöne Sitte des Tischgebets steht hier im vollsten Flor. Es werden nämlich vor Tische nicht weniger als sieben Gebete gesprochen, und zwar in der Weise, daß die Mutter anhebt und dann die Kinder von Groß zu Klein fortfahren, so daß die Größe der Kinder und die Länge der Gebete im Verhältniß zu einander stehen. Ein Amen beschließt das Ganze, bei dem sich der Vater passiv verhält.

Weihnachten, Ostern und Pfingsten backt jede Familie, die es nur einigermaßen vermag, aus feinem Roggenmehl große „Stuten“ (Weißbrot), von welcher die ganze Woche hindurch gegessen wird. Die Frauen wetteifern mit einander, die besten Stuten zu liefern und man hört sie oft einander zurufen: Is jo Stute ook good wor'n? Denn jeder Bauer bäckt selbst, er hat den Ofen entweder im Hause oder im Garten stehen. Dem Prediger und Lehrer (Pestoorohm und Mesterohm) werden alsdann so viele Stuten in's Haus gebracht, daß das liebe Vieh mithelfen muß, den zu großen Segen zu genießen.

Die **Kleidung** des Geestbauern ist einfach, wie seine ganze Lebensweise. Die des Mannes besteht für gewöhnlich aus einem wollenen und boyenen Wamms und einer Zwillichhose; ein breitgefaltetes, einem Halseisen nicht unähnliches blaues Tuch schließt den Hals ein und die Füße stecken in schweren aber billigen „Klumpen“ (Holzschuhen). Des Sonntags bedeckt ein urväterlicher Hut sein sinnendes Haupt, und statt der Holzschuhe zieren Lederschuhe, die mit messingenen Schnallen („Gaspen“) geschmückt sind, seine Füße. Im Ganzen sind die dunkeln Farben, besonders blau und schwarzgrau, am meisten beliebt.

Die Frauen kleiden sich ebenfalls vorzugsweise mit inländischen Zeugen. Ueber einen rothwollenen Unterrock ziehen sie ein ganzes Heer anderer Röcke von Boye und gestreiftem Zeuge: rothe, grüne, gelbe. Ein Jäckchen („Jaktje“) von Boye oder Fünfschaft mit Schürze und Halstuch vollenden den Putz. Den Kopf ziert eine gar kuriose Haube, aus verschiedenen Stücken zusammengesetzt, die bei ältern Personen durch messingene „Kniepers“, welche sich enge an die Wangen anschließen, festgehalten wird. Auch die Frauen tragen in den Wochentagen Holzschuhe.

Ist auch der Geestbauer gezwungen, im Sommer seine ganze Kraft und Zeit dem täglichen Erwerb zu widmen, so ist ihm doch der Sinn für ein gemüthliches, geselliges Beisammensein keineswegs abhanden gekommen. An Winter-Abenden besucht der Nachbar den Nachbar, um ein Stündchen zu verplaudern. Mann und Frau, beide das Spinnrad unterm Arm, suchen sich Gesellschaft und Unterhaltung. **Spinnen** ist eine Beschäftigung, mit der sich im Winter Jung und Alt unmüssig hält. Nur einen kleinen Theil des Gespinnstes, und zwar das gröbere, behält man für eignen Gebrauch. Das meiste und feinere wird dem Krämer für Waaren oder in der Stadt für baares Geld verkauft. Um sich dieses nutzbringender zu machen, wird ziemlich viel Flachs angebaut. Jeder zieht wenigstens so viel, als er im Winter verspinnen kann. Auch wird hin und wieder Hanf gebaut und versponnen.

Viele alte Sitten und Gebräuche haben sich in das Innere des Landes, auf die eigentliche Geest, zurückgezogen, um dort ein vielleicht nur noch kurzes Dasein zu fristen.

Zur Kindtaufe (Kinnelbeer) wurden früher durch besonders dazu angestellte „Bitter“ alle Dorfbewohner eingeladen, jetzt durch einen Knaben oder ein Mädchen der Familie, dem von allen Eingeladenen eine Gabe an Geld verabreicht wird, nur noch die nächsten Verwandten und Freunde. Mit großer Aengstlichkeit wird dafür gesorgt, daß die Gesellschaft nicht aus 13 Personen bestehe. Prediger und Lehrer dürfen nicht fehlen und nehmen die ersten Plätze ein. Nachdem Allen Kaffee, den Männern außerdem lange thönerne Pfeifen gereicht und die wichtigsten und dringendsten Neuigkeiten besprochen sind, geht die heilige Handlung vor sich, bei der selten weniger als zwei bis drei Pathen fungiren. Nach beendigter Zeremonie beginnt das Festessen, bei welchem der unvermeidliche „Roggenstuten“ und Thee oder Warmbier mit Schnaps verabreicht werden.

Hatte sich früher ein Heirathslustiger ein Mädchen ausersehen, so schickte er „Meekslü“ (Mäkler = Freiwerber) dahin, die in Küche und Keller eine sorgfältige Rundschau hielten. Fiel diese zur Zufriedenheit aus, dann erschien etwas später der Vater mit seinem Sohne, um die Angelegenheit zu Ende zu führen. Jetzt nimmt der Jüngling die Sache gewöhnlich von vornherein selbst in die Hand, und Vater und Mutter erfahren hier wie fast überall erst dann davon, wenn die Liebenden längst einig sind. Den Tag der öffentlichen Verlobung feiert das „Jungvolk“ des Dorfs mit Freudenschüssen, wofür es vom Bräutigam mit einigen Thalern beschenkt wird, die alsdann zu einer gemeinschaftlichen Belustigung dienen.

Eine Braut aus fremden Dorfe wird beim Heimholen in einem zwischenliegenden Dorfe mit Schießen begrüßt, wofür abermals mit einem Geldgeschenke gedankt wird. Aber Eine, die beim „Jungvolk“ mißliebig ist, eine alte Jungfer, eine Wittwe oder gar ein im Verruf stehendes Mädchen werden nicht begrüßt, und der Groll macht sich in einer über alle Maßen gräulichen Katzenmusik Luft. —

Wer das Zeitliche gesegnet hat, wird am folgenden

Abend eingesargt. Die benachbarten Frauen machen das Hennekleed (Todtenkleid). So lange die Leiche im Hause ist, wird der Spiegel verhängt und die Uhr muß stehen bleiben. Zum Begräbniß (Tröstelbeer) wird das ganze Dorf und aus der Umgegend eingeladen. Nach dem Begräbniß wird wacker geschmaust.

Haben wir schon vom Marschbauer gesagt, daß er dem Alten, Hergebrachten sehr anhange, so läßt sich dies doppelt vom Geestbewohner sagen. Er glaubt sich gleichsam bestellt, das von den Vätern Ererbte unverfälscht den Kindern zu überliefern. Kann man sich einestheils darüber nur freuen, da ja eben dadurch manche Eigenthümlichkeiten unsers Volksstamms ein Asyl vor dem Zivilisazionsdrange der Gegenwart gefunden haben, so hat dieses doch auch, besonders für den Geestbauer selbst, seine mißliche Seite. Wie der Vater seinen Acker bearbeitete, so und nicht anders wirthschaftet auch der Sohn. Eine Aenderung im Hergebrachten, bei dem der Vater so ziemlich zurecht kam, könnte für ihn eine Lebensfrage werden, da bei versuchten Abweichungen die Wirthschaft leicht zerstört werden durfte und Abänderungen Folgen haben könnten, die schwer auszugleichen wären. Erst jahrelanges Beispiel, jahrelanges Voraugenhaben günstiger Erfolge bei veränderter Wirthschaft sind vielleicht im Stande, ihn dem Neuen, Bessern zuzuwenden.

Sparsamkeit wird dem Geestbauer von allen Seiten diktirt. Darum arbeitet er mit all' den Seinen, den Lohn für einen Knecht zu sparen; darum beschäftigt er sich neben seiner eigentlichen Wirthschaft mit dem Aufziehen von Jungvieh, mit Buchweizenbau auf dem Hochmoor, mit dem Torfstich auf eigenem Grund und Boden, mit Bienenzucht, Spinnen 2c. Darum begnügt er sich mit einfacher Kost und Kleidung, mit einfacher Hauseinrichtung. Vieles, was der Marschbauer mit baarem Gelde kauft, zieht er aus seiner Wirthschaft. Sein Hanf liefert ihm das erforderliche Tauwerk, sein Flachs Kleidung, seine Bäume manches Stück Geräth, seine nothwendigen Bedürfnisse erheischen wenig baare Auslagen; seine Abgaben sind gering und bestehen nur theilweise in Geld; Deich- und Siellasten, die so besonders schwer auf dem Marschbauer lasten, kennt er nicht, seine hauptsächlichsten Abgaben bestehen in Naturalien: Speck, Hühner, Eier, Roggen, Butter 2c., Abgaben aus der Häuptlingszeit herrührend, die aber theilweise in Geld umgewandelt sind.

Bei alledem ist aber die Gastfreundschaft noch nicht von seiner Schwelle verbannt. Wer um die Mittagszeit sein Haus betritt, der setzt sich ohne weitere Umstände an seinen Tisch und würde den Hausherrn und die Seinen verletzen, wenn er vor lauter Komplimenten nicht mit in die Schüssel langen wollte. Auf der Marsch ist es mit dieser Tugend schon ganz anders bestellt.

Der Geestbauer liegt mehr oder weniger noch immer in den Banden des Aberglaubens. Hexen und Gespenster, Spuk und Vorgesichte sind für ihn so gewißlich da, wie nur irgend etwas in der Welt. Versagt die Kuh die Milch, will die Butter nicht aus der Milch, findet man Federballen in den Bettkissen, heult ein Hund, weigert sich ein Pferd an einem Hause vorbei zu gehen 2c., so hat das Alles seine abergläubische Deutung. Alte Frauen mit rothen Augen, schiefen Schultern, magerm Körper finden häufig ein mit Kreide gezeichnetes Kreuz auf ihrer Schwelle, das vollständigste Zeugniß, daß man sie zur Hexe gestempelt hat und sie durch das Zeichen des Kreuzes in ihre Wohnung bannen will.

Aber mit so vielem Guten, von den Ahnen Ererbten verschwinden auch diese Schattenseiten des friesischen Charakters, wie der Schnee vor der Lenzsonne vor der zunehmenden Bildung, die durch gut eingerichtete Schulen auch dem Geestbauer mit dem Licht einer bessern Erkenntniß leuchten.

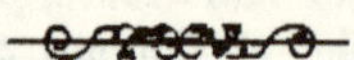

Das Klootschießen.

Juchhe! noch friert's! — Ist dieser Ausruf überhaupt im Munde unseres eifrig schlittschuhlaufenden Ostfriesen nicht selten, wenn er des Morgens die Nase in's Freie steckt oder die gefrornen Fensterscheiben mit dem Athem seines Mundes aufzuthauen versucht; freudiger, zufriedener klingt er am Fastnachtstage, an dem Tage, an welchem der Mittagstopf aller Häuser Klöße mit Schinken liefert. Wäre es doch eine Sünde wider die Sitten der Väter, diesen Tag nicht durch Klootschießen zu feiern. Fastnacht fällt immer auf den Tag vor Aschermittwoch, also auf einen Dienstag; feiert man aber den Montag bereits als einen blauen, der Dienstag ist gewiß in solche Farbe gehüllt. Alles feiert, jeder geht seinem Vergnügen, dem Klootschießen, nach.

Doch findet man dieses Volksvergnügen nicht in allen Theilen Ostfriesland's; nur im nordöstlichen Theile, im sog. Harlingerlande, tritt es noch in der von den Vätern ererbten Weise auf. —

Es war an einem grimmig kalten Montag Februar's, als uns weder Post noch Omnibus mehr unserm Ziele zuführen konnten und wir also gezwungen waren, des Schusters Rappen anzuspannen. Der Fingerbieter (Fingerbeißer), wie wir eine schneidende Kälte zu nennen pflegen, trieb uns rasch vorwärts, und in Gedanken versetzten wir uns bereits an den warmen Ofen im anheimelnden Stübchen unseres harrenden Gastfreundes.

Todesstille ringsum! Kein Mensch, kein Thier auf dem öden Wege, nur hie und da eine bessere oder schlechtere Hütte, deren aufsteigende Rauchsäule wir mit einer gewissen Art von Mißgunst betrachten.

Vor uns liegt das Dorf W. und verspricht uns Labung, innerliche wie äußerliche. Es ist bald erreicht, und am gewaltigen Torffeuer thauen wir unsere erfrornen Glieder wieder auf. Wir haben Recht! Dem Schulmeister geht's wie einem blechernen Gefäß: es ist leicht warm, leicht kalt.

Die Wirthsstube — ostfriesisch Jagdweide — birgt eine ganze Schar junger Burschen, die ihr lebhaftes Gespräch durch die Ankunft eines Fremden in keinerlei Weise stören lassen. Fastelavend! Klootscheeten! inholden! Diese und andere sich häufig wiederholende Ausdrücke beweisen uns zur Genüge, daß sich die Debatte um das Vergnügen des mor-

vor beendetem Kampfe ergiebt. Es wird zurückgeworfen bis zum Ausgangspunkte, und wer am weitesten voraus, und wäre es nur der Raum einer Spanne, der hat gewonnen.

Lauter Jubel verkündet den Sieg derer von W. Diese nehmen nun die gewonnenen Thaler in Empfang, wogegen sie die von ihnen gesammelten Gelder den Gebern mit freundlichem Dank zurückerstatten.

Die Besiegten werden großmuthsvoll zum Klootschetelbeer auf den nächsten Sonntag eingeladen, und ergötzt man sich alsdann an Warmbier, Gesang, Tanz und Prügelei in der Väter Weise. Längst nach Mitternacht kehrt die Gesellschaft heim; hat auch dieser einen blutigen Kopf, jener eine zerquetschte Nase — alle meinen einstimmig: 's ist doch ein famoses Vergnügen, das Klootschießen, und zwei Fastnächte im Jahre wären gewiß nicht zu viel!

Das Wettspinnen.

Wenn da draußen alles hart gefroren ist und die warme Schneedecke das Leben der ihr Anvertrauten schützt; wenn schneidende Winde den Schutz des Hauses suchen lassen oder milde Witterung die ganze rüstige Bevölkerung auf's Eis ruft, dann findet man gegen Abend in den Geestgegenden die ganze Familie sammt den Dienstboten um's hochauflodernde Torffeuer versammelt: die Ereignisse des heutigen Tages, die Arbeiten des nächsten zu besprechen. Der Flegel hängt an der Wand; das Vieh ist gefüttert und hat sich wiederkäuend niedergelegt; der heute befreite Erntesegen steht zum Verkaufe bereit; einige Kühe haben abermals glücklich gekalbt; der Bauer aber war in der nächsten Stadt, einen Theil seiner Ernte in Geld umzuwandeln. Etliche der männlichen Dienstboten putzen mit den weiblichen das Gemüse und schälen die Kartoffeln für den folgenden Mittag. Das Gespräch wendet sich bald den Verhältnissen des Dorfes zu und manche Familie wird das Objekt einer erbarmungslosen Kritik. Laut und immer lauter wird das Gespräch, bis auf einmal eine Todtenstille eintritt, sofort von noch heftigerem Wortgefecht verbannt.

Nachbar's Grete erzählt etwas fast Unglaubliches. Im Wirthshause sei schon seit mehreren Stunden von Nanke aus dem benachbarten Dorfe eine Spindel aufgehängt, und bis jetzt habe sich noch keine Spinnerin gefunden, die durch Abnahme derselben der Herausforderin den Krieg zu erklären den Muth gehabt habe. Sie bedauert nur, keine fixe Spinnerin zu sein, sie werde sonst solche Schmach nicht über sich ergehen lassen; es scheine aber, als ob das Dorf seinen alten Ruhm, die geschicktesten Spinnerinnen der ganzen Gegend zu haben, eingebüßt und sich zum Gespött der Nachbardörfer machen wolle.

Die Tochter des Hauses hat sich während dessen leise davon gemacht und tritt jetzt mit hochgeschwungener Spindel an den Herd, der beschämt verstummenden Erzählerin die Mittheilung machend, daß sie die Spindel abgenommen habe, und daß allernächstens das Wettspinnen stattfinden werde. Wie auf Sturmesflügeln eilt die Kunde des bevorstehenden Gefechtes durch's Dorf; die Freude ist allgemein; von allen Seiten wird Partei genommen; die Geschicklichkeit und Fertigkeit der Spinnerinnen mit grellen Farben ausgemalt; für und wider sammelt man Geld, um als Gewinn für die siegende Partei deponirt und schließlich in Bier umgewandelt zu werden. Nachdem Ort und Tag und Stunde allgemein bekannt gemacht, sieht man mit fieberhafter Unruhe der Entscheidung entgegen, und bis dahin drehen sich fast alle Gespräche nur um das eine Thema: Wer wird siegen?

Endlich ist er da, der heißersehnte Augenblick, und von allen Seiten strömt es schon längst scharenweise dem Wirthshause zu, dem Kampfe beizuwohnen. Römer und Albaner haben einst dem Ausgang des Zweikampfes zwischen den Horatiern und Curiatiern nicht erwartungsvoller entgegengesehen, als unsere Dörfler heute das Ende des Wettspinnens erwarten. Nanke und Wüpke, die beiden Heldinnen des Tages, betreten, mit ihren Spinnrädern bewaffnet und gefolgt von ihrem „Holder" und von der schaulustigen Jugend, den Kampfplatz, wo sie von den bereits zahlreich Versammelten mit lautem Hurrah empfangen werden. Sie nehmen Platz; ein „Holder" setzt sich mit vorgestreckten Händen zur Rechten jeder Spinnerin, um Anfangen und Aufhören zu kommandiren, und, wenn einer ein Unglück passirt, der andern in die Speichen des Rades zu fallen. Sie sind die Sekundanten bei solchem unblutigen Duell.

Nachdem der Flachs lose in den Rocken gelegt, der Hebel eingeschmiert worden, die Dauer des Kampfes verabredet, die Kämpferinnen sich klopfenden Herzens zum Angriff bereit erklärt haben und ihnen noch von allen Seiten Ermunterungen und Zurufe zufliegen, ertönt das Kommando: eins! — zwei! — drei! Da entfalten die Heldinnen ihre ganze Gewandtheit, ihre ganze Kunst; jede Muskel ist in Spannung, und es ist dem Auge unmöglich, den schnellen Bewegungen der Füße, Arme und Finger zu folgen. Ringsum stockt Stimme und Athem, man könnte eine Stecknadel fallen hören. Plötzlich erschallt ein lautes Halt! aus dem Munde der einen Spinnerin, denn der Faden zerriß ihr, und augenblicklich fällt der „Holder" in das Rad der Gegenpartei, es zum Stehen zu bringen. Diese kurze Pause, die sich während des Kampfes mehrmals wiederholt, wird von den Umstehenden wacker ausgebeutet. Lob und Tadel erschallt in reichem Maße, und jede Partei bringt ihrer Vertreterin einen tüchtigen „Schluck", sie zu kräftigen und zu stärken. Der Fehler ist beseitigt, auf's neue erschallt das Kommandowort, auf's neue schnurren die Räder, und abermals tritt Todtenstille ein. Die bestimmte Zeit ist verstrichen, ein gebieterisches Halt! macht dem Kampfe ein Ende.

Während nun jeder voller Erwartung ist, auf wessen Seite der Sieg sein wird; während die hochgerötheten Heldinnen sich von ihren Anstrengungen erholen; mit ihrer Umgebung über ihr stattgefundenes Unglück scherzen, dabei sich aber den Anschein geben, als ob sie sich um das Resultat gar wenig kümmern, schielen sie doch mit banger Erwartung seitwärts nach jenen ruhigen Männern und Frauen, die beschäftigt sind, das gesponnene Garn abzuhaspeln und die Fäden zu zählen.

Die Arbeit ist vollendet! Der Sieg wird verkündet. Abermals machte der laute Lärm einer feierlichen Stille Platz. Wüpke ist die Heldin des Tages, denn der von ihr gesponnene Faden ist der längste. Wie das Plätschern eines Mühlbachs klingt nun das Gewirr der Sieger und Besiegten. Die triumphirende Dorfschöne wird von ihrer Partei beglückwünschend umringt; sie übersieht stolz zufrieden ihre Umgebung, als wenn sie sagen will: Ich kam, ich spann, ich siegte. Jubelnd wird sie heimgebracht, denn die alte Ehre des Dorfes ist auf's neue gerettet, und ein fideler Abend, an dem der gewonnene Einsatz verzehrt werden wird, ist gewiß. Die besiegte Nanke aber begiebt sich weniger zufrieden mit ihren Anhängern heimwärts, sich indeß damit tröstend, daß es noch nicht aller Tage Abend sei, und daß sie noch nicht für ewige Zeiten der Hoffnung auf die Lorbeerkrone zu entsagen brauche.

Am nächsten Sonntag aber findet bei Sang und Klang das Spinnelbeer statt; mag der Tanzsaal eine Küche, der Tanzboden von Steinen sein, mögen der Violine des Dorfmusikus einige Saiten fehlen, was thut's? Man amüsirt sich doch „riesig", Wüpke hat nicht nur dem Dorfe die Ehre gerettet, sondern auch sich einen kräftigen stattlichen Burschen erobert, der sie nächsten Mai heimführen wird.

Osterfeuer und Ostereier.

Das Osterfeuer ist dem nördlichen, das Johannisfeuer dem südlichen Deutschland eigen. Jenes bezeichnet den Eintritt des Frühlings, dieses die Mitte des Sommers. Beide entstammen dem alten Volksthum. Ob beide zu den alten Nothfeuern *) gehörten und die Bestimmung hatten, das heilige Element der Menschen für das laufende Jahr zu erneuern, läßt sogar Jakob Grimm unentschieden. Nur kommt es demselben nicht ungereimt vor, die Osterfeuer mit dem Kultus der heidnischen Ostara in Verbindung zu bringen, da diese Gottheit eine mehr sächsische und englische, als allgemein deutsche gewesen sei.

Ostara war die Göttin des strahlenden Morgens, des aufsteigenden Lichts und des wiederkehrenden Frühlings — kein Wunder, daß nach Einführung des Christenthums der Auferstehungstag des Herrn von diesem heidnischen Namen abgeleitet wurde, was sich das Volk gefallen ließ, wenn ihm nur die Festfeier blieb.

Das Osterfest besiegelt die Lehre des Gottmenschen in ihrer ganzen Vollheit; der Winter des Heidenthums ging zu Rüste; ein neues geistiges Leben begann und der religiöse und sittliche Völkerfrühling trieb reiche Knospen. So ist denn auch Ostern nicht nur ein Hauptfest der christlichen Kirche, sondern auch ein Fest von mehr als untergeordneter Bedeutung im Volksleben überhaupt.

Im nördöstlichen Ostfriesland wird in der Woche vor Ostern an einer passenden Stelle einer nicht zu kleinen Wiese, dem Dorfe nicht zu nahe, Holz, Strauchwerk, Stroh und

---

*) Die Nothfeuer — notfiur — wurden durch das Reiben zweier Hölzer erzeugt. Denn das Feuer, welches unter den Menschen eine Zeit lang gebraucht worden war, sich von Brand zu Brand fortgepflanzt hatte, galt als unrein. Und so konnte ein reines, zu heiligem Geschäft diensames Feuer nur nach Löschung des alten, neugeweckt aus Holzreibung hervorgehen; entsprang es zufällig, z. B. unter der Hand des Zimmermanns beim Einschlagen eines Nagels ꝛc., so galt es vorbedeutsam. Wenn das notfiur loderte, wurde das Vieh hindurchgetrieben und dadurch gegen Seuchen geschützt; die ewige Lampe in den katholischen Kirchen und die Sitte älterer Zeit, am Ostermontage alles alte Feuer auszulöschen, neues an den Kerzen und Lampen — ignis paschalis — anzuzünden, deutet darauf hin, daß die Priester diesen Feuerkultus der alten Deutschen respektirt und Einiges davon ihren Zeremonien einverleibt haben.

Updrift, d. i. das von den Gewässern ausgeworfene Brennmaterial, emsig gesammelt und davon ein Haufen ordentlich aufgebaut. Von dem erbeuteten Pfahlwerk wird zuvörderst ein starkes Gerüst errichtet, dieses hoch auf mit Sträuchern bebedeckt und darüber das Röhricht ausgebreitet, welches die Gewässer gespendet haben. Dürre Aeste, Zweige, sowie trockenes Stroh wird im Innern sorgsam verwahrt bis zum Abend des Tages vor Ostern, wo es feierlich angezündet und geschürt wird, daß die Flammen hoch hinauf in die Decke hineinzüngeln und dort zünden. Eine leere Theertonne, die der Krämer oder Müller zum billigen Preise abließ oder gar schenkte, nimmt nicht den schlechtesten Platz ein und erhöht die Freude bedeutend.

Wenn dann die Flamme knisternd und prasselnd durch Alles hindurchdrängt und die Lohe hoch in die Luft steigt und weit hin in die Nacht hinausleuchtet, dann umtanzen Kinder und Jünglinge, Knechte und Arbeiter die Stätte und schwingen große mit Theer gefüllte Strohfackeln, die sie auf einer Heugabel tragen und das Freudengeschrei und das Jauchzen will kein Ende nehmen.

Aus der Ferne beobachtet, gewähren diese beweglichen Flammengarben einen hübschen Anblick, indem sie sich bald in geordnetem Zuge bewegen, bald sich zerstreuen, jetzt vom Hauptfeuer sich entfernen und dann wieder dahin zurückkehren. Die älteren Landleute betheiligen sich selten an der Festlichkeit, sind aber gewöhnlich am Ausgang des Dorfes versammelt, um das prächtige Schauspiel zu genießen, der allgemeinen Lust sich zu freuen und — wehmüthig jener Tage zu gedenken, da auch sie mithalfen, „Paaske in de Mööte to brennen“.

Sind die Stützen durchgebrannt und ist das Ganze zu einem brennenden Haufen zusammengesunken, dann sucht es Einer dem Andern an Kühnheit und Muth zuvor zu thun. Man überspringt und durchwandert das Feuer, da dieses schützende Kräfte gegen verschiedene Krankheiten und sonstiges Ungemach haben soll, und mancher Bursche geht, wenn das Feuer erloschen ist, mit halbversengten Kleidern heimwärts.

Ganz ähnlich wird dieses uralte Fest an der Weser gefeiert, denn dort pflegt man, wie Jakob Grimm mittheilt, ein Theerfaß auf einer strohumwundenen Tonne zu befestigen und es in der Nacht anzuzünden. Knechte, Mägde und wer dazu kommt, tanzen jubelnd und singend in der Flamme, Hüte werden geschwenkt, Tücher ins Feuer geworfen. Alle Gebirge im Umkreis leuchten.

Der ursprüngliche, nur noch in wenigen Gegenden heimische Gebrauch, alles Feuer im Hause ausgehen zu lassen und vom Osterfeuer eine neue Flamme zum Wiederanzünden des Feuers und des Lichts mit nach Hause zu tragen, ist unseres Wissens hier zu Lande völlig verloren gegangen.

Allgemeiner und verbreiteter sind die Ostereier, die am Ostertage gegessen und buntgefärbt den Kindern geschenkt werden. Man hat sich vergeblich bemüht, diese einem christlichen Gebrauche zuzuschreiben; sie bleiben eine rein heidnische Sitte! Einst bildeten sie als Erstling des Jahres am Osterfeste eine Opfergabe der Göttin Ostara, um diese günstig zu stimmen. Man färbte sie bunt, um die Farbenpracht des Frühlings symbolisch darzustellen. Zugleich bezeichneten sie das keimende Leben der im Frühlinge sich verjüngenden Natur. Aber auch ihrer bemächtigte sich die Kirche; sie erklärte das Ei für das Symbol des Erlösers, der aus dem Grabe in's Leben zurückgekehrt sei; sie bemalte das Ei mit dem Bilde eines Engels, eines Christkindes u. s. w. und dem Herrn Pfarrer mußte eine Anzahl als Ostergabe dargebracht werden. Das Volk machte auch hier gern gute Miene zum bösen Spiel, da es ihm doch um Ostern nach der langen Fastenzeit zum ersten Male wieder vergönnt war, sich dieses Genusses zu freuen. Da schenkte denn der Nachbar dem Nachbarn, der Freund dem Freunde, die Eltern ihren Kindern, die Gemeinde dem Priester Ostereier. Dieser Gebrauch ist theilweise zu Grabe getragen, nur Kinder und Geistliche erhoben baldigst zum Gesetz, was einer milden Hand entstammte. So sind denn noch heute in katholischen, wie in protestantischen Ländern Eier eine Abgabe, die der Geistlichkeit geliefert werden müssen.

Die Spiele der Kinder mit ihren Ostereiern sind in den verschiedenen Gegenden Ostfrieslands verschieden. Hier wird damit gepickt, dort gerollt, dort werden sie auf einer moosreichen Wiese mittelst des Schlenders hoch in die Luft geworfen ꝛc.

In einigen Gegenden geht die liebe Jugend von Haus zu Haus, die Ostergabe in Empfang zu nehmen und singt dabei folgende Strophen:

Dideldumdei,
Oomke geef mi'n Paaskeei,
Nix is nix,
Een is wat,
Geef mi twee, dann ga 'k mien Pad.

Feste und Feierlichkeiten in der Familie.

Verschiedene unserer Feste haben ihre Leidensgeschichte; keine aber mehr, als die, die mit den drei Hauptereignissen des menschlichen Lebens, mit Geburt und Taufe, Heirat und Tod in Verbindung stehen.

In einigen wenigen Gegenden der Geest herrscht noch die in ihren Folgen oft so sehr nachtheilige Sitte, daß gleich nach der Entbindung einer Frau ein sog. Frauentag (Wievedag) gegeben wird.

Sobald nämlich eine Wöchnerin entbunden ist, wird solches nicht nur den Verwandten, Freunden und Nachbaren angezeigt, sondern diese werden dann sofort auch zum Kaffee geladen.

Kaum eine halbe Stunde nach der Entbindung ist das Haus übervoll, 20—40 Personen sitzen um den wohlbestellten Kaffeetisch, der außerdem noch mit Brot, Butter und Käse besetzt ist. Das Schwatzen und Lärmen dauert häufig bis tief in die Nacht und nicht selten kommt es sogar noch zum Tanzen und Singen. Wenn man bedenkt, daß die Wöchnerin gewöhnlich in demselben Lokal, selten in dem daranstoßenden liegt, so sind wir gewiß der Mühe überhoben, den Schaden, den solcher Lärm für die der Ruhe bedürfende Wöchnerin mit sich führt, weiter anzugeben.

In den lutherischen Gemeinden erfolgt die Taufe möglichst schnell nach der Geburt, in den reformirten erst vier bis sechs Wochen nachher. Früher wurde zu dieser Festlichkeit das ganze Dorf eingeladen, jetzt nur noch die nächsten Freunde und Verwandten. Prediger und Lehrer nehmen die Ehrenplätze ein, und allen Anwesenden wird gleich nach ihrem Eintreffen eine Kanne Warmbier verabreicht. Darauf wird das Kind getauft; wenn möglich sind drei „Gevatter“ da, bei einem Mädchen zwei weibliche und ein männlicher, bei einem Knaben ist das Verhältniß ein umgekehrtes. Das Mädchen wird von einer Frau, der Knabe von einem Manne zur Taufe gehalten. Die gewöhnlichsten Taufnamen sind: Geerd, Jan, Hinderk, Freerk, Focke und Geeske, Trientje, Antje, Baafke.

Nach Beendigung der heiligen Handlung kommt das Mahl: Reis mit Rosinen und Kartoffeln mit Schinken oder Wurst. In früherer Zeit muß bedeutend getafelt worden sein, wie der alte Spruch:

Vadderstaan un Kinnelbeer geven
Het mennig Buur van de Plaats afdreven.

(Pathestehen und Kindtaufen haben manchen Bauern vom Hofe getrieben) andeutet.

Daß das Kind später von der Wärterin den einzelnen Gästen dargereicht und mit einem Trinkgelde zurückgegeben wird; daß man sich wacker in allerlei Bemerkungen über die Schönheit des Neugebornen, über dessen Aehnlichkeit mit Mutter und Vater ergehen muß, ist selbstredend. Der übrige Theil des Tages wird mit dem Gebrauch des „Brandwienkopps“, d. i. eines gewöhnlich silbernen, selten zinnernen Geschirrs mit zwei Henkeln, welches mit Branntwein, Zucker und Rosinen angefüllt ist, verbracht. In demselben befindet sich ein silberner Löffel. Dieser „Kopp“ macht wiederholt die Runde, und Jeder nimmt sich einen Löffel voll (einen „Happ“). Dieser Gebrauch ist auf dem Lande, wie in den niederen Ständen der Städte so allgemein, daß zur Kindtaufe gehen und etwas aus dem „Brandwienskopp“ gehabt haben identisch ist.

Die Gräfin Anna von Ostfriesland, eine Mutter ihres Volks im ganzen Sinne des Worts, verbot bereits 1545 jene Besuche der Nachbarinnen bei der Wöchnerin, weil dadurch unnützige Kosten und Trunkenheit veranlaßt wurden. Doch solle es gestattet sein, zum Lobe und Danke Gottes nach dem freudigen Ereignisse den nächsten Freunden und Verwandten eine Mahlzeit anzurichten. Bei der Taufe wurden den Wohlhabenden nicht mehr Gäste erlaubt, als an zwei viereckigen Tischen der gewöhnlichen Art Raum finden konnten, und den mäßig Begüterten in Städten wurde verboten, mehr als fünf oder sechs Gerichte aufzusetzen.

Ihr Urenkel Graf Ulrich verlangte 1647, daß die Kinder in den ersten vier Tagen getauft werden sollten, und zwar in der Kirche. Alle Kindelbiere und Pathengeschenke sollten abgeschafft sein.

Die Hochzeiten scheinen von jeher wahre Pflanzstätten der Verschwendung und der Unmäßigkeit gewesen zu sein. Auch noch jetzt werden dabei die Tafelfreuden reichlich genossen, denn unsere Landleute essen sich gern in die Ehe hinein.

Hat sich ein Jüngling ein Mädchen erkoren, ohne indeß mit ihr die gegenseitigen Gefühle ausgewechselt haben zu können oder wollen, so begiebt er sich entweder allein oder in Begleitung einer oder einiger befreundeten Personen gegen Abend in das Haus der Auserwählten und eröffnet seine Bewerbung bei den Eltern mit der doppelsinnigen Anrede: Ich bringe nichts mit, Sie sollen mir etwas geben! Das erregt natürlich bedeutende Sensation, entweder wirkliche, wenn der Antrag unvermuthet kommt, oder wenn man schon davon unterrichtet war, künstliche, die der gute Ton erheischt. Ist man nicht abgeneigt, das geforderte „Etwas“ zu geben, so wird der Antragsteller mit Allem, was Küche und Keller sonst aufzuweisen vermag, weidlich bewirthet, später folgt Bier und Branntwein; die ganze Nacht hindurch lebt man in dulci jubilo. Der Freier sitzt fortwährend neben seiner Erkorenen oder diese setzt sich in urgemüthlicher Weise auf seinen Schoß, Liebkosungen empfangend und diese ungenirt erwidernd.

Hoffen darf nun der Bewerber, aber Gewißheit hat er noch nicht; ohne eine bestimmte Antwort verläßt er das Haus, denn der alte Brauch erfordert einige Wochen Bedenkzeit. Unser Bauer hält seine Waare hoch, sein Fleisch und Blut noch höher, und es muß Keinem einfallen, so leichten Kauf's ihm das entführen zu können.

Die Bedenkzeit wird in vielen Fällen wacker ausgebeutet, denn vor allen Dingen muß man darüber im Klaren sein, was denn der zukünftige Schwiegersohn „hat“ (wat he hefft), und falls er aus einem andern, vielleicht entfernten Dorfe, ob seine Vergangenheit untadelhaft, sein Ruf rein und ob seine Familienverhältnisse zu denen der Zukünftigen passen. Fällt das Alles zu seinen Gunsten aus — ob er dann und wann auf den Märkten ein Glas über den Durst trinkt und schließlich ein wackerer Kämpe in der unvermeidlichen Prügelei ist, schadet ihm nicht, gereicht ihm vielmehr gewissermaßen zur Ehre —, dann wird der Antrag von den Eltern angenommen, und da der junge Mann mit dem Mädchen in den meisten Fällen bereits längst einverstanden war, so steht der öffentlichen Verlobung nun nichts mehr im Wege. Gewöhnlich feiert man solche an einem Sonnabend, um sich am folgenden Tage von den Strapatzen hinreichend wieder erholen zu können.

Zur Verlobung werden alle Nachbaren und Freunde eingeladen und bewirthet. Dabei wird das Versprechen ewiger Liebe und Treue gegeben und solches mit Handschlag und „Ja!“ beiderseitig bekräftigt. Die Gäste bringen „Brüdegam un Bruud hör Gesundheit“ aus, und Tanz und Sang beschließen die Feier lange nach Mitternacht.

Sobald die Kunde einer neuen Verlobung in's Dorf gedrungen, versammeln sich auch schon die Knechte und Mägde, bringen dem Bräutigam eine mit buntem Papier geschmückte Pfeife und der Braut eine mit seidener Schleife gezierte Tasse, wofür sie mit einem verhältnißmäßig großen Trinkgelde beschenkt werden. Vor und nach Ueberreichung der Gaben wird wacker geschossen. Das Geld wird aber bald nachher oder am Sylvesterabend gemeinsam verjubelt. Diesen Gebrauch nennt man „Upschütten“, weil man in früheren Tagen dem Brautpaar den Weg versperrte, bis es seine Freiheit durch ein Trinkgeld zurückerkaufte.

Friedrich II. von Preußen machte den Versuch, die Verlobungsfeierlichkeiten in Ostfriesland in engere Grenzen zu bannen. Seine Regierung erklärte den Beamten unseres Landes, sie habe mißfällig vernommen, daß bei Verlobungen das Zimmer geziert und mit Blumen bekränzt sei, und daß man dem Bräutigam Blumensträuße hinlege. Solches könne nicht gestattet werden, und darum solle der Hausherr, welcher dergleichen erlaube, mit 50 Goldgulden, der Hochzeiter, der den Dienstboten dafür Trinkgeld gebe, mit 20 Goldgulden, die Dienstboten selbst sollten mit Gefängniß bestraft werden. Die Berichte der ostfriesischen Beamten über solchen unberechtigten Eingriff in die Freuden der Unterthanen veranlaßten, daß jenes „Reglement“ nie in Kraft trat.

Zwischen Verlobung und Hochzeit liegt jetzt keine gesetzlich bestimmte Zeit.

Früher mußte in Emden die Trauung spätestens sechs Wochen nach der vor einem Gliede der öffentlichen Gewalt stattgehabten Verlobung stattfinden. Die Trauung geschah in der Kirche. Da man eine Ehre darin suchte, mit großem Gepränge und Gefolge durch die Straßen und in die Kirche zu ziehen und dadurch also den Gottesdienst störte, so wurde verordnet, daß höchstens 18 Paare zur Begleitung dienen dürften.

Die Hochzeiten machten der Regierung in Stadt und Staat viel Kopfbrechens und große Sorgen. Das Regiment zu Emden, welches im Mittelalter stets Staat im Staate war, gestattete Vornehmen höchstens 60, zum Mittelstand Gehörenden 40, Geringen 24 Gäste. Nur zweimal durfte angerichtet werden, und zwar jedesmal drei im Lande gebräuchliche Gerichte. Zum Nachtische waren Aepfel, Feigen, Rosinen, Bretzeln, Eierkuchen gestattet; aber Marzipan war den gestrengen Herren in der Seele zuwider, so daß sie dessen Gebrauch bei fünf Goldgulden Strafe verboten. Zum Trinken durfte man Niemand zwingen, doch konnte Jeder trinken, so viel er Lust hatte. „Tanzen und alle andere Narrentheidung ist bei christlichen Hochzeiten untersagt, damit nicht dem Teufel und allem Unheile Raum gegeben werde, bei Strafe von 50 Goldgulden." Auch Musik war nicht gestattet. Mit dem Glockenschlage 12 Uhr Mitternacht mußte Alles beendet sein!

Aber man sah bald ein, daß mit solchen strengen Maßregeln nicht durchzudringen sei; deshalb wurde nicht nur bald nachher die Zahl der erlaubten Gäste vergrößert — auf 100, auf 70 und 30 —, sondern man gestattete sogar Musik, wenn auch keine Tanzmusik. Marzipan wurde in Emden erst vom Jahre 1640 an erlaubt.

Die Einladung zur Hochzeit erfolgt jetzt gewöhnlich zwei bis vier Tage vor dem Feste. Der einladende Hochzeitbitter ist in einigen Gegenden des Landes eine gar possirliche Gestalt.

Angethan mit einem Schwalbenschwanze, der mit bunten Bändern überladen ist, mit beschnallter Kniehose und weißen Strümpfen und einem vorsündflutlichen Hut, wandert derselbe, begleitet von der ganzen lieben Jugend, von Haus zu Haus, um seine Einladungen ergehen zu lassen.

Wir setzen einige derselben hierher: Ji schölen Saterdag in N. N. sien Huus komen un kicken in de Bruutkiste, oder: Ick schull Jo (Euch) de Grötenis doon van de Brüdegam un de Bruut N. N. un N. N.; se laten Jo nögen (einladen), Je muggen (möchten) so good wesen un komen Saterdag in N. N. sien Huus up de Hochtied. — Dieser Einladung folgt noch ein alter Spruch, der sich mit der Schilderung dessen beschäftigt, was dem Gaumen dargeboten werden soll:

Hasen un Patriesen
De schölt Jo de Weg darhen wiesen;
Höner un Schnippen
Schölt up de Tafel wippen;
Warm Beer
Willen wi hebben up unse Pleseer;
Lange Piepen und beste Taback
Willen wi hebben up unse Gemak:

Eene Last Beer un een Oom Brandewien,
Darbi willen wi früdig sien;
Vijelin, Seiden un Spill
Will wi hebben na unse Will etc.

Zu Hochdeutsch:

Hasen und Rebhühner,
Die sollen euch den Weg dahin zeigen;
Hühner und Schnepfen
Sollen auf dem Tische hüpfen;
Warmes Bier
Wollen wir haben zu unserm Vergnügen;
Lange Pfeifen und besten Taback
Wollen wir haben zu unserm Behagen.
Eine Last Bier und ein'n Ohm Branntwein,
Dabei wollen wir fröhlich sein;
Violinen, Saiten und Spiel
Wollen wir haben nach unserm Belieben ꝛc.

Wir selbst wurden einmal beim Besuch der östlichen Ecke unsers Heimatlandes mit folgender Demosthenes-Rede zur Hochzeit eingeladen: „Gruß und Empfehlung von ein verliebtes (sic) Brautpaar, welches Vornehmens ist, in den Stand der heiligen Ehe zu treten. Weil nun Gott der Herr spricht: Es ist nicht gut, daß der Mensch allein sei, und auch der weise König Salomo sagt: Wer eine Ehefrau findet, der findet was Gutes; so haben sich Jabbe N. und Taalke Magreth an drei nacheinander folgenden Sonntagen in die Kirche aufbieten lassen, und da keine Einrede erfolgt ist, soll die Trauung durch den hochehrwürdigen und hochgelehrten Herrn Pastor morgen vor sich gehen. Und nun bitte ich Ihnen, sich mit Ihrer ganzen Familie (!!) alsdann Morgens 10 Uhr in's Hochzeitshaus einzufinden. Dort werde ich Ihr getreuer Diener und Aufwärter sein und Ihnen schenken Bier und Branntewein. Auch werden die Musikanten ihre Instrumente anstimmen und kann dann Jeder sich lustig machen nach Belieben.“ Und jede dieser Reden schließt mit der nochmaligen Einladung: Nu moot Ji ook komen. Der Hochzeitbitter aber erhält sein Trinkgeld und wandert mit der sich wacker ergötzenden Jugend weiter zum nächsten Hause.

Obgleich wir um 10 Uhr eingeladen sind, haben wir doch Zeit bis Nachmittags 4 Uhr, denn also erfordert es die „Lebensart", die auch unserm Bauer nicht fremd geblieben ist, freilich nach seiner Weise. Von Nah und Fern strömen die Gäste herbei, alte und junge, vornehme und geringe, und Jeder bringt an Geschenken mit, was die Verhältnisse oder die Zuneigung erlaubt haben. Eine Braut aus fremdem Dorf holt man in einem mit vier geputzten Pferden bespannten Wagen ab; ihr zu beiden Seiten sitzen die Brautjungfern, die weiße Tücher um das Haupt schwenken, ihr gegenüber reißt der Dorfmusikus auf seiner erst gestern neu besaiteten Geige ein: Schier 30 Jahre bist Du alt! und andere passende und herzerhebende Melodien ab, und so geht es im Galopp dem Heimatdorfe zu. In jedem Orte wird der Wagen von den jungen Burschen angehalten, die Reisenden werden mit Wein bewirthet und erhalten erst nach verabreichtem Trinkgelde die Erlaubniß zur Weiterreise. Ist die Braut indessen nicht beliebt, ist sie vielleicht eine alte Jungfer, die aber noch jung zu sein strebt; ist sie Wittwe oder gar ein Mädchen, dessen Vergangenheit des verhüllenden Schleiers bedarf, dann unterbleiben nicht nur alle Feierlichkeiten, sondern eine Katzenmusik, wie sie 1848 nicht schauerlicher gebracht wurde, verkündet in sehr deutlicher und verständlicher Weise den Verlobten die Gesinnung des Dorfs.

Doch es ist vier Uhr geworden, wir gehen zur Hochzeit. Am Thor der Scheune werden die Gäste von dem Liebespaare empfangen und mit Branntwein, mit Zucker, oder wenn die Mittel das nicht gestatten, mit Genever und Syrup aus einem mit künstlichen Blumen umkränzten Glase begrüßt. Dafür wird mit einem Kusse gedankt, und alsdann eilt man auf die Tenne, von der bereits rauschende Musik erschallt und wo sich die tanzlustigen Paare drehen nach Herzenslust.

Die Geladenen sind erschienen, und nun vertauscht die Braut ihren Platz am Thor mit dem auf einem Stuhl mitten auf der Tenne, um die von allen Seiten herbeigebrachten Hochzeitsgeschenke in Empfang zu nehmen. Nur Unverheiratete dürfen sich jetzt noch nahen. Die Gaben bestehen größtentheils in Hausgeräthen, aber auch Butter, Eier u. s. w. werden gebracht und nicht verschmäht. Nachdem endlich alle Opfer auf den Altar der Freundschaft, Liebe und Sitte niedergelegt worden sind, bemächtigen sich die Brautjungfern (Bruudsmägde) der Braut, um sie im Staatsgemach des Hauses hochzeitlich zu schmücken. Sie wird dem nun ebenfalls festlich gekleideten Bräutigam entgegengeführt, um mit diesem vor den in der Scheune improvisirten Altar zu treten. Nach stattgehabter Trauung erhält die junge Frau von ihrem Ehegemahl und von allen lusttragenden Verwandten und Freunden einen Kuß und dreht sich dann mit Allen in wilder Lust auf dem Tanzboden, bis der Hochzeitbitter an den wohlbesetzten Tisch ruft. Erst nach eingenommenem Mahl nahen sich die verheiratheten Frauen, schmücken die junge Frau mit der Haube und bringen ihre Geschenke dar. Nachher wieder Tanz. —

Wenden wir uns nun von den Lebenden zu den Todten.

Wie in vielen deutschen Ländern war es auch hier zu Lande Gebrauch, bei Todesfällen seine Gefühle der Trauer recht äußerlich an den Tag zu legen. Darum befahl bereits Gräfin Anna: „Die Leidtragenden dürfen ihre nächsten Verwandten und Nachbaren herbitten und mit ihnen eine Mahlzeit (Tröstelbeer) halten. Niemand aber hat ein Recht, ungeladen dieser beizuwohnen; auch darf des Trinkens halber Niemand länger als zwei Stunden im Sterbehause verweilen.“ — Graf Ulrich ging weiter. Er verbot die allgemeine Sitte, das Sterbegemach und die darin befindlichen Geräthe mit schwarzem Tuche auszuschlagen, die Nachbaren zur Todtenwache zu bitten und dabei sich bis nach Mitternacht in Bier und Wein gütlich zu thun. Denn aus den Tröstelbieren seien „große Gastereien und Gesöffe“ geworden, durch deren unmenschlich gottlos Wesen die Unterthanen in große Schulden und Schaden kommen, weshalb sie bei Strafe von 50 Goldgulden gänzlich aufhören sollten. — Friedrich II. gab eine Trauerordnung, die großes Mißfallen im Lande erregte. Er verbot bei Trauerfällen die Karosse zu drapiren, Pferde und Zimmer schwarz zu behängen, das Hausgesinde schwarz zu kleiden. Alles bei einer Strafe von 100 bis 1000

Thalern. Mit derselben Strafe wurden die Eltern belegt, die um ein Kind unter zwölf Jahren Trauerkleider anlegten oder um ein solches über zwölf Jahre länger als drei Monate Trauerkleider trugen. Kinder durften ihre rechten Eltern sechs Monate, ihre Stiefeltern einen Monat, die Wittwe ihren Mann ein Jahr, der Mann seine Frau sechs Monate lang betrauern. Man hat sich aber nie allgemein um solche Eingriffe in alte Sitten und Gebräuche gekümmert.

Gegenwärtig wird ein Todesfall Freunden und Bekannten in Nah und Fern angezeigt, und die Nachbaren erscheinen, die Leiche einzukleiden. Das Todtenkleid (Henne- oder Hemdekleid) wird von den Nachbarinnen verfertigt und alsdann die Leiche eingesargt. Dabei sind die Verwandten nicht zugegen, versammeln sich aber bald nachher, trinken, rauchen und debattiren über die Unsterblichlichkeitsfrage und was damit zusammenhängt, in einem andern Zimmer, bis der Todtenbitter sie einladet, den Todten im Sarge zu sehen. Zwischen Absterben und Begräbniß liegen gewöhnlich acht Tage und wird zu dem letztern Jung und Alt eingeladen. Auch die Frauen folgen dem Sarge. Die früher unsinnige Formel: „Ick schul Jo de grötenis doon van unse verstürvene Mitbroer (Mitsüster)“ ist gegen eine vernünftigere vertauscht worden: „N. N.'s nagelatene Fründen laten Jo nögen (einladen) um tauken (zukünftigen) . . . dag de Verstürvene de leste Eere to bewiesen un nehmen vörleef mit dat, wat Keller un Köken vermag.“

Es ist Sitte, vor der Beerdigung im Sterbehause nichts oder doch nur flüsternd zu sprechen; die unvermeidlichen geistigen Getränke und eine thönerne Pfeife müssen im Stande sein, die Langeweile zu bannen. Wenn man auf 10 Uhr geladen ist, erscheint man um 12 Uhr, so will es auch hier der Anstand. Entweder in der Küche oder meistens auf der Tenne wird bei verschlossenem Sarge die Parentation gehalten, darauf der Sarg geöffnet und Jedermann aufgefordert wird, den Verstorbenen zum letzten Mal zu sehen. Während in den Städten und auf vielen Dörfern die Särge schwarz gefärbt sind, findet man sie hie und da noch weiß — in solchem Falle eine ganz abscheuliche Farbe. Die Schuljugend geht auf Holz- und Lederschuhen singend dem Sarge voran und singt bis der Grabhügel fertig geworden ist. Darauf Gang in die Kirche, um die Leichenpredigt zu hören, die hier wie überall mit den Tugenden des Verblichenen anhebt und mit der gänzlichen Verderbtheit aller Menschennatur schließt. Sehnsüchtig wird das Amen erwartet, denn dann erst beginnt das Tröstelbeer, dann beginnen Küche und Keller zu zeigen, was sie vermögen. Während der Prediger und Lehrer mit den Verwandten in der Küche oder auf der Upkammer tafeln, ist für Fernerstehende und Kinder in der Tenne gedeckt. Hier wie dort lebt man seiner sinnlichen Lust, und ein hereingeschneiter Fremder würde nicht glauben, daß man heute aus solchem Hause den Mann und Vater hinausgetragen habe zur letzten Ruhestätte.

Und fragen wir nun schließlich, was ist aus allen jenen Verordnungen gegen diese Feste geworden? Ist auch nur eine einzige von nachhaltiger Wirkung gewesen, haben jene Strafandrohungen die Feste schablonenmäßig gestaltet, haben sich die Unterthanen bei ihren Familienfeierlichkeiten die Zwangsjacke anlegen lassen und die mit hoher obrigkeitlicher Erlaubniß gestatteten Speisen und Getränke verzehrt? Nichts von alledem! Die häufige Auffrischung jener Verordnungen zeigt hinreichend, wie viel die Unterthanen sich darum kümmerten, und was heutzutage bei Begehung jener Feste hie und da nicht mehr gefunden wird, z. B. die große Zahl der Gäste, das ist von dem Civilisationsdrange der Zeiten zu Grabe getragen. War es, abgesehen von dem guten Zweck, dem übertriebenen Luxus einen festen Damm entgegenzusetzen, von vornherein schon ein ziemlich unnützes Beginnen, die eigentlichen Familienfeste nach Beschlüssen des regierenden Herrn oder eines hohen Raths feiern lassen zu wollen, so war bei dem hiesigen Volksstamm, der es nie vergaß, daß seine Vorfahren einst die freien Friesen genannt wurden, einem solchen Eingriff in das Heiligthum der Familie, in die persönlichen Rechte des Einzelnen von vornherein kein Erfolg zu versprechen.

Das St. Martinifest.

Am Abend des 10. November, dem Geburtstag Martin Luthers feiern unsere Kinder das Martinsfest, welches indeß nicht zu Ehren des Reformators, sondern des Bischofs Martin gefeiert wird, der im 5. Jahrhunderte Oberhirte zu Tours war und als Heiliger im ganzen vormaligen Friesland von Utrecht bis nach Emden verehrt wurde. Dort war ihm der Dom, hier ein Altar gewidmet. Dessen Verehrung ging so weit, daß ganz Friesland hereditarium divi Martini patrimonium genannt wurde.

Im weiteren Deutschland ist dieser Tag ein Fest für Jung und Alt, denen alsdann eine Martinsgans oder brauner Kohl mit einem guten Glase Weins nicht fehlen darf, bei uns wird er nur von Kindern und von der heranwachsenden Jugend gefeiert.

In Emden versehen sich die Knaben mit sog. Rummelpotten, die Mädchen mit Kip-Kap-Kögels. Der Erfinder des Rummelpotts ist leider nicht bekannt, er mag in seiner Art ein Genie gewesen sein, eins aber hatte der Himmel ihm versagt: ein musikalisches Gehör. Dieses Instrument besteht aus einem mit Wasser gefüllten Topfe oder Fäßchen, über welches möglichst stramm ein Stück geweichte Schweinsblase gezogen wird, in deren Mitte ein Endchen spanisches Rohr befestigt ist. Fährt man nun mit der benetzten Hand an dem Rohr auf und ab, so giebt das einen Ton, der, obgleich er mit dem Grunzen eines Schweines nicht wenig Aehnlichkeit hat, dem Knaben doch gar lieblich in's Ohr klingt.

Der Kip-Kap-Kögel der Mädchen ist eine selbstverfertigte papierne Laterne, mit bunten Bildern beklebt und wird auf einem Stock getragen. Ausgehöhlte Rüben, Möhren, Kürbisse und andere Früchte, die man an einem Band trägt, ersetzen häufig dessen Stelle. In neuerer Zeit hat sich die Industrie dieses Gegenstandes bemächtigt und Martinilichter der zierlichsten und geschmackvollsten Form in allen Farben drängen den hergebrachten Kip-Kap-Kögel immer mehr in den

Hintergrund, welches um so mehr zu bedauern, als dadurch dem Thätigkeitstrieb des Kindes ein neues Objekt entzogen und die Freude am Selbstgeschaffenen eine größere ist, als die am Gekauften.

Bei Anbruch der Dunkelheit beginnt das Fest. Von Haus zu Haus wogt die rosige Kinderschar, man sieht so viele fröhliche, beleuchtete Kindergesichter, hört so mancherlei Lieder, wie sonst im ganzen Jahre nicht. Die Kleinen werden mit allerlei Gebäck, mit Aepfeln und Pfennigen beschenkt.

Von den Reimen, die am Martiniabend vorzugsweise gesungen werden, theilen wir nachstehende mit, diejenigen ausschließend, die in der Reimschmiede der Neuzeit zusammengeschweißt sind. Beim Rummelpott wird gesungen:

Huke, huke, Rummelpott,
Een Dortje of een Appel;
Ik heb hier al so lange stahn,
Ik moot 'n Dörtje wieder gahn.
Pottbakkerei, Pottbakkerei.
Dan gahn wi na de Heeren
Un laat'n uns Pottje smeren,
Dan gahn wi na de Smid
Un hau'n uns Pottje wit.

oder:

Schipper wult du seilen,
Fohrmann wult du weilen,
Sett dat Seil man up den Top,
Geeft mi 'n Beetken in de Rummelpott.
Laat mi nich to lange stahn.
Ik moot noch 'n Hüsken wieder gahn.
Van Piller paller menten,
Van Jaren un Studenten.
Appels an de Böme,
Beren in de Potte,
Schönster Schatz,
Schönste Jungfrau, geeft mi wat,
Laat mi nich to lange stahn,
Ik moot noch 'n Dörtje wieder gahn.

Sind die Knaben an das unrechte Haus gerathen, wo man sie ohne Gabe fortschickt, so heißt es:

Een Piltje vull Solt,
Een Pütje vull Krund,
Dar hangt de gitzige Düfel ut.

Beim Kip-Kap-Kögel singen die Kleinen folgendes alte, wie es scheint, bissige Spottlied auf eine habsüchtige Geistlichkeit:

Sünder Martens Vögel
— Kip-Kap-Kögel —
Wull so wiet flegen
All över den Rhien :,:
Hei ji Sünder Martens Vögel nich sien?
Sünder Martens Göse
Sünd ook gar to böse,
Bieten de olle Wiefe
De Titten van den Liefe,
Braden se op een Röster,
Schmecken as een Köster.
Der flogen twee Rubintjes na't Papenhuus to.
Dat Papenhuus wehr der verschloten,
De Himmel stunn speerwiet open.
As Joseph ut de Schole quam,
Hee har der geen Botter,
Hee har der geen Brod,
Hee lee sien Kopp in Maree hör Schoot.
Maree de har der een Gurrel an,
Dar hungen wol dusend Klockjes an.
De Klockjes fungen an to pingeln,
Leeve Engels fungen an to singen,
Van hier an, van dar an,
Boven wohnt de rieke Mann,
Dee uns wal wat geven kann.
Rieke Mann to Pere,
Unse leeve Heere,
Dee lett wassen
Good Koren un good Flassen,
Good Koren un good Liensaat,
Frooke, is dat geen good Huusgerath?

oder sie singen:

Kip-Kap-Kögel,
Sünder Marten Vögel,
Sünder Marten Dickebunk
Steckt sien Neers to't Fenster ut.
Hier wohnt 'n rieke Mann,
Dee völ geven kann.
Völ kann hee geven,
Lank sall hee leven;
Wenn hee kummt to starven,
De Hemel sall hum arven.
Gott sall hum lohnen

Mit hundertdusend Kronen,
Mit hundertdusend Klockjes dran.
Dar kummt Sünder Marten an.

In andern Gegenden singt man dies Lied in folgender abweichender Form:

Heite Sünte Marten,
De Kalver sünt so darten,
De Koojen hebben Horens,
Klokken hebben de Torens.
De tüteretüt,
Dat Leed is ut.
Dee dat Leed wat wieder kann,
Dee sing verdann:
Spieker, Boren, Knieptang,
Is dat nich 'n lüttjen mojen Sang?
Ja—e, Nä—e,
Schipper van Ariken
Lett sien Seiel striken,
Lett sien Seiel up den Top.
Geest mi wat in d' Rummelpott,
'N Oertje of 'n Appel,
Laat mi nich to lange stahn,
'K mutt noch 'n Hüüske wieder gahn.
Kip-Kap-Kögel,
Sünder Marten Vögel,
Sünder Marten dicke Buuk,
Steckt sien Neers to't Fenster ut.
Repe, repe wegge,
Düßt sien Vader 't nich seggen,
Düßt sien Moder 't nich klagen,
Kreeg 'n Pukkel vull Slagen.

Vor und nach leeren sich die Straßen, die Kinder sind heimgekehrt und freuen sich der erhaltenen Geschenke. Bald erscheint der Sandmann und noch im Traume gedenken sie der milden Geber und der wenigen Filze, die kein Herz für Kindeslust und -freude hatten.

Dann aber beginnen sich in Aurich und Esens besonders allerlei abenteuerliche Gestalten zu zeigen, die in solcher Anzahl die Straßen der kleinen Stadt durchstreifen, daß man auf Gnade und Ungnade seine Hühneraugen preis geben muß.

Am besten thut man aber — sagt unser Gewährsmann, dem wir das Folgende verdanken —, sich in einer abgelegenen Wirthschaft zu plaziren und hier die verschiedenen Gestalten, die sich sammt und sonders maskirt haben, die Revue passiren zu lassen.

Greifen wir denn nun einmal hinein in dies Maskenleben und schauen uns die einzelnen Personen näher an. Wir holen uns zunächst ein paar „Ritter“ heraus, denn daß sie diesem noblen, wenngleich etwas veralteten Metier obliegen, das beweisen uns die silberpapierüberzogenen, pappenen Panzer, sowie die aus ähnlichem Stoffe geformten Helme. Ihre Waffen bestehen aus einer Lanze oder einem Sarras von Tannenholz, welches Inventarienstück, gewöhnlich von den ritterlichen Kämpen selbst mit sehr primitiven Hülfsmitteln angefertigt, bedeutend zur Enttäuschung des Zuschauers beiträgt. Unähnlich ihren streitbaren Vorfahren im Mittelalter, welche sich bekanntlich nicht viele Mühe gaben, die Meinung des Besitzers zu erforschen, wenn es sich um Erlangung irgend eines werthvollen Gegenstandes handelte, nahen sie demüthig mit nicht zu verkennender Geberde und finden sich vollkommen befriedigt, wenn die geringste der klingenden Münzen in die vorgehaltene Büchse fällt.

Ihnen folgt schweigend der „Handwerksbursche“. Eine schauderhafte Figur, gegen welche der verkommenste Stromer mit kupferrother Nase, zerrissenem Schuhwerk und mangelhaft geflickten Kleidern, noch liebenswürdig zu nennen ist. Gewöhnlich ist der Repräsentant dieser Figur ein angehendes Mitglied des Handwerks, das sich auf diese Weise zu seinem künftigen Beruf als „Fechter“ vorbereiten kann. Den Luxus einer Maske kennt er nicht; er hat einfach sein Gesicht geschwärzt, wenn und soweit dies überhaupt bei ihm noch erforderlich war. Sein struppiges Haupt trägt einen Gegenstand, den wir möglicherweise für einen Hut ansehen würden, wenn nicht die Zeit längst jede Aehnlichkeit mit diesem nützlichen Kleidungsstücke zerstört und eine Vergleichung unmöglich gemacht hätte — denn natürlich werden immer die seltensten Exemplare dieser Art der Rumpelkammer entzogen. Statt des Reisekittels dient ein Hemd, das überhaupt bei der Maskerade eine große Rolle spielt; ein Knotenstock und im besten Falle ein Ränzel vervollständigen die äußere Erscheinung. Der Handwerksbursch ist meistens ein stiller Gesell, dem die Gabe des Gesanges mangelt und der in Uebereinstimmung mit seinen Kollegen aus der Wirklichkeit seine Absichten bloß durch die Worte andeutet: Erlauben Se 'n armen Reisenden! Seines unscheinbaren Exterieurs und seiner Schweigsamkeit wegen „erlaubt“ man aber häufig nicht und der arme Bursche muß es erleben, daß man ihn ohne einen Zehrpfennig ausweis't, um einer eben eintretenden Schar von „Räubern“ Platz zu machen.

Diese für heute Abend polizeilich erlaubten Räuber sind nicht etwa Banditen in zerrissenen Hosen und Jacken, wie sie hier in Ostfriesland auch domizilberechtigt sind; nein, es sind reine Vulpius'sche Ideale, noble Briganti, jeder Zoll ein Rinaldo. Sie starren von Gold, von dem Kalabreser winkt die Feder; in dem Gürtel stecken allerlei Mordwaffen, und der Hauptmann erfreut sich gewöhnlich des Besitzes einer wirklichen Büchse.

Friedlich neben diesen harmlosen Söhnen der Wildniß treten zwei „Schäferinnen“ auf, im weißen grünbekränzten Schäferkleide und den Schäferstab in der Hand. Ihre äußere Erscheinung ist niedlich, ihren Schäfergesang in der höchsten Fistel aber ersparte man ihnen gern.

Da sind ferner Tyroler und Tyrolerinnen, Türken und Kosacken, wandernde Mausfallen-Händler und Kesselflicker, mit den Waaren ihres Geschäfts beladen. Ein Schlächtergesell präsentirt die auf seiner Mulde delikat aussehenden Würste, in welche Du aber nicht hineinbeißen darfst, denn sie enthalten — Sägespäne.

Wenn der Abend weiter vorrückt, betheiligen sich auch wohl Erwachsene an dem Scherz, von dem schönen Geschlecht jedoch meistens nur aus der untern Klasse. Da tritt dann z. B. ein Ehepaar auf, das sans gêne vor Dir eine Ehestandsszene aufführt, schließlich aber versöhnt beim Glase sich die Hand reicht. — Ein Staatshämorrhoidarius mit der bekannten ungeheuern Nase, den so gigantischen Vatermördern, einer Feder hinter dem Ohre und einem Aktenbündel unter dem Arme wandelt gravitätisch unter der Menge einher. — Müller und Schulze präsentiren sich in gelungener Kopie.

Kurzum, ein Scherz jagt den andern, und was das

Beste an der Sache ist, die Scherze werden selten oder nie obscön, sondern bleiben durchgängig harmloser Natur, weshalb denn auch die Polizei niemals störend aufgetreten ist, vielmehr die Maskenfreiheit möglichst unter ihren Schutz genommen und auf diese Weise das Ihrige dazu beigetragen hat, dies alte Kinder- und Volksfest zu erhalten.

Höchstens gegen 11 Uhr ist der ganze Maskenspaß vorbei; das keifende Ehepaar, welches sich inmittelst zu einem paar stämmiger Burschen entpuppt, Müller und Schulze, Nante und sein gestrenger Richter erholen sich gemeinschaftlich bei einem Schoppen von den Mühen des Abends.

Der ärgste Feind dieses Martini-Scherzes ist aber der Regen. Wehe den armen Räubern und Tyrolern und Schäfern und Handwerksburschen, wenn sich die dunkeln Wolken entladen, während sie auf ihrer Fahrt begriffen sind. Helm und Panzer, Bandelier und Gürtel, alle diese aus Pappe gefertigten, mit Goldflittern beklebten Herrlichkeiten weichen auf und fangen an, sich in ihre Bestandtheile aufzulösen. Der kecke, papierne Federbusch auf dem Hute hängt schwer und matt herab; sein Roth vermischt sich mit dem Blau des Hutes und beides wieder mit dem aus gebranntem Kalk gefertigten Schnurrbart, wodurch ein unbeschreiblicher Farbenton entsteht. Dann ist namentlich die Freude der Kleinen verdorben und wochenlange Arbeit umsonst.

Wünschen wir ihnen alljährlich einen heitern Abend, damit sie sich ungestört in all' ihrer Herrlichkeit zeigen können.

IV.

Das Moor.

Das Moor und der „Moorker“.

Mehr als ein Viertel Ostfriesland's ist — Moor! Dasselbe bildet indeß kein zusammenhängendes Ganze, sondern besteht aus 19 Theilen, die wir vorzüglich in der Mitte und in den südlicheren Gegenden des Landes finden.

Dieser Boden wird an vielen Stellen von Sandstrecken durchzogen, wie er anderwärts wieder in den Niederungen des höhern Sandbodens sich eine Heimat gesucht hat. —

Wer Gegensätze liebt, reise von der reichen, üppigen Marsch auf das traurige und öde Moor. Während man dort sich an dem fleißigen Treiben munterer Arbeiter freute, das fette Vieh und die muthigen Pferde auf der Weide grasen fand, goldene Saaten und Kornfelder das Auge entzückten, findet man hier nur vereinzelte Arbeiter, so melancholisch und traurig, wie der Boden ist, den sie bearbeiten, kleine Schafe mit haariger Wolle und düsteres Haidekraut. Die Lerche und die vielen anderen Singvögel der Marsch fehlen ganz, nur der klagende Laut des einsamen Mohrhuhns trifft zuweilen des Wanderers Ohr. Weit und breit kein Baum, kein Strauch, außer der Haide nur blasse Binsen und Gräser, graues Moos und tiefes, unheimliches Schweigen.

Und immer fort zittert und wankt der Boden unter unsern Füßen. Wehe dem Unkundigen, der es wagt, ihn zu betreten. Mit tausend Armen wird er hinabgezogen in die schwarze Tiefe, über ihm schließt sich wieder die trügliche Decke, und er ist verschollen, bis ihn vielleicht nach Jahrhunderten oder Jahrtausenden seine Ur-Urenkel an's Tagelicht befördern und alle Blätter sich mit der wunderlichen Tracht eines im Moor gefundenen Mannes beschäftigen.

Zu verschiedenen Zeiten hat man im Moore menschliche Körper gefunden. Ein Fund im Jahre 1817 war wohl geeignet, die allgemeine Aufmerksamkeit zu erregen. Damals stieß man beim Dorfe Friedeburg mitten im Moore in der Tiefe des Sandbodens, sechs Fuß unter der Oberfläche, auf ein menschliches Gerippe. Bekleidung und Lage deuteten auf ein hohes Alterthum. Es befand sich in einer mit Moorboden angefüllten Niederung und wurde von quer über ihm liegenden starken, eichenen Pfählen niedergehalten. Die Bekleidung bestand aus einem groben, härenen, gewalkten und nicht gewebten Tuche, ohne Nähte und Knöpfe, bloß mit weiten Armlöchern und einem Halsloche; die Beinkleider waren aus demselben Stoffe gearbeitet und mit einem Riemen zum Zuziehen um den Leib versehen; auch hier fehlten die Knöpfe. Die Schuhe bestanden aus einem Stück Leder ohne Naht oder Sohlen, sie waren aus ungegerbtem, rohem Leder, an dem noch röthliche Kuhhaare zu sehen waren, verfertigt. Diese Schuhe hatten Löcher und Riemen zum Zuziehen; jedem Loch gegenüber war an der Außenseite des Fußes ein ausgeschnittener kleiner Stern, mit einer Rundung umgeben, und diese Sterne standen mit sehr sauber und geschmackvoll ausgeschnittenem Laubwerk in Verbindung; Alles war wohl erhalten und wird noch jetzt in Aurich aufbewahrt.

Nach der Meinung unserer Gelehrten haben die Gebeine dieses alten Friesen wohl mehr als 2000 Jahre hier im vollsten Sinne des Wortes eine Ruhestätte gefunden. Nach den mit Zierraten versehenen Schuhen zu urtheilen, so schließen unsere Gelehrten weiter, war es ein vornehmer Mann. Hielt ihn sein Volk für einen Zauberer, welchen die alten Friesen, um sicher zu sein, daß er ihnen nicht nach seinem Tode erscheine, in diesem Moore versenkten und mit schweren Pfählen überdeckten? Da das Gerippe auf dem Sand gefunden wurde, so wird daraus geschlossen, daß der Körper schon vor Entstehung des Hochmoores dahin gelegt wurde. Das Gewand ohne Naht und Knöpfe und die Schuhe ohne Sohlen und ohne irgend welche Naht beweisen jedenfalls ein hohes Alterthum. Man hat in unseren Mooren schon vielfach Schuhe aufgefunden, welche von sehr hohem Alter waren und nach ihrer außerordentlichen Größe einem sehr großen Menschengeschlechte angehörten; aber diese alle hatten doch schon grobe und starke Sohlen mit einem Rand, die mit Riemen an das Oberleder befestigt waren; jene 1817 aufgefundenen Schuhe waren aber, wie gesagt, ohne besondere Sohlen.

Sehr häufig findet man Bäume im Moor. Einige liegen 10 bis 12 Fuß tief, abgebrochen oder abgebrannt, andere liegen mit der Wurzel da. Gewöhnlich zeigen sie mit dem Gipfel nach Südost; vielleicht hat ein heftiger Nordweststurm sie entwurzelt und umgeworfen. Ihr Holz ist auswendig fast schwarz, inwendig dunkelbraun, ungemein hart und wird von den Bewohnern des Moors gern zu Pfählen, Latten zc. benutzt, weil es viel dauerhafter ist, als anderes Holz. Es brennt so leicht und hell, daß man es als Fackeln, oder zerschnitten, früher als Licht bei den häuslichen Arbeiten benutzte. Der Vermoderungsprozeß verwandelte die Rindenzellen oberflächlich in Humus, das Harz sickerte zusammen und schützte die tieferen Holzgewebe. Auf diese Weise ist ungeachtet der feuchten Lage im Torf die Brennbarkeit des Holzes in so starkem Grade erhöht worden.

Wie aber sind jene Bäume in das Moor gerathen? Diese Frage hat zu einer ganzen Reihe abenteuerlicher Hypothesen Veranlassung gegeben. Die folgende ist vielleicht eine richtige: Der Urboden des Moores war, vor dessen Entstehung, mit Waldung bedeckt. Das Moor bildete sich, die Bäume starben nach und nach ab, sie faulten unten, ein Nordweststurm warf sie um. Einige wenige sind vielleicht von den Menschen umgehauen worden und liegen geblieben. Die meisten vermoderten, nur wenige wurden vom Moor umhüllt, vor Fäulniß bewahrt, und kommen jetzt wieder als lautredende Zeugen einer längst verschwundenen Periode an die Oberfläche.

Auch ist ja hinreichend bekannt, daß die Römer es nie unterließen, die Wälder, welche ihren Feinden einen sichern Zufluchtsort boten, zu vernichten. Doch werden unsere Ahnherren an der Küste damals wohl kaum Wälder besessen haben, denn Plinius, der jene aus eigener Anschauung gekannt haben will (Naturgeschichte I, 16), sagt: „Den Schlamm ihrer Sümpfe formen sie mit den Händen und lassen ihn dann unter dem trüben Himmel vom Winde trocknen. Mit dem Brande dieser Erde kochen sie ihre Speisen und erwärmen die vom Eis des Nordens starrenden Glieder“. Also schon damals bediente man sich des Torfes. Hätten die Leute Wälder gehabt, sie würden gewiß zum edlern Holz gegriffen haben.

Man unterscheidet das eigentliche Moor in Hochmoor und Leegmoor. Ersteres ist wüstes, sumpfiges Land und umfaßt jene großen Torflager, welche bald in geringer Höhe, bald in Schichten bis zu 20 Fuß und mehr den Urboden bedecken und hier von Sandrücken durchzogen sind, dort in ununterbrochener Fläche zusammenhängen. Man nennt ihn Hochmoor, weil er gewöhnlich höher ist, als der umliegende feste Boden. Leegmoor ist der abgegrabene, mit ½ bis 1½ Fuß Erde bedeckte, noch nicht kultivirte Morast.

Wie ist das Hochmoor entstanden? Bei Beantwortung dieser Frage tritt uns abermals solch' ein Heer von Hypothesen entgegen, daß sich unser wirklich ein Grauen bemächtigt.

Bis vor etwa hundert Jahren glaubte man, im Torf eine mineralische Substanz vor sich zu haben. Der Torf war nur eine mit Erdöl und Bergpech oder Schwefel geschwängerte Erde. Bald nachher erkannte man aber, daß dieser vegetabilischen Ursprungs sei. Aber woher stammen diese Pflanzen und wie wurden sie in Torf verwandelt?

Die Sündflut erzeugte den Torf oder andere Naturrevolutionen schufen ihn! Nein, er ist ein Produkt abgestorbener Wälder. Gott bewahre! Als das Meer zurückwich, blieben viele Seegewächse auf der feuchten Erde zurück, diese vermoderten, und das Moor war da. Unsinn! Der Torf ist ein Gewächs, welches in und unter stillstehendem, sumpfigem Wasser blüht und grünt, vom Schöpfer einzig und allein zum Brennen bestimmt. Lächerlich! Die Moräste sind aus nördlichen Gegenden durch hohe Wasserfluten hierher geschwemmt und haben sich hier niedergelassen. Einfältige Deutung! Als der Herr Himmel und Erde machte, da gingen auch die Moore aus seiner Hand hervor! —

Wir glauben hiermit hinreichend dargethan zu haben, daß es an Versuchen zu Erklärungen der Moorbildungen nicht fehlt. Ganz oder theilweise falsch sind sie alle, die letztangeführte ist die bequemste. Wir wollen es uns etwas schwerer machen, dadurch, daß wir näher auf die Sache eingehen. Der Urgrund der Moräste war vor deren Entstehung weder See noch Sumpf, denn wie hätten dann die so eben erwähnten Bäume dort wachsen können, sondern nur von flacher, feuchter Beschaffenheit. Unmerklich nach der Seeseite sich senkend, war die Oberfläche leicht wellenförmig. Seine Feuchtigkeit beförderte die Vegetation um so mehr, da der benachbarte Sandboden wenig fruchtbar war. Gras und Blumen wuchsen hier üppiger, Wurzeln und Laub vermehrten sich schneller und bedeckten bald den Boden. Denn in allen Zonen, mit Ausnahme der arktischen, ist feuchter Boden am fruchtbarsten. Das Regenwasser drang nicht so leicht in den lockern Sand, und sein Abfließen stieß auf mancherlei Hindernisse. Das dichte Laub verwehrte den Sonnenstrahlen, die Erde zu küssen. Jährlich starben tausende von Pflanzen ab, das Laub der Bäume bedeckte die Erde, Säure bildete sich in nicht geringem Maße, es bildete sich die Torf- oder Moorerde, im Meeresgrund wie auf den Bergen.

Aber dasselbe wiederholt sich ja alljährlich in allen unseren Wäldern, warum bildet sich denn da kein Torfboden? Die Torferde gleicht in der Regel vollständig der Gewächserde der Wälder, jedoch mit dem Unterschiede, daß diese völlig verwest und in wirkliche Erde aufgelöst ist, bei jener aber der Verwesungsprozeß durch irgend eine Kraft aufgehalten wurde. Durch welche Kräfte? Die Frage mag eine gelehrtere Feder beantworten; alle die uns bekannten Deutungen sind so sehr von einander abweichend, theils so unwahrscheinlich, theils so abenteuerlich, daß wir es vorziehen, die Beantwortung dieser Frage hier offen zu lassen.

Die Moore wuchsen höher und höher, verbreiteten sich immer weiter, wenn auch sehr langsam, und so entstand das Hochmoor. Daß solches schon vor 2000 Jahren in der Bildung begriffen gewesen, haben wir oben bereits durch Plinius dargethan. Heut zu Tage läßt sich die Entstehungsweise neuer kleiner Moore unwiderleglich nachweisen. Sie erwachsen aus dem Vorhandensein aufgestauter Feuchtigkeit in den Niederungen des nicht ganz sterilen Haideterrains; dadurch entstehen schwammige Sümpfe, die, wenn sie nicht in Kultur genommen werden, sich noch immer durch neues Aufwachsen vergrößern.

War, um ein solches Bild zu gebrauchen, das Auftreten von Sumpfpflanzen, Moorpflanzen, vorzüglich Sumpfmoosen, Anfangs Symptom, so ist es jetzt zur Krankheit selbst geworden. Anfangs bildeten sich die Sumpfpflanzen, namentlich die Moose, wegen des Vorhandenseins stauender Feuchtigkeit, jetzt halten sie die Feuchtigkeit vermöge ihres Baus, ihrer innern Beschaffenheit an; wurden sie Anfangs durch den Sumpf gebildet, jetzt bilden und erhalten sie den Sumpf.

Dem bloßen Augenscheine nach ist die Oberfläche des Hochmoors völlig wagerecht; läßt doch der halbflüssige Zustand, in den der Torf schon durch mäßige Regengüsse versetzt wird, erwarten, daß die Wölbung des Moores dem des Wasserspiegels gleiche. Damit steht allerdings die Ansicht der Anwohner der Hochmoore im Widerspruche; ihnen erscheint das Moor wie ein Hügel, dessen sanfte, abgedachte Wölbung deutlich zu erkennen sei. Im Moore findet man viele Seen oder „Meere", wie wir sie zu nennen pflegen, die ihr Dasein dem sich ansammelnden Wasser, welchem der Abfluß ganz oder sehr gehemmt ist, verdanken. Das Gefälle dieser Seen nach verschiedenen unveränderten Richtungen gewährt eine deutliche Vorstellung von der Abdachung des Bodens gegen den Rand der Torflagers. Grisebach (Ueber die

Bildung des Torfs in den Emsmooren, 1846) sah entfernte Gegenstände weit früher unter den Horizont treten, als die Krümmung der Erde solches zuläßt. Als derselbe in der Nähe des großen Papenburger Moores sich zwischen den beiden Endpunkten der durch den Rücken des Moooes unterbrochenen Gesichtslinien befand, erblickte er vom Aschendorfer Thurm nur die Spitze, und die Windmühle, welche auf dem Torfgrunde selbst stand, entsank seinen Blicken ganz.

Diese und ähnliche Beobachtungen und Thatsachen stellen das Grundphänomen der Hochmoore fest. Sie bilden gewöhnlich konvexe Kuppen, welche nur an den Rändern sich bedeutend abzudachen scheinen. Wenn eine schwach vertiefte Mulde durch die Vegetation geselliger Pflanzen sich nach und nach mit Torf ausfüllt, so wird das Moor zuerst wagerecht liegen; ist die Mulde mit Torf ausgefüllt, so nimmt die Oberfläche die Gestalt eines Uhrglases an und weicht nur durch eine peripherische Senkung vom frühern horizontalen Niveau ab. Bald aber erreicht die Erhöhung des Bodens ihre letzte Grenze, er senkt sich in der Mitte. Diese letzte Grenze haben unsere Moore längst erreicht.

Noch täglich wächst das Moor, und da Wälder fehlen, so müssen andere Ursachen da sein, die jene Wirkung erzeugen. Es sind einige wenige Pflanzen, die mit Hülfe des Wassers und der Luft solches erreichen. Die ersten Gewächse, die sich z. B. in einer ausgestochenen Torfgrube, einer „Kuhle“, ansammeln, sind Kryptogamen, viele Arten von Konserven, Ulven und Wasseralgen. Diese bilden oben auf dem Wasser einen grauen Schleim, dauern nur kurz, höchstens ein Jahr, vermehren sich stark, sterben alsdann, sinken zu Boden und bilden die erste Moderlage. Zu gleicher Zeit mit ihnen oder später siedeln sich verschiedene andere Pflanzen an, die aber vom Wasser zu rasch aufgelöst werden, als daß sie Torf bilden könnten; sie helfen den Moder vermehren.

Das frühere Gewässer ist nun bereits ein breiartiger Sumpf geworden. Die jetzt erscheinenden Pflanzen sind torfbildende, und da zeichnet sich denn Sphagnum (Torfmoos) vor allen andern aus.

Dieses Moos ist für die Bildung des Moores von ungemeiner Wichtigkeit, indem es durch seine langen Stengel, durch sein scharenweises, dichtgedrängtes Vorkommen den Moder bald in eine kompaktere Masse umwandelt. Jahr um Jahr wird es im Winter dahingestreckt, um im Frühling auf immer festerem Boden sein Ostern zu feiern. Man findet es aber nur auf den schwammigeren, feuchteren Strecken, sobald es mit Hülfe des gelben Narthecium, des Wollgrases, einiger Riedgräser, der Moosbeere, der Erika und des Porstes einen festen, trocknern Boden erzeugt hat, muß es sein Revier der Haide überlassen. So kommen das Torfmoos und die Haide zugleich auf derselben Oertlichkeit in gleicher Menge vor, eine derselben ist meistens die vorwiegende, vorherrschende, die anderen theilweise oder ganz ausschließend. Beide bezeichnen gewissermaßen zwei verschiedene Vegetationsreiche des Moores, deren jedes außer ihnen noch einige wenige charakteristische Pflanzenarten aufzuweisen hat, wenn auch viele andere beiden gemeinschaftlich sind. Das Gebiet des Torfmooses ist ärmer als das der Haide.

Das Torfmoos bildet mit einigen anderen Sumpfmoosen (Aulacomnion palustre, Polytrichum gracile, Hypnum aduncum, Jungermannia Taylori) eine Moosdecke, in welcher vorzüglich vegetiren: Erica Tetralix, Narthecium ossifragum in ungeheurer Menge, die Droseren, Eriophorum vaginatum, Andromeda polifolia, Carex ampullacea, C. vulgaris, C. limosa und einige andere, die auch der folgenden Formation angehören.

Außer der herrschenden Calluna vulgaris finden wir auf dem Gebiete der Haide eine größere Anzahl Pflanzen, von denen wir hier nur die vorzüglicheren nennen wollen: Vaccinum vitis Idaea, Salix repens, Rhynchospora alba, Scirpus caespitosus, Hydrocotyle vulgaris, Potentilla Tormentilla, Epilobium angustifolium, Calamagrotis Epigeios; C. Haleriona; Aspidium spinulosum, Ledum palustre, Hieracium umbellatum, Parnassia palustris 2c.

Dise Pflanzen haben in Verbindung mit einigen anderen die Sorge für die Bildung der Moore übernommen; wie viele Jahrtausende aber mögen erforderlich gewesen sein, solche gewaltige Lager zu erzeugen, da während eines Menschenlebens kaum eine zwei bis drei Fuß dicke Schicht des allerlockersten Torfgewebes entsteht? Mit Recht darf man daher die Fragmente von Wurzelnfasern, Stämmen oder Zellengruppen als Runen bezeichnen, welche die Geschichte des Torfs für späte Zeiten aufbewahren. Weite, weite Strecken des Hochmoores liegen noch im jungfräulichen Zustande und harren ihrer Dienstbarmachung für die Menschheit entgegen. Hin und wieder findet man auf dem Hochmoor zerstreut liegende Häuser und Hütten, auch wenige Kolonien, die aus einigen oder mehreren zusammengehörenden Häusern bestehen. Wenige der Bewohner kommen auf einen grünen Zweig. Wenn auch die Regierung ihnen den wüsten Boden Anfangs gegen eine sehr mäßige Grundpacht überläßt, so kommen doch gar bald der Abgaben mancherlei, die dem Kolonisten „die Butter vom Brote halten“. Die Familie nimmt zu, die Nahrungssorgen werden drückender; was nur irgend Geldeswerth hat, wird verkauft, um die Abgaben zu entrichten, und um nicht auf die Landstraße gesetzt zu werden. Die Hütte verfällt, der zu bebauende Boden wird vernachlässigt, die halbnackten Kinder werden auf Bettelei ausgeschickt, der Vater arbeitet auf Taglohn, Noth und Mangel grinsen von Neujahr bis Sylvester an seiner Schwelle, bis er endlich einen leichtern Erwerb sich sucht — Raub und Diebstahl. Auf diese Weise haben wir hier ein ganzes Heer Verbrecher erzogen, die unter andern Umständen ein Segen des Landes hätten werden können.

Im Jahre 1765 erließ Friedrich II. von Preußen ein sog. Urbarmachungs-Edikt, kraft dessen die Moräste, deren Eigenthum Niemand nachweisen konnte, dem Domanium angehören sollten, so jedoch, daß den angrenzenden Heerdbesitzern je vier Moordiemat zugewiesen werde. Früher hatte jeder Eigenthümer eines Heerdes den angrenzenden Morast als sein Eigenthum betrachtet, und zwar so weit in der Breite, als sein Land daran stieß, so weit in der Länge, bis er von einem gegenüberwohnenden Heerdbesitzer abgeschnitten wurde. Ein langer Streit zwischen Fürst und Volk führte zu keinem Resultat.

Es wurde nun der Versuch gemacht, im Moore Kolonien

anzulegen. Dieser gelang, aber wie? Jeder sich Anbauende erhielt 100 Ruthen Moor oder Haidefeld unentgeldlich, genoß sechs Freijahre, in welchen er von allen landesherrlichen; 15, in denen er von allen provinziellen Abgaben frei war, und bekam, wenn er im Stande war, ein Haus zu 100 bis 150 Thaler zu bauen, ein Viertel dieser Summe als Prämie, außerdem wurde noch Werbe- und Gewissensfreiheit versprochen. Das lockte. Außer wenigen ehrlichen Leuten fand sich eine Menge Gesindels ein, aber nur wenige waren im Stande, sich ein Haus zu bauen und die verheißene Prämie zu erwerben. Elende Hütten von Torf und Rasen, halb in, halb über der Erde, mit einem erbärmlichen Strohdach, kaum einige Schritte in Quadrat, zu schlecht für einen Viehstall, entstiegen dem Boden, in welchem sich die halbnackten Kolonisten behelfen konnten, so lange die Freijahre dauerten. Aber nun kamen die Abgaben, 10 bis 15 Groschen für's Diemat, und nur äußerst Wenige waren im Stande, ihren Verpflichtungen nachzukommen. Was in den Freijahren nicht beschafft wurde, fiel jetzt in's Bereich des Unmöglichen. Man mußte ringen und sich mühen, um nur das tägliche Brot (Kartoffeln und Buchweizen) verdienen zu können; Viele machten es sich bequemer, und verschiedene Moordistrikte wurden mit Recht so verrufen, daß bei Abend oder gar bei Nacht kein Wanderer es wagte, dieselben zu passiren.

Kirche und Schule waren fern; ohne Unterricht, das schlechte Beispiel der Eltern stündlich vor Augen, wuchs die meistens zahlreiche Nachkommenschaft heran und übertraf häufig an Sittenlosigkeit und Verkommenheit die erste Generation. So sind die Kolonien zu Eiterbeulen des Landes, zu ergiebigen Pflanzstätten des Verbrechens geworden. Ein großer Theil der Bevölkerung wurde als Vagabund geboren und starb als Vagabund. Daß übrigens bei ausdauerndem Fleiß dem Boden wohl etwas abzugewinnen ist, zeigen die Buchweizen- und Kornfelder fleißiger Nachbaren; wo aber die Väter in Faulheit und Armuth verkommen sind, da ist von den Kindern in den seltensten Fällen etwas Gutes zu erwarten, unmöglich fast aber ist es dort, wo die ganze Umgebung nur von jenen gebildet wird.

Wenn auch dieses traurige Bild im Laufe der Zeit viel Schatten verloren hat, so ist doch noch so viel zurückgeblieben, daß in einigen Gegenden unseres Moores das eben Gesagte noch Wort für Wort auf die Verhältnisse paßt.

Die fleißigen Kolonisten setzen Alles daran, sich eine Zukunft zu schaffen. Im Frühling und Sommer wird Buchweizen gesäet und Torf gegraben und letzterer das ganze Jahr hindurch von den „Moorhahnen", wie der Städter diese Leute scherzweise nennt, auf kleinen mit Ochsen oder gar mit einem erbärmlichen Pferde bespannten Wagen in die nächste Stadt zum Verkauf gefahren. Männer und Weiber und Kinder flechten in den Mußestunden Strohmatten oder binden Besen von Haide, mit welchen sie ebenfalls zur Stadt kommen, oder Alle sitzen um das helllodernde Torffeuer, um grobe Strümpfe zu stricken: theils für den eigenen Bedarf, theils und vorzüglich für den Verkauf. Schon bei Anbruch des Tages sieht man sie in der oft drei bis vier Stunden entfernten Stadt mit Besen und Matten von Thür zu Thür hausiren, aber dieser Erwerbszweig wird in vielen Fällen wiederum nur als Mittel zum Zweck, zum Betteln, gebraucht. Denn nicht selten gewahrt man, daß sie die kleinen Kinder, die entweder auf dem Rücken oder in der Schürze mitgeschleppt werden, vor dem Thore entkleiden, um durch deren halbadamitischen Zustand die Barmherzigkeit und das Mitleid wachzurufen.

Vor ungefähr 150 Jahren lieferte die Oberfläche des Moores, außer unbedeutendem Material zu Besen, gar nichts. Um's Jahr 1707 kam ein Prediger, Anton Bolenius, der längere Zeit in der holländischen Provinz Groningen gestanden hatte, nach einem Dorfe Ostfrieslands. Auf seiner holländischen Stelle hatte er sich mit der Kultur des Buchweizens auf dem unkultivirt daliegenden Moore bekannt gemacht. Er ließ jetzt von dort einen Mann nach seinem Dorfe kommen, damit dieser seinen Pfarrkindern Unterricht in der Kultur jener Frucht ertheile: wie man die Oberfläche des Moores im Herbst umhackt und im nächsten Frühling brennt, um alsdann Buchweizen säen zu können. Die Kunde dieses neuen Erwerbzweiges verbreitete sich bald in der ganzen Umgegend, und von Nah' und Fern eilte man herbei, dieses Verfahren kennen zu lernen, so daß nach wenigen Jahren schon in verschiedenen Gegenden der Buchweizenbau eingeführt war. Dadurch wurde in diesen Gegenden eine förmliche Umwälzung herbeigeführt. Starre, düstre Haide verwandelte sich in blühende Buchweizenäcker, an denen sich der Blick des Wanderers ergößte, und deren reicher Ertrag die Mühe des Kolonisten reichlich belohnte; einzelne Häuser und ganze Kolonien belebten bald die menschenleere Oede, die früher nur von einem einzelnen Schäfer mit seiner Heerde oder von den Torfgräbern unterbrochen wurde. Die Geschichte bewahrt die Namen derer auf, welche sich durch Morden und Sengen unsterblich gemacht haben, aber die Namen der Wohlthäter der Menschheit, die durch stilleres Verdienst glänzen, sind dem Gedächtniß bald entschwunden. Darum ist es Pflicht, die noch bekannten von Zeit zu Zeit der Mit- und Nachwelt in's Gedächtniß zu rufen, und wir stimmen dem Biographen unseres Bolenius vollkommen bei, wenn er den Ostfriesen zuruft: „Segnet das Andenken dieses Mannes, meine Landsleute!"

Als diese Benutzungsart der Moore allgemeiner bekannt wurde, ward ihre weitere Einführung und Ausbreitung auf den ausgedehnten herrschaftlichen Mooren durch die Fürsten Ostfrieslands selbst unterstützt und von der Regierung auf alle Weise befördert. Aber auch an Anfeindungen fehlte es nicht. Besonders klagten die fürstlichen Jagdbeamten über die Beschädigungen und den Verfall der Wildbahnen; man erließ Edikte gegen das unbefugte, willkürliche und ganz ordnungslose Brennen des Moores, aber ohne Erfolg. Der unter mancherlei Gestalt auftretende Geist der Zeit schritt auch über die Moore, vor ihm entfloh das niedere Wild, der feiste Hirsch, er verscheuchte auch zugleich die letzte und einzige Poesie der ostfriesischen Moore zum allergrößten Theile. Denn die jetzige Oede ist weit von aller Poesie entfernt.

Man brennt Hochmoor und Leegmoor, kultivirt aber hauptsächlich letzteres, da eine Bebauung des Hochmoores überaus kostspielig ist. Dafür liefert es allerdings dann auch einen ausgezeichneten Ackerboden.

Die obere Decke, nur Pflanzendecke, ist ganz humoser Natur, aber wasserdurchzogen, sauer und locker. Wenn ein solcher Boden Frucht bringen soll, muß er mit Sand, Lehm und Kalk vermengt werden, wodurch er alle Hauptbestandtheile eines fruchtbaren Bodens erhält. Aber unsere Hochmoore haben eine von 4 bis über 20 Fuß mächtige Torfschicht, unter welcher erst der Sand, meist auch der Lehm, bisweilen selbst der kalkhaltige Boden stehen; diese Kulturmittel aus dem Untergrunde auf das Hochmoor zu schaffen, ist bei solcher Mächtigkeit, wenn auch möglich, doch im Allgemeinen zu kostspielig, sie mußten also von anderen Orten herbeigeschafft werden. Aber auch diese Methode würde viel zu viel Geld kosten und ist deshalb für unanwendbar zu erklären.

Zum Buchweizenbau wählt der Kolonist gern einen etwas abhängenden Boden oder doch einen solchen, auf dem die Abwässerung nicht zu große Schwierigkeiten bereitet.

Ein solches Feld wird im vorhergehenden Jahre vermittelst gerader, parallel laufender Gruben, die etwa 2 Fuß tief und eben so breit sind, in 15 bis 20 Fuß breite Aecker gelegt. Die aus diesen Gruben gewonnene Torferde wird auf die zu bearbeitenden Aecker geworfen. Die Oberfläche derselben, die aus Moosen, sogenannten sauren Gräsern und Haide besteht, wird mittelst eines „Hauers“ umgerissen, wodurch dieselbe in lauter ungleichmäßige Stücke verwandelt wird, die etwa ½ Fuß Länge und Breite und ¾ Fuß Dicke haben und wegen ihrer durcheinander gewürfelten Lage dem Froste Thor und Thür öffnen, da dieser die Fruchtbarkeit in nicht geringem Maße befördert. So bleibt der zerstückelte Boden bis zum nächsten Frühling liegen; alsdann werden die Gruben nachgesehen und nöthigenfalls verbessert, die Aecker gehackt, damit das Austrocknen leichter von statten gehe und die größeren Stücke in kleine Haufen gebracht, die, einige Schritte von einander entfernt, eine Reihe bilden. Auch dies hat den Zweck, das Trocknen zu befördern. So liegt nun das Feld bis zum Monat Mai; alsdann, wenn keine Nachtfröste mehr zu fürchten sind, beginnt man mit dem Brennen des Buchweizenfeldes. Man bringt das Feuer zuerst in die kleinen Haufen, weil diese am trockensten sind, und sobald diese halb durchgebrannt, wirft man die brennenden Stücke gegen den Wind hin überall auf den Acker, wodurch dann auch die noch am Boden liegenden Klöße entzündet werden. Denn hierauf eben beruht das Gelingen der Arbeit. Die Erhitzung des Bodens ist der eigentliche befruchtende Faktor; durch das Brennen muß dem Boden die die Vegetation hindernde Säure entzogen werden. Die Asche allein würde nur wenig nützen.

Mitten in diesem Feuer, in diesem „höllischen“ Rauch steht der „Moorker“ in starken Holzschuhen und wirft mit einer langgestielten, alten, durchlöcherten Pfannkuchenpfanne die brennenden Stücke dahin, wo es noth thut, lockert das Ganze von Zeit zu Zeit auf und wirft die glimmenden Klöße stets gegen den Wind. Zugleich aber sorgt er auch dafür, daß der Boden nirgends in Flammen geräth, sondern nur gelinde brennt und schmaucht; darum hat er ja auch so viele Stücke am Boden liegen lassen, die weil nicht vollständig trocken, nicht flammen können, wie er nicht weniger dafür Sorge zu tragen hat, daß das Feuer das ihm bestimmte Revier nicht verlasse und auf den angrenzenden Haidefeldern oder auf kultivirtem Lande einen Prairiebrand im Kleinen erzeuge. Es dauert gewöhnlich 24 bis 36 Stunden, ehe ein Stück Land ausgebrannt ist.

Nachdem der Brand gelöscht ist, beeilt man sich, die Frucht hineinzusäen, und damit der Same bedeckt werde, ohne daß die Asche verwehe, fährt man leise mit einem Dorn darüber hinweg, wenn nicht der Regen dies Geschäft übernimmt, der meistens nach beendigtem Brande niederfällt. Auf diese Weise säet man nicht nur Buchweizen, sondern auch Roggen, Hafer &c. Das kann erfahrungsgemäß mit gutem Erfolge sechs Jahre hintereinander geschehen, dann aber bedarf das Moor einer zwanzigjährigen Ruhe, um seine obere Decke zu regeneriren. Wird das Brennen länger, als im Allgemeinen etwa sechs Jahre fortgesetzt, so werden zwar noch einige immer dürftiger werdende Ernten erzielt, die Reproduktionskraft des Moores zur Wiederherstellung seiner obern Pflanzendecke wird aber so unverhältnißmäßig geschwächt, daß das Moor, wie man bei uns sagt, „todt“ gebrannt wird, und todt ist es dann für 30 Jahre und länger.

Im September wird der Buchweizen mit der Sense oder der Sichel abgeschnitten, oder, wenn er so niedrig geblieben ist, daß solches nicht ohne Verlust der Körner geschehen kann, mit der Hand ausgezogen. Die Garben werden meistens dort gedroschen, wo die Frucht gewachsen ist. Dieses geschieht auf Segeln oder Betttüchern. Wer aber auf seinem Buchweizenlande eine kompakte Stelle hat, der macht zum Dreschen hier eine kleine Tenne, wozu nichts weiter erforderlich ist, als diese Stelle zu ebnen, zu reinigen und etwas Buchweizenspreu hineinzudreschen. Die zu dreschenden Garben setzt man aufgerichtet dicht nebeneinander, so daß man von oben auf die leicht abspringenden Körner einschlägt.

Ein Buchweizenfeld mit seiner hübschen, schneeweißen Blüte mitten im schwarzen, düstern Moor erscheint wie eine Oase in der Wüste, aber auch für den „Moorker“ ist die Frucht derselben von großer Wichtigkeit; ohne sie wäre das Moor unfruchtbar und öde, eine unbewohnbare Wüste. Geschieht es leider nicht selten, da der Buchweizen zu den weichlichsten Getreidearten gehört, daß der Boden wegen häufigen Regens nicht zur rechten Zeit gebrannt werden kann, oder daß die Nachtfröste die Pflanze gleich nach ihrem Aufwachsen tödten, dann ist unter den Moorbewohnern Mangel und Noth gar sehr daheim. Denn wenn wir unser Vaterland auch nicht mit Irland oder einzelnen Theilen Oberschlesiens in eine Reihe stellen wollen und können, so ist doch das Fehlschlagen der Buchweizenernte hier so wenig ohne Folgen, wie dort der Kartoffelmißwachs. Der Buchweizen muß die eine Hälfte der täglichen Nahrung liefern, auf einen guten Ertrag borgen Krämer und Bäcker schon lange vorher ihre Waaren; ein Uebriges ist bestimmt, die wenigen Thaler Zinsen zu erlangen, die man vielleicht für das Kapitälchen, welches zur Verbesserung des Hauses, zur Anschaffung einer Kuh rc. diente, zu zahlen hat.

Ist der Himmel dem „Moorker“ gnädig, dann darf er eine zwanzig-, dreizig-, ja oft vierzigfältige Ernte erwarten.

Für uns Städter und für die Bewohner der westlichen

Gegenden hat die Kultur des Buchweizens eine starke Schattenseite. Wenn alle Welt sich des lieblichen Mai's freut und jubelnd seine sonnigen Tage genießt, dann geschieht es gar nicht selten, daß sich unser blauer Himmel mit einem graugelben Nebel überzieht, daß die Sonne wie eine blutrothe Kugel erscheint und endlich, wenn jener Nebel sich verdichtet, ganz unsichtbar wird. Alle Gegenstände, die uns umgeben, sind gelblich. Das kann doch kein Nebel sein, denn ein solcher verändert ja die Farbe der Gegenstände nicht. Was ist denn das? Ist's ein aufgelöstes Gewitter, ist's ein mit Schwefeldämpfen geschwängerter Nebel, ist's zersetzte Kohlensäure, sind es „Lufttröpfchen", die das Licht anders brechen, als die umgebende Luft, ist's der von Nordamerika herübergewehte Rauch eines Prairiebrandes, sind es abgefallene Kometenschwänze? Allerdings hat eine Reihe von Gelehrten die genannte Erscheinung für alles das, was wir so eben aufzählten, gehalten, und unser „Moorker", der vielleicht hin und wieder durch Pastor und Lehrer davon Kunde erhielt, lachte laut auf und fragte jedenfalls mit großem Recht: Und solche Leute nennen sich Naturforscher? Ist denn ein solcher Naturforscher ein Mensch mit unvollkommenen Sinnesorganen? Unseres Bedünkens hält es doch so schwer nicht, Rauch von Nebel zu unterscheiden, und jede gesunde Nase wird bald finden, daß Rauch, nur Rauch, ächt kräftiger, ostfriesischer Rauch die Luft erfüllt und die Sonne zum Zürnen gebracht hat.

Es giebt bei uns zu Lande ein Sprichwort: Liebe Kinder haben viele Namen. Jener Rauch wird Höhenrauch, Haarrauch, Heerrauch, Sonnenrauch, Haiderauch (französisch **brouillard sec**, englisch **dry fog**, holländisch **veenrook, heirook, zeerook**) genannt, wonach es ihm also an Liebenswürdigkeit nicht fehlt. Wir nennen ihn Moorrauch, und dieser Name bezeichnet ihn auch am richtigsten.

Nach Prestel in Emden, der sich wiederholt mit Untersuchungen über den Moorrauch beschäftigt hat, beträgt die Fläche Moor, welche jährlich in und um Ostfriesland gebrannt wird, 30- bis 40,000 Morgen, und wenn man bedenkt, daß nach dem Brennen die Oberfläche mit einer Aschlage von etwa 1½ Centimeter bedeckt ist, so kann man sich ungefähr eine Vorstellung von der Rauchmasse machen, die auf diese Weise erzeugt wird. Prestel berechnete, daß die Höhe der Rauchmasse über dem Bourtanger Moor, welches 25 Quadratmeilen groß ist, während des Brennens 9- bis 10,000 Fuß betrug. Die ganze zwischenliegende Luftschicht war also mit dichtem Rauch angefüllt.

Es versteht sich von selbst, daß es nur vom Winde abhängt, nach welcher Richtung sich der Rauch verbreiten soll. Da das Brennen nur bei anhaltend trockner Witterung vor sich gehen kann, solche aber gewöhnlich mit einem östlichen oder nordöstlichen Winde vereint ist, so erreicht unser Rauch in erster Stelle das benachbarte Holland, um sich mit dem dort gebornen Bruder zur Weiterreise zu verbinden, falls nicht die Windströmung dieses engverbundene Paar aufhält oder gar wieder in die Heimat des ersteren zurücktreibt.

Im Jahre 1857 begann man bei einem ziemlich starken nordöstlichen Winde hier am 6. Mai mit dem Brennen. Schon am folgenden Tage zeigte sich der Moorrauch in Utrecht, etwas später, als der Wind etwas östlicher geworden war, schweifte derselbe über Leeuwaarden nach dem Helder und besuchte bis zum 15. das Meer. Nun wurde der Wind nordwestlich, der Moorrauch kam vom Meere zurück und erreichte am 16. wieder Utrecht und etwas später auch Nimwegen. Am 16. und an den folgenden Tagen sah man ihn auch in Hannover, Münster, Köln, Bonn, Frankfurt; am 17. war er schon nach Wien vorgedrungen, erreichte am 18. Dresden und am 19. Krakau.

Nicht selten führt der Wind den Moorrauch über See nach England, seltener gewahrt man ihn in der Schweiz, wo er mehrfach zu Schaffhausen, Zürich, Basel und Genf wahrgenommen wurde. Wahrscheinlich ist dies seine äußerste südliche Grenze, da ihm vielleicht die Alpen ein „Bis hieher und nicht weiter!" zurufen. Man hat übrigens wiederholt dem Moorrauch den Vorwurf gemacht, er führe durch Verunreinigung der Atmosphäre ein Heer schädlicher Folgen nach sich, und hat daran die Forderung geknüpft, das Moorbrennen gesetzlich zu verbieten.

Es wird behauptet, daß der Moorrauch einen nachtheiligen Einfluß auf die Witterung übe. Es scheint soviel ziemlich sicher zu sein, daß durch die aufsteigende Hitze eine vermehrte Luftströmung herbeigeführt und Wind geboren wird.

Er soll der Gesundheit nachtheilig sein. Nun wir Alle kennen die Moorker und schlucken alljährlich einige Tage Moorrauch, ohne indeß davon nachtheilige Folgen zu verspüren. In den eigentlichen Moorgegenden giebt es verhältnißmäßig weniger Kranke und Schwächlinge, als in sonstigen Landstrichen und die Behauptung, daß dort Augenleiden und Blindheit häufig vorkommen, ist vollends aus der Luft gegriffen.

Unsere Obstgärtner beschuldigen den Moorrauch, daß er die Haarfliege (Bibio marci L.) mit sich führe, welche ihnen die Aepfelblüten zerstöre. Dies ist ein doppelter Irrthum. Erstens wird die genannte Fliege nicht vom Moorrauch erzeugt oder mitgeführt, sondern die Larven dieses Insektes leben unter der Erde und ihre Metamorphose findet Ende April oder Anfang Mai statt, ungefähr zu der Zeit, wenn die Moore gebrannt werden; der Unkundige meint deshalb, der Moorrauch sei Schuld an ihrem Dasein. Zweitens aber zerfrißt keineswegs die Moorfliege die jungen Apfelblüten; dies thut der Apfelblütenstecher (Anthonomus pomarium L.), und ist also dieser vor die Schranken des Gerichts zu fordern.

Im Jahre 1826 berichtete die Regierung zu Trier an den König, „daß der Moorrauch auf den Weinbau einen entschieden nachtheiligeren Einfluß habe, als irgend eine ungünstige Witterung!“ In keinem Jahre wurde das Rheinthal stärker vom Moorrauch heimgesucht, als 1858; dennoch fiel die Weinlese in jeglicher Beziehung so günstig aus, wie irgend je zuvor.

Trotz alledem ist und bleibt der Moorrauch unangenehm, höchst unangenehm. Aber — ist denn die durch Rauch anderer Art verpestete Luft, wie man sie in großen Fabrikstädten, in England, im Wupperthal ꝛc. findet, weniger unangenehm? Wem aber würde es einfallen, deshalb auf ein Verbot dieser Werkstätten menschlichen Fleißes zu dringen.

Das Moor aber ist die Fabrik des Moorbrenners und sein Schlot ist unbegrenzt. Er aber sendet nur wenige Wochen lang den Rauch in alle Welt, während oft auf kleinem Raum eine endlose Masse Fabrikschlöte Tag für Tag die Luft verpesten.

Ohne Moorrauch kann der Moorbewohner nicht existiren, deshalb würde es gewiß auch keinem Ostfriesen einfallen, ein Verbot des Brennens zu befürworten, weil ein solches Tausende von fleißigen Menschen an den Bettelstab oder über's Meer jagen würde. Und das wäre doch bedeutend schlimmer als etliche Tage Moorrauch.

Als unparteiischer Vertheidiger des arg verleumdeten Moorrauchs haben wir nun noch die Frage aufzuwerfen: Kann unser Klient unter Umständen auch nützlich werden? eine Frage, die auf den ersten Blick ungereimt erscheint. Daß im Frühling so viel Pflanzen verunglücken, verschulden zum großen Theile die Nachtfröste. Diese entstehen durch die Ausstrahlung der Wärme aus dem Boden bei heller, unbewölkter Luft. Ein Thermometer, welches im Grase liegt, steht sieben bis acht Grad höher, als ein in der Luft hängendes. Wells befestigte ein Thermometer auf eine horizontale Planke, die sich zwei Fuß über der Erdoberfläche befand, ein zweites an die Unterseite derselben. Jenes stand 5° niedriger als dieses. Er bedeckte bei einigen Zoll Höhe die Erde mit einem Battisttaschentuche und fand bei hellem Himmel das Gras unter dem Tuche 6° wärmer, als in der nicht bedeckten Umgegend. Dies Alles beweist hinreichend, daß die Erde oder die darauf wachsenden Pflanzen nur bedeckt zu sein brauchen, um den Nachtfrösten nicht anheim zu fallen. Was ein dünnes Taschentuch vermag, das vermögen auch die Wolken, und wo diese fehlen, künstlich erzeugter Rauchnebel, der sich über den Boden und die darauf wachsenden Pflanzen als eine schützende Decke ausbreitet.

Es wäre also der Versuch zu machen, in der Zeit der Nachtfröste durch Raucherzeugung diesen Feind vom Buchweizen abzuhalten, ein Versuch, der um so leichter gemacht werden kann, da Brennmaterial im Ueberfluß vorhanden ist.

Als die Spanier Mexiko erobert hatten, fanden sie bei

den Eingeborenen die Gewohnheit, zur Abwehr der Nachtfröste trockenes Stroh oder Misthaufen zu verbrennen. Die Spanier glaubten, dieses durch eifriges Beten ersetzen zu können. „Aber das Gebet ohne Rauch“ — sagt ein spanischer Schriftsteller — „half nichts mehr!“ —

Doch kehren wir wieder in die ostfriesischen Moore zurück.

Die Leegmoore (abgegrabenes Moor) werden im Ganzen seltener und auch nicht so lange gebrannt, als die Hochmoore, sondern bald meist nach der Enttorfung kultivirt. Der neue Boden ist bei gehöriger Entwässerung und Düngung der allerdankbarste, selbst da, wo der Untergrund aus weißem Sande besteht; mehr noch natürlich da, wo man mit Mergel vermengten oder lehmigen Boden unter dem Torfe findet. Unter den beiden Arten von Sand, weißem und rothem (eisenhaltigem), giebt man dem rothen als Kulturgrund den Vorzug. — Der Kolonist, der sich hier niederläßt, hat meistens nichts, als seine gesunden Hände und den festen Vorsatz, sich durch Fleiß und Ausdauer einen Herd zu gründen.

Ein Haus ist bald gebaut: einige Pfähle werden in die Erde gerammt, die Wände von Torf und „Plaggen“ (Stücken des obern Moorbodens) aufgebaut, das Stroh zum Dach schenkt vielleicht der frühere Brotherr, einige auf einer Versteigerung erstandenen Fenster bringen Licht in's Haus, wenige zusammengeschlagene Planken vertreten die Stelle der Hausthür. Schloß und Riegel sind Luxusartikel. Mann und Frau haben noch einige ersparte Thaler aus dem letzten Dienstjahre. Für diese werden Tisch und Stuhl, ein Bett und das allernothwendigste Arbeitszeug gekauft. Mißräth nur in den ersten Jahren die Buchweizenernte nicht ganz, liefert das bescheidene Gärtchen nur nicht zu viele kranke Kartoffeln, kann der Mann sogar noch etliche Tage in der Woche als Tagelöhner bei seiner frühern Herrschaft arbeiten, dann ändert sich sein Zustand von Jahr zu Jahr zum Bessern. Das Haus wird verbessert und durch Stall und Tenne vergrößert, und ist man erst so glücklich, bei der Hinterthür einen nicht zu kleinen und zu magern Düngerhaufen zu erblicken, dann ist der Mann einer selbstständigen und gesicherten Existenz schon um mehrere Schritte näher gerückt.

Denn Dünger ist vor allen Dingen erforderlich, das Moor in Kultur zu setzen. Wer selbst noch kein Vieh anzuschaffen im Stande ist, sammelt mit Bienenfleiß jedes Stückchen Dünger und vermischt es mit „Plaggen“, Stroh und allem häuslichen Abfalle.

Hier kennt man kein frohes, gemeinschaftliches Spiel der Jugend, keine Poesie des kindlichen Alters, keine Träume und Phantastereien der Jugendjahre, denn hier wird nur das Kind für die harte Schule des Lebens geboren, um in derselben Ausdauer, Umsicht, Sparsamkeit, stille Zufriedenheit und einen gewissen Stolz zu erwerben. 20 bis 30 Jahre vergehen oft, bevor der Kolonist Rosen zu brechen hoffen darf. Sein Haus ist seine Welt. Was da draußen geschieht, ihn kümmert's so wenig, wie die dort sich um ihn kehren. Freud und Leid genießt er mit den Seinen. Oeffentliche Feste und Lustbarkeiten hat er nicht, kann er nicht haben, ja er kennt sie kaum; der nächste Nachbar wohnt zu fern, um regelmäßigen Verkehr mit ihm zu haben, das nächste Dorf ist vielleicht Stunden weit entfernt. Auch fehlt's ihm an Zeit, den Vergnügungen nachzugehen. Arbeiten, essen, schlafen — das ist seine Tagesordnung von Sonntag bis Sonntag, diesen Tag mit einbegriffen. Lektüre verirrt sich nicht hierher; will man lesen, so hat man an Bibel, Gesangbuch, Katechismus und an den sonstigen Schulbüchern der Kinder genug. Der Geselligkeitstrieb wird immer mehr getödtet; das ganze Dichten und Trachten geht nur auf Erwerb hinaus.

Trotz seiner scheinbaren Poesie ist doch das Leben auf dem Moore ein Dasein voll bitterer Prosa, voll Arbeit und Entsagung.

Der Maibaum.

Upstallsboom! Bei diesem Namen schlägt noch heute jedem Ostfriesen das Herz hoch und laut, denn er erinnert an eine schöne Vergangenheit. Hier kamen in der Pfingstwoche eines jeden Jahres die Abgeordneten des ganzen Landes zusammen, unter Gottes blauem Himmel, beschattet von gewaltigen Eichen das Wohl des Vaterlandes zu berathen. Die Ankommenden begrüßten sich mit echt deutschem Handschlag und mit den Worten: Eala fria Fresena (Willkommen freier Friese!). Dann ließen sie sich im Schatten der ehrwürdigen Eichen auf die Rasenbänke nieder, einer der Priester trat in ihre Mitte und sandte ein Gebet für des Vaterlandes Wohl zum Himmel empor. Darauf begannen sie Angesichts einer großen Zuhörerschar ihre Berathungen über Krieg und Frieden, über öffentliche Wohlfahrt und innere Ruhe, sowie über Streitigkeiten der Eingesessenen.

Wann die erste Versammlung beim Upstallsboom (unweit Aurich) abgehalten wurde, ist nicht bekannt, aber schon 1237 werden sie von einem Abte uralt und greis genannt. Die letzte Zusammenkunft fand dort 1327 statt. Noch im Jahre 1600 war eine der gewaltigen Eichen zu sehen. Jetzt erhebt sich dort eine aus Felssteinen aufgebaute und weiß angetünchte Pyramide, ein Denkmal für die bei Waterloo gefallenen Söhne des Vaterlandes. —

Wenn dort beim Upstallsboom die ernsten Väter des Landes tagten, dann pflanzte jede Gemeinde am Tage vor Pfingsten sich ihren Maibaum auf. Hoch über alle Bäume und Gebäude des Orts erhob derselbe sein kühnes Haupt, um anzuzeigen, daß der Friese seine Freiheit über Alles setze und ihm nichts höher gehe als dieses Kleinod. Und um anzuzeigen, daß die Freiheit zum Glück und zur Würde erhebe, das Menschliche im Menschen wecke und fördere, streckte der Maibaum seine riesigen Arme nach Osten und Westen aus und war nach beiden Seiten hin mit Kronen und Kränzen reichlich geschmückt. Ueberhaupt liebte es der Friese, seine so ängstlich gehütete, so tapfer vertheidigte Freiheit unter dem Bilde eines belaubten Baumes darzustellen, und seine Ehrfurcht vor derselben, sowie seine stete Bereitwilligkeit, sie gegen jeden Angriff bis zum letzten Blutstropfen zu vertheidigen, versinnlichte ein geharnischter Mann, der im Schatten dieses Baumes mit entblößtem Schwerte in der Rechten und mit einem Spieße in der Linken als Wache stand. Alle Berathungen, die der Körperschaften sowohl wie jene der Gemeinden, wurden unter einem Baume abgehalten, denn im Schatten des Baumes fühlte sich der Friese im Schatten seiner Freiheit. Einst — so erzählt eine unserer wenigen Sagen, die noch jetzt im Munde des Volkes fortleben — wurde der Kaiser von den Türken hart bedrängt und rief deshalb seine getreuen Friesen zur Hülfe herbei. Mit bedeutender Macht eilten sie gegen den „Erbfeind der Christenheit“. Angesichts der Türken machten sie in einem Tannenwäldchen Halt, und die Heerführer geboten, daß jeder Krieger sich einen jungen Baum abhauen und denselben als Schutzwaffe gegen die feindlichen Pfeile vor sich hertragen solle. So geschah es, und die Friesen zogen in dichten Reihen dem Feinde entgegen. Der Schatten aber, welchen diese abgeschlagenen Bäume warfen, erinnerte sie lebendig an ihre Freiheit daheim, steigerte ihren Muth zur Begeisterung, und ein furchtbares Kriegsgeschrei, das durch die Lüfte schallte, machte ihrem vollen Busen Luft. Im feindlichen Lager war man schon vom Heranrücken der furchtbaren Friesen unterrichtet. Jetzt ging es wie ein Lauffeuer von Gezelt zu Gezelt: „Die Friesen sind da, und ihr gewaltiger Gott geht in Gestalt eines grünen Waldes vor ihnen her!“ Diese Nachricht brachte Schrecken und Verwirrung unter das feindliche Heer, bald lösten sich alle Bande der Ordnung und jeder suchte in wilder, verzweifelter Flucht seine Rettung. —

Kein Wunder, daß der Friese die Träger des grünen Laubes doppelt liebte. So lange der Maibaum seine schirmenden und segnenden Arme über einen Ort oder ein Haus ausbreitete, war dort nur Frieden zu finden. Jedes Schwert ruhte in der Scheide, aller Hader hatte ein Ende, aller Zwist, auch der heftigste, war beigelegt und durfte bei schwerer Ahndung nicht erneuert werden, so lange das Palladium aufgerichtet dastand. Friedlich ging der Feind neben dem Feinde einher, und die Abgeordneten zum Upstallsboom waren überall sicher, befanden sich überall im Angesicht des Symbols ihres heiligsten Guts und wurden beständig an die hohe Aufgabe ihrer Sendung erinnert, die ja keinen geringern Zweck hatte, als die Freiheit zu erhalten und auszubreiten.

So war es, aber so ist es nicht mehr. Die Friesen als solche haben aufgehört zu sein; die Eichen am Upstallsboom sind verschwunden, und statt dort tagen jetzt die Deputirten des Landes am 10. Mai eines jeden Jahres auf dem Provinzial-Landtage zu Aurich.

Von den alten Sitten und Gebräuchen unserer Väter hat sich nur noch in einigen Gegenden unseres Landes Dies und Jenes aus längst entschwundenen Zeiten erhalten. In dem „aufgeklärten“ Krummhörn ist der Maibaum theils ganz verschwunden, theils wird er nur noch bei besonderen Gelegenheiten aufgerichtet. Wenn im Laufe des Jahres das Dorf einen neuen Geistlichen oder Lehrer erhalten hat, oder wenn ein neuer Bauer in's Dorf gezogen ist, dann steht ganz bestimmt an dem erstfolgenden Pfingstmorgen ein geschmückter Maibaum vor seiner Thür, und für solche Ehre muß er mit einem oder einigen Goldstücken sich dankbar erzeigen; dieses Geld wird dann vom „Jungvolk“ gemeinschaftlich verjubelt. Wenn Derartiges sich im Dorfe nicht begeben hat, wird auch kein Maibaum aufgerichtet.

Hier ist also das Symbol der Freiheit bereits zum Götzen des Egoismus herabgesunken und hat seine eigentliche Stellung im Volksleben längst verloren.

Ein echtes Fest der jugendlichen Bevölkerung ist das Aufpflanzen des Maibaumes noch auf unserer größten und schönsten Nordseeinsel, auf dem Badeeiland Borkum.

Kaum ist am Abend vor dem Pfingstfeste die Sonne untergegangen, so kennt Jeder seine freudige Pflicht. Die ganze unverheirathete männliche Bevölkerung, soweit solche nicht mehr die Kinderschuhe trägt, beeifert sich, nach Kräften beim Aufrichten und Schmücken des Maibaums behülflich zu sein. Das Holz dazu nimmt man weg, wo man es findet, und Mancher, der noch am Abend Balken und Latten vor seiner Thür liegen hatte, kann diese am andern Morgen hoch oben am Maibaum prangen sehen. Das nimmt indessen Niemand übel, denn so hat man's ja immer getrieben, und wenn man auch noch die Planken und Latten von den Garteneinfriedigungen losreißt und in die Lüfte schickt, so erzeugt das doch kein einziges saures Gesicht, da man ja bestimmt weiß, daß kein Stück des Eigenthums verloren geht, sondern am Tage nach dem Feste getreulich zurückgeliefert wird.

Das Aufrichten des Maibaums ist also hier Sache der erwachsenen Jugend, Kinder werden nicht dabei geduldet; ihnen gehört erst der Baum, wenn er ganz fertig dasteht. Darum ist denn auch am Pfingstmorgen Alles frühzeitig auf den Beinen, denn Jeder ist neugierig, das Werk der Nacht zu schauen, zu mustern und zu bewundern.

Der Maibaum steht hier stets auf demselben Platz in der Mitte des Dorfs, ist mit Blumen und frischem Grün geschmückt und trägt oben einen mächtigen Fliederstrauch. Während der Feiertage umtanzt die heitere Kinderschar den Baum und singt dabei einige Strophen, die aber so verballhornisirt sind, daß weder Sinn noch Verstand darin zu sein scheint. In der Nacht zwischen dem Pfingstmontage und Dienstage wird der Baum wieder abgebrochen, und alsdann jedes geliehene Stück getreulich zurückgeliefert. Das Erbauen und Abbrechen geht mit manchem Vergnügen gepaart; die erwachsene und heranwachsende Jugend sehnt sich deshalb schon lange vorher nach dem Maibaum. —

Im Sinne der Väter findet die Feier des Maibaums nur noch in Harlingerland statt. Dort baut vor den Pfingsttagen nicht nur jede Gemeinde, sondern fast jedes einzelne Gehöft einen Maibaum. In diesen Tagen wäre es mehr als bittere Armuth, keinen solchen Schmuck im Dorfe oder beim Hause zu haben. Auch hier errichtet man denselben vor dem ersten Feiertage und schmückt ihn mit Blumen und jungem Grün. Während die Jünglinge den Baum zimmern und binden, machen die Jungfrauen Kränze und Gewinde in großer Zahl. Eine solche Nacht ist für die Betheiligten so schön, wie fast keine zweite, und wenn auch der „liebe" Branntwein eine dabei keineswegs untergeordnete Rolle spielt, so giebt es doch auch edlere Vergnügungen, und Mann und Frau erinnern sich noch lange der unschuldigen Freuden, die sie als Bräutigam und Braut alljährlich beim Bauen und Schmücken des Maibaumes genossen.

Sobald derselbe aufgestellt und nach allen Seiten wohl befestigt ist, wird er bewacht, und diese Wache bleibt da, bis er wiederum abgetragen wird. Denn mit den benachbarten Söhnen und Knechten ist kein sichrer Bund zu flechten und das Unglück schreitet schnell. Denn das gehört zu den größten Freuden, aus der Nachbarschaft einen Maibaum zu rauben und denselben als Siegestrophäe neben den ihrigen hinzustellen. Stundenlang liegen sie, Wegelagerern gleich, auf der Lauer, um in einem unbewachten Augenblicke, wenn die Hüter vielleicht beim Glase sitzen, oder eingenickt sind, oder am Fenster ihres Mädchens ihre erste Pflicht vergessen, die befestigenden Taue abzuschneiden, den Maibaum auszugraben und ihn dann im Galopp mit lautem Hurrah in's eigene Dorf zu bringen.

Werden sie aber vor vollbrachter Arbeit von den zurückkehrenden oder erwachten Wächtern überrascht, dann entsteht ein wüthender Kampf, es gilt ja der Ehre des Dorfes. Manches blaue Auge, zuweilen auch nicht unbedeutende Wunden werden aus dem Kampfe mit heimgenommen, und meistens müssen die Stürmenden ihr Heil in wilder Flucht suchen, verhöhnt und beschimpft von den Bewohnern des Dorfs. Gelingt aber der Raub, so ist des Jubels an der einen, des Aergers an der andern Seite kein Ende, denn mit dem Maibaum hat das Dorf seine Ehre, sein Palladium verloren und ist dem Hohn und Schimpf der ganzen Umgegend anheimgefallen. Darum singt man auch beim Aufstellen des Baumes und wenn die liebe Jugend denselben später umtanzt:

Maiboom, Maiboom, holl di fast,
Mörgen koomt de frömde Gast,
De willt uns de Maiboom nehmen;
Dann mößt wi uns doch wat schämen.

Am nächstfolgenden Sonntag wird der geraubte Baum,

welcher bis dahin auf's Schärfste bewacht wurde, da die ursprünglichen Eigenthümer weder List noch Gewalt scheuen, wieder in Besitz desselben zu gelangen, in Begleitung der ganzen männlichen Bevölkerung seinen Eigenthümern zurückgebracht, wofür diese jene in gebührender Weise traktiren. Die ganze Umgegend ist alsdann auf den Beinen, um der Auslieferung des Gefangenen beizuwohnen und an dem damit verbundenen Gelage Theil zu nehmen.

Wie sehr man sich vor der Schande und dem Hohn fürchtet, sich seinen Maibaum wegholen zu lassen, zeigt folgendes Beispiel recht deutlich. Ein in einem isolirt stehenden Hause wohnender Bauer hatte mit seinen beiden erwachsenen Söhnen sich ebenfalls einen Maibaum vor der Hausthür aufgepflanzt. Da man aber von gewisser Seite aus Neckerei gedroht hatte, den Baum wegholen zu wollen, leitete der Bauer die denselben befestigenden Taue durch Löcher im Dache und in der Mauer in die Wohnstube, damit man sofort ein Attentat bemerken könne; die Söhne aber hielten mit geladenem Gewehre Wache und wurden dabei von einem in der Umgegend sehr gefürchteten, riesigen Hunde unterstützt. Und doch wurden alle vom Schlafe übermannt und der Maibaum stand am nächsten Morgen in einem naheliegenden Dorfe auf dem Kreuzwege.

Der Morgenstern.

Zwischen Weihnachten und dem Fest der heiligen drei Könige ziehen im nördlichen Theile Ostfrieslands arme Kinder, seltener erwachsene Leute, mit einem hölzernen Sterne von Haus zu Haus. Derselbe ist mit Goldpapier beklebt und kann mittelst eines einfachen Mechanismus in Bewegung gesetzt werden. Beim Drehen dieses Sternes, der den Stern, durch den die Weisen von dem Morgenlande nach Bethlehem geführt wurden, versinnlichen soll, wird folgendes Lied gesungen:

Hier komen wi heer mit unseren Steeren;
Wie söken dat Kindlein van wiet un van feeren.

Wi quammen wol vör Herodes sien Dör;
Herodes, de König, quam süllvenst dervör.

Herodes, de sprack der mit falsken Hart:
Wo is denn van Dreen de jüngste so swart?

„Dat he der so swart is, is uns wol bekannt;
Dat kummt, dat wi reisen ut Mohrenland.“

De Steern stunn still und röhr sück neet mehr:
Doch was der een Teken van Gott den Heer.

(Der Stern steht einen Augenblick still.)

Nu tinkel man wieder, du goldene Steern,
Wi sind ja kien Rieders, wi lopen so geern.

O Steern, du mußt der neet stille stahn;
Du mußt der mit uns na Bethlehem gahn.

Na Bethlehem, dat is 'ne heel moje Stadt;
De Stadt, war Maria mit hör Kindelein satt.

Wo kleen is dat Kindje, wo groot is de Gott,
De Himmel un Erde geschapen het.

Nu langt uns arme Lüden een halv Mengel*) Beer,
Wi sünd nu so dörstig un hebben nix mehr.

Un is der gien Beer, so liggt hier noch Münt,
Ook geeft uns en Metwurst, de jeder uns günnt.

(Folgt die Verabreichung der Gabe.)

---

*) ½ Kanne.

Wi wünsken de Bur een goldenen Wagen;
Dann word hum't neet stur, in de Himmel to jagen.

Wi wünsken de Burintje een goldene Kron'
Un tokamen Fröjahr een heel dicken Sohn.

Wi wünsken de Grootknecht een heel breeden Hoot,
Un tokamen Sömmer de Maid to sien Brut.

Dat will wi jo schrieven up'n Dreeliljenblatt,
Un darmit ga wi wieder up een ander Patt.

V.

Die Inseln.

Borkum.

Zwischen den beiden Ausflüssen der Ems oder zwischen der holländischen Insel Rottum und unserer Insel Juist liegt die größte und fruchtbarste unserer Inseln, die Badeinsel Borkum. Dieselbe ist in zwei Theile getheilt: in Ost- und Westland; auf diesem liegt das Dorf mit Kirche, Leuchtthurm 2c. Die Insel hat nach der neuesten Zählung etwa 500 Einwohner und 700 Stück Vieh.

An drei Seiten von Dünen umgeben und nur im Osten offen, ist sie hier im steten Zunehmen begriffen, während sie an der entgegengesetzten Seite von Jahr zu Jahr abnimmt. An jener Seite stimmt ihr Boden ganz mit der Marsch des Festlandes überein; der wesentliche Theil der Insel besteht aber aus Sand, welcher durch die Wogen und Strömungen angespült wurde. Aus Sand besteht auch der alte Urboden der Insel; dazwischen liegen regelmäßige dickere und dünnere Dargschichten, mehr oder weniger mächtige Thonlager und das Ganze wird meistentheils wieder von Flugsand bedeckt. Auf dem Westland wie auf dem Ostland befinden sich mehrere hunderte Morgen guten Marschbodens.

Das Klima ist wegen der Nähe des Meeres feucht aber mild und oft rasch abwechselnd. An heißen Sommertagen wird die Luft durch den plötzlich entstehenden dicken grauen Nebel (hier „Mist“ genannt) oft eiskalt, so daß man recht gern einen Griff in die Wintergarderobe thut. Gewitter ziehen häufig an der Insel vorbei und umkreisen dieselbe, entladen sich aber äußerst selten über ihr. Das Meer ist ja ein so ausgezeichneter Leiter der Elektrizität, daß ein Einschlagen am Lande zu den allergrößten Unwahrscheinlichkeiten gehört. Der Winter ist ziemlich strenge und wegen des Treibeises die Verbindung mit dem Festlande eine Zeit lang unterbrochen. Der Frühling tritt ziemlich spät ein. Im Sommer sind Seewinde vorherrschend, daher ist es selten drückend heiß, sondern meistens nur mäßig warm. Windstille Tage sind selten, die Luft ist also stets reiner, als auf dem Festlande.

Kein Wunder, daß die Leute hier meistens alt werden, denn die Seewinde bringen nicht nur größere Reinheit, sondern auch größere Feuchtigkeit (wissenschaftliche Untersuchungen haben ergeben, daß an einem und demselben Tage die Luft hier um ⅓ reicher an Wassertheilen war, als in Berlin) und führen zu gleicher Zeit Kochsalz mit sich.

Herrschende Krankheiten kennt unser Insulaner nicht, Greise und Greisinnen sind nicht selten; sie bleiben meistens rüstig bis in's höchste Alter hinein und häufig sieht man von ihnen noch die schwersten Arbeiten mit leichter Mühe verrichten. Die Sterblichkeit ist nicht groß, durchschnittlich stirbt jährlich 1 bis 1½ %, gewiß ein sehr günstiges Mortalitätsverhältniß. —

Die jetzige Insel ist ein trauriges Bild gefallener Größe. Es ist ihr ergangen, wie vielen großen Reichen, die, von Jahrhundert zu Jahrhundert ohnmächtiger und nichtiger werdend, nur noch durch ihren Namen an ihre vormalige Macht und Bedeutung erinnern. Was aber dort ruhmsüchtige Eroberer oder die Trägheit und andere Untugenden der Einwohner verschuldeten, das verdankt Borkum einzig und allein seinem immer kampfgerüsteten und kampflustigen Nachbarn — dem Meere.

Wenn wir einen Blick auf die Karte werfen, so zeigt sich uns von dem Dorfe de Helder an der Nordspitze

Holland's bis nach Jütland nur eine vom Meere zerrissene Fläche früheren festen Landes. Plinius zählte hier zu seiner Zeit noch 23 Inseln; jetzt ist nur kaum noch die Hälfte da, die noch täglich einen ohnmächtigen Kampf um ihre Existenz durchkämpfen. Wangeroog, diese einst so freundliche Badeinsel Oldenburg's, ist wenig mehr als eine Sandbank; bald wird sie ganz verschwunden sein. Das ist das Schicksal aller unsrer Inseln: einem Abend voller Schrecken wird einst kein Morgen mehr folgen.

Den Römern, die von allen deutschen Flüssen die Ems am häufigsten besuchten, war Borkum wohlbekannt; Plinius schildert sie als sehr groß, als die größte aller Nordseeinseln. Er nennt sie Fabaria, auch Burchana; bei Strabo heißt sie Burchanis. Daß sie nicht schwach bevölkert war, geht daraus hervor, daß ihre Bewohner sich der Landung eines Römerheeres unter Drusus mit bewaffneter Hand widersetzen konnten. Damals hatte die Insel aller Wahrscheinlichkeit nach eine Größe von 20 Quadrat-Meilen. Ueber die Auflösung dieses Landstriches ist nicht die geringste Kunde auf die Nachwelt gekommen. Später wurde Borkum in vier Theile zerrissen; zwei davon sind längst untergegangen, wie lange wird die Sonne noch die beiden vorhandenen bescheinen?

Das erste, was schon in weiter Ferne dem Besuchenden die Insel andeutet, ist der im Jahre 1576 von der Stadt Emden erbaute Leuchtthurm. Früher ohne Leuchtapparat, erhielt er später ein Reverberenlicht und später ein katadioptrisches Licht nach Fresnel'schem System. Dasselbe steht 139½ Fuß über dem gewöhnlichen täglichen Hochwasserstande des Meeres und zeigt bei klarer Luft ein 20 bis 24 Seemeilen weit sichtbares, festes, weißes Licht. Von Sonnenuntergang an bis Sonnenaufgang erhellt es die Ems und einen Theil der Nordsee und der aus See kommende Schiffer wird es als ersten Gruß des Vaterlandes gewiß mit dankbarem Herzen erblicken. Unmittelbar am Thurme steht das bescheidene Gotteshaus. —

Die meisten Häuser des Dorfes sind einfache, einstöckige Gebäude mit aufstehendem friesischem Giebel und vereinigen unter Einem Dache Wohnung, Stall und Scheune. Das Vorderhaus besteht aus dem geräumigen „Vorhaus“, aus der mit Steinen gepflasterten Sommerküche, der gedielten Winterküche, dem Milchkeller und der Piesel.*) Letztere ist eine mit kleinen, bunten, viereckigen Steinen belegte Stube, welche früher nie bewohnt wurde und in welche man nur die Todten bis zur Beerdigung hineinsetzte. Man wohnte lieber auf den Kuhställen, als in der Piesel. In derselben herrschte stets eine eigenthümliche Luft, denn selten wurden hier die Fenster geöffnet und auch die Läden derselben blieben fast immer verschlossen. Die besten Sachen wurden dort aufbewahrt und mancher Geizhals soll früher unter den Steinen derselben seine Schätze begraben haben. Wenn man hineinging, zog man die Schuhe aus und trat leise auf, Kinder kamen selten dahin. Seitdem Borkum aber in die Reihe der Bäder getreten ist, verschwinden die Piesel immer mehr.

In der Winterküche befindet sich ein mächtiger Feuerherd, dessen Rückseite aus weißen oder bunten „Esters“ (Estrichen) besteht. In demselben hängt Kette, Zange und Aschenschaufel, alles blank gescheuert und wie Silber glänzend. An der andern Seite der Küche sind ein oder zwei Betten angebracht; diese befinden sich wie die Schiffskojen in der Wand und sind meistens so hoch, daß man nur vermittelst einer davorstehenden, häufig kunstvoll geschnitzten, grell gefärbten und theilweise vergoldeten Bank hineinsteigen kann.

Im Hinterhause findet man die in hohem Grade reinlich gehaltenen Kuhställe; die Sauberkeit ist immer um so leichter zu erzielen, da das Vieh in den Sommernächten draußen beim Hause eingepfercht und angebunden wird, und den Raum für's Heu. Wenigstens eine Kuh und einige Schafe hat fast jede Familie.

Im Frühling wird alles Vieh auf die Wiese getrieben, später aber hinter den Deich auf die Außenweide, da man

*) Auf den nordfriesischen Inseln heißt der ansehnliche Vorraum vor dem eigentlichen Wohnzimmer „Piesele“. Hier vergnügt sich das junge Volk mit Tanz, was es „pieselen“ nennt.

des Heues für den Winter bedarf; sobald dieses und das Korn ꝛc. in's Haus gebracht ist, kommt das Vieh, bis es aufgestallt wird, wieder in's „Land". Der Kuhmist wird von den ärmeren Leuten an Ort und Stelle getrocknet und als Feuerungsmaterial unter dem Namen „Schoolden" in's Haus geschafft.

Bei allen Häusern befindet sich ein größerer oder kleinerer Garten, in welchem Gemüse allerlei Art, Kartoffeln und auch Korn gebaut wird. Obstbäume trifft man nur wenige, denn theils werden ihre Blüten in ungeschützten Gärten ein Raub gewisser verheerender Seewinde, die oft in einem Sturm alles Laub schwarz färben, theils glaubt die halberwachsene Jugend, daß das siebente Gebot auf das reifende Obst keine Anwendung finde. Sonstige Bäume, als Weiden, Erlen, Linden, Pappeln, Eschen ꝛc. kommen gut fort. —

Unsere Insulaner sind echte wahre Friesen: ein hartes, rauhes, tüchtiges Geschlecht mit schwerem Körper und wettergebräuntem Gesichte. Die Frauen sind groß und schlank und haben meistens scharf markirte Gesichtszüge. Auch in ihnen steckt ein Geist seltener Unruhe, der sie ewig aus den vier Mauern in's Freie treibt. Unter den Jungfrauen fehlt es nicht an stattlichen Figuren mit hübschen Gesichtern, und da sie nicht, wie die Frauen vieler anderer Inseln, die schweren und schwersten Arbeiten zu verrichten haben, so welkt der Blütenkelch ihrer Anmuth nicht so früh wie dort. Die meisten verheirathen sich frühzeitig und nur in seltenen Fällen mit Festländern. Dem einmal Erwählten bleiben sie treu, so daß Ehebruch und andere Sünden wider die Keuschheit zu den seltensten Ausnahmen gehören, wenn auch die Idee der Sittlichkeit nicht mehr so weit getrieben wird, wie vor Zeiten, da sich keine Wittwe, im Glauben an ewige Liebe und Treue, zum zweiten Male verheirathete. — In den letzten zwanzig Jahren wurden hier nur fünf uneheliche Kinder geboren; gewiß ein äußerst günstiges Verhältniß.

Der Umgang zwischen beiden Geschlechtern ist genau geregelt. Im Winter findet man jeden Sonntag nach

„Melkavend“ in den verschiedenen Häusern Gesellschaften junger Mädchen, die nicht ungern auch Jünglinge daran Theil nehmen lassen. Daran stört sich Niemand, denn dies geht in aller Zucht und Ehrbarkeit von statten; nur darf der Besuch nicht länger als bis zum zwölften Glockenschlage dauern. Weiß man aber, daß ein Jüngling sich heimlich zu einem Mädchen geschlichen hat und bis nach zwölf Uhr bei ihr verweilt, so wird das Haus in Belagerungszustand erklärt. Jede Thür und jedes Fenster wird bewacht, um das Entschlüpfen des Anbeters zu verhindern; ein Parlamentär wird abgesandt, die Uebergabe auf Gnade und Ungnade zu verlangen, aber in den meisten Fällen bleiben Thür und Fenster verschlossen und es erfolgt keine Antwort. Das auf diese Weise blockirte Paar hat nun hinreichend Zeit, sich über seine gegenseitigen Gefühle klar zu werden, denn bevor nicht das Tagesgestirn dem Meere entsteigt, ist Niemand befugt, in das Haus einzudringen, es sei denn, daß die Bewohner desselben freiwillig die Thür öffneten. Dies geschieht aber selten und die Sittenrichter harren bei Gesang und Trank bis zum folgenden Morgen. Kaum ist dieser angebrochen, so wird draußen Ernst gemacht; man verstopft die Schornsteine mit Schnee oder allerlei Unrath, so daß man im Hause vor Rauch umkommen muß; man versucht Fenster zu öffnen und Thüren zu sprengen, und will das Alles nicht gelingen, so nimmt man die Ziegel vom Dach und steigt auf diese Weise in's Haus, aber dann findet man meistens das Mädchen allein. Die nun stattfindende Untersuchung wird so genau und vollkommen vorgenommen, als wenn alle ausgelernte Polizisten wären; das Unterste wird zu oben gekehrt und kein Plätzchen undurchsucht gelassen, bis man endlich den Jüngling aus seinem Verstecke hervorzieht. Ein lautes Hurrahgeschrei verkündet den Fang. Man richtet an den jungen Mann die Frage, ob er mit dem Mädchen verlobt sei? Bejaht er solche, so wünscht man dem Paare Glück, bringt ihnen ein Hoch und verkündet, den jungen Bräutigam in ihrer Mitte mit sich fortziehend, der ganzen Insel das frohe Ereigniß einer neuen Verlobung. Erfolgt indeß auf jene Frage ein „Nein!“, so wird dem Liebhaber ein Tau um den Leib gebunden und er, alles Sträubens ungeachtet, durch das Lynchgesetz verurtheilt, zur Abkühlung drei Mal hin und zurück durch ein dazu bestimmtes Gewässer geschleift zu werden. Gesteht er während der Prozedur seine Verlobung ein, so wird dadurch sein Strafmaß selbstredend abgekürzt. Daß die ganze Bevölkerung diesem tragi-komischen Schauspiele beiwohnt und daß der vielleicht wider Willen zum Bräutigam Gewordene Jahre lang ein Spott seiner Kameraden bleibt, läßt sich denken.

Daß das Meer seine Söhne mit Geistesgegenwart, mit Kühnheit, Entschlossenheit und Tapferkeit ausgerüstet hat, braucht nicht weiter erwähnt zu werden. Wie die Sage erzählt, nahmen einst Borkum's Frauen und Jungfrauen durch List und Gewalt die ganze Besatzung eines sie bedrohenden Korsarenschiffes gefangen. Die ganze männliche Bevölkerung war nämlich auf den Wallfischfang ausgefahren, als einige auf den Dünen auslugende Jungfrauen ein gefürchtetes Seeräuberschiff bei Borkum anhalten sahen. Sämmtliche Weiber legten eiligst Männerkleidung an, bewaffneten sich, schleppten eine alte Schiffskanone an den Strand und erwarteten nun den berüchtigten Korsaren. Kaum war derselbe vor Anker gegangen, als die erste Kugel durch die Luft sauste und ihm den großen Mast über Bord warf, eine zweite schlug in die Planken seines Schiffes ein. Es dauerte nicht lange, da erschien die weiße Flagge am Topp. Man verspricht den Seeräubern das Leben, wenn sie einzeln und ohne Waffen an's Land kommen. Das geschieht und alle werden geknebelt in den Thurm gebracht. Das Piratenschiff wird verbrannt und am folgenden Tage fährt man mit den Gefangenen nach dem Festlande, sie der Justiz zu überliefern. Aber in der Nacht löste der ungefesselt gebliebene Sohn des Anführers die Bande der Gefangenen und alle machten sich davon. Doch kaum entronnen, schlug das Boot um und sie fanden ihren Tod in den Wellen.

Treue, Gastlichkeit und Ehrlichkeit sind hier wohl bekannt und im Winter, wenn man nur unter sich ist, werden des Nachts sehr wenige Hausthüren verschlossen. Diebstahl und Betrug kommt selten vor; zu betteln, unter welchem Vorwande es geschehen möge, gilt für eine Schande. Der Insulaner würde lieber verhungern, als andere um eine Gabe ansprechen. Eigensinn und zähes Festhalten am Alten, Hergebrachten gehören zu seinen Hauptfehlern. Von vornherein ist er gegen jede Neuerung eingenommen und schüttet nicht selten das Kind mit dem Bade aus, wenn einsichtige Freunde ihm eine reiflich überlegte Verbesserung seiner heimischen Zustände vorschlagen. Unter seines Gleichen gern schwatzend, verschließt er sich wortkarg gegen Fremde und betrachtet alles Werben um sein Vertrauen mit Argwohn.

Seine Heimat liebt er über Alles; wenn der Seefahrer im Herbste heimkehren kann, so bleibt er gewiß nicht draußen. Nie versäumt er alsdann, am ersten Sonntage die Kirche zu besuchen und öffentlich ein Dankgebet für sich sprechen zu lassen. Denn der kalte ruhige Insulaner hält fest an dem Glauben seiner Väter, und keiner Macht der Erde würde es gelingen, ihm seinen Gott zu nehmen. Eben so wenig wird aber auch der kranke Pietismus unserer Tage hier seinen Thron aufschlagen können. — Während z. B. Sylt der Sagen und Märchen unzählige hat, ist Borkum daran sehr arm, dagegen fehlt andererseits auch wiederum alle Gespensterfurcht und sonstiger Aberglaube.

Man hat den Insulanern und auch den Borkumern den Vorwurf der Trägheit gemacht, aber dieser ist ein ungerechter.

In's vorige Jahrhundert fällt die goldene Zeit unserer Insel, die damals über 1000 Bewohner zählte, welche im Vergleich zu jetzt in glänzenden Verhältnissen lebten. Denn verschiedene hier ansässige Kapitäne, Kommandeure genannt, wie fast die ganze männliche Bevölkerung, fuhren theils für eigene Rechnung, größtentheils aber auf Amsterdamer und Hamburger Schiffen nach Grönland auf den Wallfischfang und kamen dann gegen den Winter, reich mit Geld und anderen Schätzen beladen, wieder in die Heimat zurück. Aber diese reiche Erwerbsquelle versiechte: die Engländer vernichteten den holländischen Handel, dann kam die französische Zeit und 1806 die Wegnahme der ostfriesischen Schiffe durch die Engländer und endlich, um das Maß zu häufen, die Kontinentalsperre. Damit war alle Gelegenheit zum Verdienste zu Grabe getragen und Viele zogen nach Amsterdam oder Hamburg. In Folge dessen wurden über 100 Häuser abgebrochen. Antike Möbeln, kostbare Schnitzarbeiten, seltenes chinesisches Porzellan und die immer mehr und mehr verschwindenden Wallfischrippen und Kinnladen, die noch hier und da um Gärten und an Thorwegen stehen, erinnern laut an jene Zeit.

Man mußte sich nun bequemen, zu anderer Arbeit zu greifen und es ging. Die Regierung half. In den letzten Jahren des 18. Jahrhunderts schickte der König von Preußen, dem damals schon Ostfriesland gehörte, Spinnräder, Haspeln und Flachs hierher, um den Weibern Gelegenheit zur Beschäftigung und zum Verdienste während der langen Winterabende zu geben und theilte den fleißigsten Spinnerinnen Prämien aus.

Das soll nun dem weiblichen Theil der Bevölkerung nicht sehr gefallen haben. Mädchen und Frauen steckten die Köpfe zusammen und hielten förmliche Berathungen, wie man der aufgedrungenen Neuerung gegenüber sich zu verhalten habe. Und eines Morgens früh vor Tagwerden sah man auf der Insel Thür an Thür sich öffnen und heraus schritten Frauen und Jungfrauen, die geschenkten Spinnräder und Haspeln in der Hand, in feierlichem Zuge. Die Schar bewegte sich in gemessenem Schritt zur Wiese. Dort angekommen, zündete man ein hellloderndes Feuer an und mit dem Ausdruck der größten Verachtung warf jede aus dem Zuge ihre Sachen hinein.

Wäre diese Erzählung wahr, so ließe sich wirklich eine ganz allerliebste Novelle daraus spinnen, aber — sie ist erdichtet.

Es läßt sich übrigens leicht denken, daß sowohl die männliche als die weibliche vom Ueberfluß verwöhnte Bevölkerung nicht sofort die goldene Mittelstraße der Thätigkeit hat finden können. Der unerwartete Schicksalsschlag mag freilich Manchen enttäuscht zu Boden geworfen haben, als aber die Noth ernstlich an den Mann trat, standen alle gerüstet da.

Man legte sich auf Gartenbau und Viehzucht, Fischfang

und Handwerk. Viele blieben bei der früheren Beschäftigung und befuhren als Steuerleute oder Matrosen das Meer. Solche sind noch jetzt gesucht, denn Treue, Biederkeit, praktischer Blick und unermüdliche Thätigkeit sind ihnen keine unbekannten Tugenden.

Auf Helgoland und anderen Inseln überläßt der Mann dem Weibe alle Arbeit des Hauses und des Feldes; auf Borkum aber greift auch der Mann wacker zu und muthet der Frau gewiß nicht die schwersten Beschäftigungen zu, so daß nur Oberflächlichkeit und Bosheit diesen Leuten Trägheit vorwerfen kann.

Ihre Liebe zur Thätigkeit gewahrt man, sobald man nur ein Haus betritt, indem man dort eine Ordnung und Reinlichkeit findet, die wirklich musterhaft genannt zu werden verdient.

Die tägliche Lebensweise weicht wenig von jener der ostfriesischen Küstenbewohner ab, nur daß nicht oft Fleisch, aber desto mehr Fisch auf den Tisch kommt. Ohne Fisch wäre es mit Vielen übel bestellt, Fisch ist dem ärmeren Mann oft Brot und Fleisch, Butter und Käse. Wer zu seinem Schwarzbrot ein Stück Schellfisch, Scholle oder Rochen hat, die im Sommer an der Sonne getrocknet sind, der fühlt sich noch lange nicht beklagenswerth.

Die Kleidung ist möglichst einfach und ohne alles nationale Gepräge. Die eigenthümlichen Kopfbedeckungen früherer Zeit sind ganz, die sog. Ohreisen, ein goldener oder silberner Kopfputz der friesländischen und nordholländischen Frauenzimmer, bis auf den einiger wenigen älteren Frauen verschwunden.

Vielfach hat man behauptet, die Sprache der Insulaner sei die friesische noch; das ist falsch, sie ist ostfriesisch plattdeutsch, stark vermischt mit holländischen Ausdrücken. Im Ganzen ist der Dialekt sehr wohllautend, der Fremde wird die Leute gern darin plaudern hören. Daß hin und wieder einige wenige Worte vorkommen, die man am Festlande nicht hört, hängt mit den Eigenthümlichkeiten des hiesigen Lebens eng zusammen. —

Erst dann, wenn die letzten Badegäste abgezogen sind,

wenn die Schiffe sich in die Winterruhe legen und man auf einige Monate abgeschlossen von der übrigen Welt einzig und allein auf sich selbst angewiesen ist, — erst dann beginnt für unsere Insulaner das behagliche Stillleben wieder. Wer einmal einen Winter auf dieser Insel verlebte, wird stets mit Heimweh daran zurückdenken. Schon der Gedanke, nicht mehr durch Fremde gestört werden zu können, ist ein angenehmer, ähnlich wie wenn man sich's am Abend bequem machen darf und sicher ist, von keinem Besuche mehr belästigt zu werden. Bald stellen sich die rauhen Stürme ein und der Frost thürmt hohe Eiswellen um die Insel; so weit das Auge reicht, nach allen Seiten hin treibendes und stehendes Eis. Flut und Ebbe bringen die Schollen an einander: das ist ein Krachen und Aechzen, ein Streiten und Kämpfen, ein Zerstückeln und ein Aufeinanderschieben!

In dieser Zeit ist der Insulaner sein eigener Herr, im Sommer mehr ein Sklav der Badegäste. Gemeinsame Lustbarkeiten, Tanz und volksfestähnliche Zusammenkünfte kennt er nicht; will er sich belustigen, so geschieht's zwischen den eigenen vier Mauern oder höchstens im Verein mit einigen befreundeten oder verwandten Familien bei einer Tasse Thee, oder wenn's hoch kommt, bei einer Tasse Chokolade und einem Gesellschaftsspiel. Der frühere hübsche Gebrauch, daß am Sonntag Abend nach dem Melken die jungen Burschen und Mädchen in langer Reihe, meist holländische Volkslieder singend, durch's Dorf zogen, ist ganz und gar in Verfall gekommen, wie denn überhaupt der ganze Charakter, die Sitten und Gebräuche seit Aufkommen des Seebades bedeutend an Eigenthümlichkeit eingebüßt haben.

Eine häusliche Feier des Christfestes kennt man hier nicht und recht lange Zeit wird noch vergehen, bevor der Lichterglanz des grünen Tannenbaums Auge und Herz der Borkumer Jugend erfreut. Dagegen werden am St. Nikolaustage (6. Dezember) die Kinder mit Süßigkeiten beschenkt; am Neujahrstage ziehen diese gratulirend von Haus zu Haus, wobei sie mit allerlei Eßwaaren und Näschereien beschenkt werden. Um Ostern suchen sich die Kinder eine reich mit Moos bewachsene Wiese aus und werfen daselbst vermittelst der Schleuder bunte hartgesottene Hühnereier in die Luft; Mädchen thun dies ohne Schleuder.

Am Abend oder vielmehr in der Nacht vor dem Pfinstfeste, jedenfalls nach Sonnenuntergang, wird der Maibaum gebaut.

Im Westen, Süden und Norden ist Borkum von Dünen umgeben. Im Westen sind dieselben am schmalsten, im Süden und Norden von sehr verschiedener Breite. Diese Dünen sind die natürlichen Schutzwehren gegen Wasserfluten und Stürme. Die Düne ist das Kind oder der Urenkel des Meeres. Was aber das Meer gebar, nimmt der Wind behufs der Erziehung an sich. Er ist aber ein schlechter Erzieher, er handelt ohne Grundsätze, ändert unaufhörlich seine Pläne und da kann es nicht anders kommen, als daß sein Zögling, die Düne, zu einem launenhaften, den ewigen Wechsel liebenden Wesen herangebildet wird. Jede geringe Unebenheit des Bodens wird dem vor dem Winde dahinfliegenden Sande zur Mauer, vor der er sich anhäuft, bis windwärts eine sanfte Sandböschung sich gesammelt hat, von deren Gipfel, unter welchem der Kernpunkt bald begraben ist, alsdann der Sand in steiler Böschung seewärts herabrollt. Der Sand klettert, vom Winde geschoben, die sanfte Anhöhe der Düne hinan, um über ihren dabei an Höhe immer etwas zunehmenden und vorwärtsschreitenden Kamm an einer andern Seite herabzurollen. Dies ist die Entstehung der Düne.

Stehende feste Dünen bilden sich nur da, wo sie in Gräsern und Geflecht genügenden Halt finden. Als man ihnen dies abgelauscht hatte, gebrauchte man die den Dünen verliehene Pflanzenwelt als Waffe gegen das ewige Wandern. Verschiedene Gewächse pflanzt man an der Landseite der Dünen sorgfältig an, pflegt sie und giebt dadurch den bereits fertigen Dünenbergen eine Konsistenz, die auch der heftigste Sturm nicht ganz zu brechen vermag. Auf diese Weise bannt man die Dünen in ein gewisses Revier und benimmt ihnen die Fähigkeit, ruhelos umher zu schweifen. Ganz freilich vermag auch diese Vorsichtsmaßregel die Schädlichkeit des Dünensandes nicht zu beseitigen, allein sie dämpft und mäßigt wenigstens seine Verheerungen und schiebt die Verwüstung der benachbarten Gärten und Häuser in ungewisse Ferne hinaus. Vorzugsweise pflanzt man den Sandhafer (Arundo arenaria L), auf Borkum „Helm“ genannt, an; dieser wächst schnell und fängt durch seine oft 20 bis 30 Ellen fortlaufenden Wurzeln den Sand auf, er zwingt ihn dadurch, neue Dünen zu bilden; ferner das Sandhaargras (Elymus arenarius L), den Binsenweizen und andere, die ebenfalls durch ihre vielen Halme, sowie durch ihr Wurzelnetz den aufgewirbelten Sand in Fesseln legen und in ihm ihr Grab finden. Wo man an oder in den Dünen gerade parallel laufende, oft sich auch wieder kreuzende oder rautenförmige Reihen und Flächen dieser Gräser gewahrt, da ist die fleißige, pflanzende Hand des Menschen thätig gewesen.

Viele Dünen sind von oben bis unten mit mannigfachen Pflanzen bewachsen, andere hingegen sind ganz kahl und in Wahrheit nur Sandhügel. Zeigt sich die Dünenkette in etwa stundenweiter Entfernung in bedeutender Vergrößerung als mächtiges kahles Gebirge grünlich angehaucht oder erscheint sie bei voller Sonnenbeleuchtung als weit ausgedehntes Schneefeld, so verliert sich in unmittelbarer Nähe allerdings diese Aehnlichkeit, aber der Charakter grotesker Formation bleibt ihr doch fortwährend.

In den Dünen haust das diesen so sehr nachtheilige wilde Kaninchen (Lepus cuniculus L). Es hat meistens eine röthlich-graue Farbe, gräbt sich ausgedehnte Gänge in den Dünensand und man sieht es häufig vor den Ausgängen spielen und Männchen machen oder den harten Sandhafer benagen. Der Insulaner fängt die Kaninchen mittelst Schlingen von Messingdraht; in früherer Zeit, als ihre Anzahl bedeutender war, gehörte der Fang mit Netzen zu den wenigen Wintervergnügungen. Ein solches Thier, welches zur Fangzeit, Dezember bis Februar, außerordentlich fett ist, wiegt drei bis vier Pfund und liefert mancher Familie die einzige Fleischspeise des ganzen Jahres.

Reicher ist das Volk der Vögel vertreten. Die meisten kommen nur besuchsweise hierher; früher viel zahlreicher als jetzt, da jeder Badegast die Erlaubniß hat, so viele Seevögel zu schießen, als er eben treffen kann. Dadurch werden diese Thiere immer mehr nach der benachbarten holländischen Eier-insel Rottum verscheucht, wo sie ungestört ihren Familien-pflichten nachkommen können.

Adler kommen selten hierher, aber Falken, Habichte und Eulen morden manches arglose Kaninchen. In den von Kaninchen verlassenen Gängen der Dünen nistet die Brand-gansente (Anas tadorna). Sie steht bei den Insulanern in hohem Ansehen und das Wegnehmen ihrer Eier sieht man gewissermaßen als eine Frevelthat an. Man erkennt diese Ente leicht an ihrem eigenthümlichen Ruf, den sie häufig ertönen läßt und der genau wie good day (guten Tag) klingt, weshalb sie auf den nordfriesischen Inseln der „höfliche Vogel" genannt wird.

Von den Sumpf- und Seevögeln nennen wir nur folgende: die rosigelbe, schwarzbraun gefleckte Doppelschnepfe (Numenius arquatus), den Strandläufer (Tringa), den Austernfischer (Haemotopus ostralegus), das Dütchen (Totanus calidris), die Mantelmöve (Larus marinus), die Heringsmöve (L. fuscus), die Lachmöve (L. ridibundus) und die gemeine Raubmöve (Lestris parasitica).

Wie bereits erwähnt, sind nicht alle Dünen kahle oder nur spärlich bewachsene Sandberge, viele sind vielmehr reichlich bewachsen und zwischen denselben findet man manches grüne Thal. Einige derselben haben bedeutende Ausdehnung und überraschen durch ihr grünes Kleid und ihre üppige Vegetation auf's Angenehmste.

Die charakteristische Flora der Dünen aber ist eine armselige. Fast alle Pflanzen, die auf ihnen wachsen, haben mehr oder weniger eine blasse sandige Farbe. Außer den genannten Gräsern, die zur Konservirung der Dünen dienen, tritt hier vielfach die kriechende Weide (Salix repens) sowie die silberfarbige Weide (S. argentea) auf. Nennen wir dann noch Carex arenaria und C. disticha, so haben wir damit den eigentlichen Stamm der Dünenvegetation namhaft gemacht. Je näher eine Düne dem Meere liegt, desto ärmer an Arten sowohl wie an Individuen ist ihre Vegetation, dagegen ist diese an der innern Seite reicher an Arten und schöner an Form und Farben. Von den Dünenpflanzen, einschließlich derer, welche in den grünen Dünenthälern wachsen, nennen wir folgende: **Anthyllis vulneraria, Alisma ranunculoides, Asparagus officinalis, Ammophila arenaria, A. baltica, Blysmus rufus, Comarum palustre, Cakile maritima, Centunculus minimus, Eryngium maritimum, Gentiana Pneumonanthe, Galium Mollugo, Hippophaë rhamnoides, Jasione montana, Listera ovata, Malaxis Loeselii, Orchis latifolia, Pyrola rotundifolia, Platanthera bifolia, Rubus caesius, Radiola milligrana, Sonchus arvensis, Salsola Kali, Sagina procumbens, Thalictrum minus, Viola tricolor.**

Der Strand, die äußerste Umgebung der Insel, ist an und für sich eine höchst öde Gegend. Derselbe besteht aus Sand, der ursprünglich sein Dasein fernen Gebirgen verdankt; es sind weißliche Quarzkörner, die im Laufe der Jahrhunderte von den Wogen eben zu einem runden Sandkorn abgeschliffen wurden. Man denke sich eine abschüssige Fläche Sandboden, die an den Dünen mit feinem Flugsand und tausenden von Muschelschalen bedeckt ist, je näher man aber dem Meere kommt, desto nässer, härter und reiner wird und hier von dem ewigen Wellenschlag in unzähligen Runzeln sich zeigt; der von dem eingedrungenen Wasser eisenfest gemacht ist, aber doch den Stehenbleibenden bis über den Fuß hineinsinken läßt, so ist das (wenn wir noch hinzufügen, daß, wo in dieser Stunde flacher unbespülter Strand ist, in der nächsten das Meer ihn bedeckt) so ungefähr Alles, was der oberflächliche Beobachter vom Strande zu sagen weiß. Für den Aufmerksamen, den Naturfreund, gestaltet sich die Sache allerdings ganz anders. Freilich muß der Binnenländer, der zum ersten Male unsere Insel besucht und in der Heimat von spielenden Seehunden, jagenden Delphinen, prachtvollen Riesenwäldern, herrlichen Tangen und Muscheln geträumt hat, sich's bald eingestehen, daß er sich gründlich geirrt habe. Aber leer läßt ihn der Strand doch keineswegs nach Hause gehen.

Der Strand würde einen seiner größten Reize verlieren, wenn wir das wechselnde Schauspiel von Ebbe und Flut entbehren müßten, welches, obgleich sich täglich wiederholend, dennoch ewig neu und unterhaltend bleibt. Wie überraschend, den festen Sand, auf dem noch vor Kurzem Dein Fuß wandelte, in eine weite Wasserfläche umgewandelt zu sehen; wie angenehm, am Rande der See dem muntern Tanz der vordringenden Wellen zuzusehen, wie eine nach der andern an's Ufer jagt, sich kopfüber stürzt und, das Gestade überschwemmend, uns an einen eiligen Rückzug mahnt!

Es kommt selten vor, daß sich ein Seehund (Phoca vitulina) auf den Strand begiebt, und noch seltener, daß solcher durch einen wohlgezielten Schlag auf die Nase getödtet wird. Die Jagd auf Seehunde wird eben so selten mit Erfolg gekrönt. Gelingt es auch, vom Schiffe aus ein solches Thier zu schießen, so wird man seiner doch nur in den allerseltesten Fällen habhaft, da es nach erhaltenem Schuß sofort die Tiefe sucht und erst im Augenblick des Todes auf kurze Zeit an die Oberfläche kommt. Aber der Seehund begiebt sich an warmen Sommertagen gern auf die Sandbänke, um sich dort zu sonnen, und dann kann der Jäger — wenn er Lust hat, stundenlang mit Seegras bedeckt, ohne sich zu rühren, auf dem Bauche zu liegen — die Ehre haben, einen Seehundsbesuch zu erhalten; aber ob er dieses schlaue und wachsame Thier erlegen wird, das ist eine andere Frage.

Von den niederen Thieren finden wir am Strande vielfach den See-Igel (Echinus esculentus), sehr häufig den gemeinen Seestern (Astera canthion rubens) und Quallen verschiedener Art. Diese Wesen, ganz und gar Gallert- und Schleimmasse, ohne Augen, ohne Glieder, ohne Anfang und Ende, könnte man, wenn sie an der Oberfläche des Wassers sich im Sonnenscheine spiegeln, wobei in der Mitte des glänzenden Ringes oft alle Farben des Regenbogens erscheinen, leicht für Seegewächse halten. Aber es sind Thiere mit entsprechender Organisation, mit Verdauungs-Organen, Nerven-System und, wenn auch unvollkommenen Sinneswerkzeugen. An der untern Seite befindet sich der Mund, um denselben sind die Fangfäden, vermittelst welcher das Thier kleine Wasserinsekten fängt und in den Magen führt. Mehrere Arten haben Nesselorgane zur Vertheidigung und zum Einsaugen der Nahrung. Kommt der Badende mit ihnen in Berührung, so entsteht an den berührten Stellen ein mehr oder weniger arges Brennen und Jucken, welches aber so stark werden kann, daß wir schon Personen gesehen haben, die sich wie rasend im Sande wälzten. Alles dieses klingt um so wunderbarer, wenn man bedenkt, daß die Quallen fast nur aus Wasser bestehen und zu Nichts zerrinnen, wenn ihre Lebenskraft erlischt.

Der Glockenqualle (Thaumanthias hemisphaerica) schreibt man die Eigenschaft des Leuchtens im Meere zu. An schwülen Abenden, besonders wenn am Tage sich ein Gewitter entladen hat, kann man das erhabene Schauspiel des Meerleuchtens beobachten. Sobald dann der abendliche Himmel mit seinen düsteren Wolkenmassen das weite Meer beschattet und die Nähe desselben nur in den Schaumkämmen der dumpfbrausenden Wellen zu erkennen ist, dann merkt man am Strande ein weithin ziehendes Glitzern in den aufspritzenden Wellen, und schlägt man das Wasser mit der Hand oder mit einem Stock, so erglänzt es in grünlich-weißem Lichte. Das Seegras leuchtet, als wenn es mit Diamantsplittern bestäubt wäre, und an der eingetauchten Hand haften strahlende Pünktchen. Diese wunderbare Erscheinung wird von gewissen Seethierchen hervorgebracht, in denen nach Alexander von Humboldt „ein magnetisch-elektrisch lichterzeugender Lebensprozeß“ vor sich geht. In der Nordsee wird das Leuchten hauptsächlich durch die winzige ($^1/_{11}$ bis $^1/_{17}$‴ im Durchmesser) Qualle (Noctiluca miliaris) erzeugt.

Nur in der nächsten Nähe der Dünen finden wir einige Seepflanzen, sonst ist der Strand aller Vegetation bar. Wir nennen Kakile maritima, Helianthus peploides und Triticum junceum. Auf dem Wattgrunde vegetirt die einzige phanerogamische Pflanze der Nordsee, die interessante Zostera nana in großer Menge, auf tiefem Meeresgrund die Zostera marina (gemeines Seegras); sie wird in rundlichen Ballen in großer Menge an den Strand geworfen und von den ärmeren Bewohnern gesammelt, getrocknet, gesäubert und nach dem Festlande verkauft, wo das Seegras bekanntlich zur Verfertigung wohlfeiler Matratzen 2c. verwendet wird. In diesen Seegrasballen finden sich vielfache Fukusarten, wegen ihrer blasenförmigen, luftgefüllten Auftreibungen, die ihnen zum Schwimmen dienen und beim Zertreten mit Geräusch zerplatzen, hier Knappers genannt. Am häufigsten kommen vor: Fucus vesiculosus (gemeiner Blasentang), an dem eine Mittelrippe die Blasen in zwei Reihen trennt; Fucus nodosus, dem die Mittelrippe fehlt und welcher nur eine Reihe oft sehr großer Blasen hat; ohne Blasen ist Fucus serratus, seltener der längere, sehr einfache Fucus lorcus.

Fast nach jedem starken Winde, besonders aber nach Nordweststürmen, kommt am Strande Bernstein vor. Er liegt immer in den von den Wogen gebildeten Streifen kleiner schwarzer Körner, ähnlich dem Torfmull. Diese Körner sind nichts Anderes, als zerbröckeltes, fossiles Holz. Der Bernstein kommt hier in allen möglichen Farben und Formen vor, doch nicht mehr in so großen Stücken wie vor Zeiten. Ueber vier Loth wiegt äußerst selten ein Stück und wenn ein Austernfischer vor mehreren Jahren mit seinem „Bügel“ ein Stück von mehr als einem halben Pfunde vom Meeresgrunde an's Tageslicht förderte, so gehörte das zu den Seltenheiten.

Ob der Grund längs der äußersten Strandlinie Bernstein umfaßt, ob sich solcher im Betten der Nordsee befindet, oder ob er aus der Ostsee in die Nordsee geführt und hier an die Küsten geworfen wird, — das ist noch eine Streitfrage. — —

Borkum ist gleichsam von der Natur zur Badeinsel geschaffen. Hat auch die ziemlich lange Reise dahin für den zur Seekrankheit Geneigten sein Unangenehmes, so ist andererseits diese Tour für den Oberländer, der nie salziges Wasser sah, jedenfalls von größtem Interesse. Dieser weiten Entfernung vom Festlande verdankt Borkum es auch, daß es, ungleich den anderen ostfriesischen Inseln, von reiner Meeresflut bespült wird, die nicht mit allerlei Beimischung des süßen Wassers geschwängert ist. Der Salzgehalt des Nordseewassers am Strande Borkum's ist ganz der des Atlantischen Ozeans.

Besonders reich ist es an animalischen und vegetabilischen Bestandtheilen, wodurch es seine geschmeidige Weichheit und schaumige Beschaffenheit erhält.

Die Lage am Eingange der Nordsee bedingt einen stärkeren Wellenschlag, als auf anderen Nordsee-Inseln, und dieser wird bekanntlich bei gewissen Krankheiten als die Quintessenz des Seebades betrachtet.

Die Luft ist Meeresodem, denn das Festland liegt zu weit entfernt, um das Reine und Frische der See verbannen und verderben zu können. Die Wiese, die Dünen mit ihren großen Thälern und vor allen Dingen der Strand geben Gelegenheit zu angenehmer, unterhaltender Bewegung und mehr als hinreichenden Raum. Ausflüge zur See und Besuche benachbarter Inseln rc. bieten dem Badegaste der angenehmen und belehrenden Zerstreuungen recht viele.

So erscheint Borkum als die von der Natur am meisten bevorzugte ostfriesische Insel, und es kann nicht ausbleiben, daß sie dereinst zu den gesuchtesten Seebädern der ganzen Nordseeküste gehören wird.

Strandbild.

Der Strand ist ein Chamäleon in vollendetster Gestalt. Der Boden, den vor Kurzem Dein Fuß bewandelte, wo Du Muscheln und seltene Seeprodukte suchtest, ist bald darauf ein Theil des großen Weltmeers geworden. Dann belebt er sich in gar kurzer Zeit; denn im Dorf und am Strande wurde die Badeflagge aufgezogen und Mann und Weib, Jüngling und Jungfrau, Kind und Greis kommen belastet und beladen mit Laken und Handtuch, mit Kamm und Magenfutter, in den Wogen des Ozeans den Staub des Festlandes abzuspülen und neue Kraft, neues Leben, neuen Muth heimwärts zu tragen.

Der Weg durch die Dünen ist für alle Stände und Geschlechter einer und derselbe. Aber kaum am Fuß derselben angelangt — da schlägt die Abschiedsstunde; das neumodische Kapitel „Trennung der Geschlechter“ schickt die Damen links, die Herren rechts.

Immer mehr belebt sich der Strand, von allen Seiten speien die Dünen die Freunde und Bedürftigen des Bades aus und des Begrüßens, Erzählens, Unterhaltens wird kein Ende. Der ruft nach der Badekutsche und muß warten, bis die Reihe an ihn kommt, der verlangt sein Badelaken, der noch wassertriefend einen Kognac. Ueberall Leben und Frohsinn, denn in den Seebädern wird man nicht durch die Menge der wandelnden Leichen gestört, wie in den Bädern des Festlandes.

Jener Professor ist ein origineller Kauz. Er badet sich aus freier Faust, benutzt weder Badekutsche noch Zelt; er steckt seinen Ziegenhainer in den Sand und hängt darauf seine gesammte Garderobe. Nur zweierlei ist eng mit ihm verwachsen: Perrücke und Brille. Beide bindet er sich mit Bindfaden um sein gelehrtes Haupt und stürzt sich dann mit wahrer Todesverachtung in die hochgehenden Wogen.

Ein Vater kommt mit seinem hoffnungsvollen Jüngsten auf dem Arm daher geschritten. Der Junge entwickelt eine brillante Kourage; aber als die ersten Wassertropfen ihn benetzen, erhebt er ein markdurchdringendes Geschrei und verlangt nach Hause zur Mutter. Nur wenn der Vater ihn unter's Wasser steckt, schweigt er. Geduld, Kleiner! mit wenigen Tagen wirst Du als eine Wonne das suchen, was Dir heute als abscheuliche Qual erscheint.

Ist das nicht ein Sieger von Königingrätz, der Liebling der Damen, weil Adonis an Leib und Seele? Ja, es hält schwer, in der Umhüllung des Badelakens den Helden des Tanzbodens zu erkennen, um so schwerer, da seine bessere Hälfte im Badezelt zurückgeblieben ist. Brust und Schultern, Hüften und Waden stecken in den Kleidern, denn ein echter Berliner Gestaltenmacher, zu Deutsch Schneider genannt, hat dem Herrgott seine Arbeit korrigirt.

Zähneklappernd geht unser Lieutenant in's Wasser und

retirirt vor jeder heranströmenden Woge; in derselben Situation verläßt er dasselbe, um sich wieder zu gestalten. Am Abend aber bedauert er den geringen Wellenschlag und wünscht sich einen kleinen Sturm herbei, um einmal nach Herzenslust sich in seinem Lieblingselement umhertummeln zu können.

Guten Morgen, Herr Assessor! Wieder jagen? Wie ist Ihnen denn die gestrige Tour bekommen? Gute Beute gemacht? „Famos! Ein Dutzend Bergenten, etliche Silbermöven, fünf Kaninchen und diverses sonstiges Gesindel.“ Ein allgemeines Kichern folgt dem Nimrod, denn jedes Kind weiß es ja, daß er erst gestern, in der Meinung ein Kaninchen auf dem Korn zu haben, ein hinter einer Düne grasendes Pferd durch den Kopf geschossen und mit zehn Louisd'or bezahlt hat.

Herr Postmeister! schreit der Badewärter einer, eine ganz ausgezeichnete Qualle, weit hübscher, als die, die Sie sechs Tage lang lebend im Zimmer hatten. Der Allerwelts-Postmeister ist bald zur Stelle und der sonderbare Meeresbewohner rasch besorgt und aufgehoben.

Und der arme Kandidat, der es über sich ergehen lassen muß, daß er von einem gar zu diensteifrigen Freunde im Badelaken und barhäuptig einem Vorgesetzten vorgestellt wird und vor Kälte zitternd und bebend kaum im Stande ist, dem Hochwürden Rede zu stehen, verdient allgemeines Mitleiden und einen erwärmenden Tropfen.

Nicht immer zeigt der Strand ein so freundliches Angesicht wie heute. Jenes Schifflein säße dann nicht auf dem Trocknen. Vor wenigen Tagen strandete es bei einem heftigen Sturme. Die Menschen sind geborgen, das Fahrzeug ist aber nicht wieder abzubringen und muß hier geschleift werden. So erzählt der Badewärter dem alten Archivrath und er hat recht.

An solchen Tagen ist der Strand verödet, denn die schrecklichen Sandwehen schonen weder Auge noch Ohr und lassen die Sahara ahnen. Nur auf den Dünen, vielleicht sogar auf den Kapen, jenen hölzernen oder eisernen Wahrzeichen für Schiffer, stehen die wackern Insulaner, einer den andern festhaltend, um mit dem Fernrohr den aufwirbelnden

Sand und die aufspritzenden Wogen zu durchdringen, ob auch Noth da draußen, ob auch Hülfe erforderlich sei.

Der Strand ist ein Chamäleon. Heute Sonnenschein und im tiefsten Moll klagende, oder neckende und tändelnde Wellen, bunte Muscheln und durchsichtigen Bernstein, lachende Gesichter und fröhliches Jauchzen; morgen Sturm und brüllende Wogen und rasende Sandwehen, angetriebene Schiffstrümmer und kaum erkaltete Leichen. Heute Lust und Heiterkeit, Freude und Frohsinn; morgen Sorge und Angst, Thränen und Verzweiflung.

Der Fischer.

In einer niedrigen Hütte geboren, unter dem Brausen der Stürme und dem Wüthen der Wogen erzogen, mag unser Fischer mit Recht ein Sohn des Ozeans genannt werden. Er ist ein Amphibium: das Land ist sein Vater, die See seine Mutter. Doch nein! das Land ist sein Stiefvater; es schenkt ihm fast nichts, es haßt ihn, es verstößt ihn; die See ist seine Mutter, seine gute, treusorgende Mutter; das Land ist seine Herberge, die See seine Wohnung; das Land sein Tod, die See sein Leben! Sein Weib und seine Kinder sind die einzigen Bande, die ihn an den Erdklumpen fesseln; ihnen gilt die Thräne, die beim Abschiede über seine gebräunte Wange rollt; ihnen gilt der Freudenschrei, der ihm bei der Heimkehr entschlüpft, wenn er schon von weitem seine Lieben nach ihm ausschauen sieht.

Schon als Knabe kannte er nichts Angenehmeres, als bis an's Knie die Hose zu schürzen und im Schaum zu waten und dann seine Händchen auf die feuchten Mähnen des alten Ozeans zu legen; als Knabe schon begleitete er seinen Vater und gewöhnte sich an das Schaukeln der Wogen; bevor er Jüngling wurde, war ihm dies schon ein Genuß geworden; als Mann ist es ihm mehr als Bedürfniß, es ist ihm das Leben selbst. Ein anderer möge gleich der Auster an der Schale fest wachsen, er liebt das ungebundene Herumschwärmen auf der Unermeßlichkeit; ein anderer liebe den grünen Schatten der Wälder, er den blanken Schaum der Gewässer; ein anderer die dumpfe Stadtmauer und die Aussicht auf die nahen Dörfer, er den „Pflüger des Meeres“ und die Aussicht auf den unabsehbaren Wasserspiegel und die blauen Wolken, so frei, wie er selbst! Schon vor Sonnenaufgang ist er unterwegs, und sobald er sein Schiff erreicht hat, schwellt der Ostwind die schnell aufgehißten Segel. Was kümmert ihn Kälte, Regen oder Hagel! Mit kräftiger Faust regiert er das Steuerruder, das „Oeljepaktje“ (eine mit Oel getränkte Leinwandjacke) hält ihn trocken, der Südwester beschützt sein Haupt, dicke, wollene Handschuhe („Wanten“) halten seine Hände warm und mächtige Seestiefeln wahren Füße und Beine. Und muthig geht's nun hinaus in die offene See; Baken und Tonnen zeigen ihm die Straße. Ist nach mehrstündiger Fahrt das Ziel erreicht, so wird das Netz am Besanmast des Schiffes befestigt und dann hinabgelassen in die Tiefe des Meeres. Kaum sieht sein Auge noch die Insel, wo die Herzen seiner Lieben schlagen; über ihm wölbt sich der Himmel, unter ihm braust das Meer, und der Tod ist nicht weiter von ihm entfernt, als sein Schiff dick ist. Aber sein kundiger Blick weiß den Sturm vom Himmel abzulesen, und wenn es sein muß, einen sichern Ankerplatz zu finden trotz Wogendrang und schäumender Brandung. Segelnd zieht das Schiff das den Boden berührende Netz gegen den Strom, denn also liegen die Fische auf Aesung. Nichts bringt sie wieder aus den Maschen des Netzes, wenn sie sich einmal darin verstrickt haben, als die Hand des Fischers, der von Zeit zu Zeit das Schiff beilegt, um das Netz emporzuwinden und den werthvollen Inhalt in den Bauch des Schiffes zu schütten, wo der durchlöcherte Boden frisches Seewasser einläßt, den Fang bis zum nächsten Verkaufsplatze am

Leben zu erhalten. So erwirbt er sich sein tägliches Brot durch tägliche Entbehrungen, stete Gefahren, ruhelose Arbeit. Aber dieses alles erträgt er gern und findet doppelten Lohn darin, wenn bei seiner Rückkehr seine Lieben ihm den Schaum von den Locken wischen, ihn mit tausend Liebkosungen begrüßen. Nur wenige Tage ruht er bei den Seinen aus. Sein Herz ist nicht für Ruhe geschaffen und baldigst schwimmt er wieder auf seinem geliebten Elemente. Der Fischer ist fromm, einfach, aufrichtig und stets zur Hülfe bereit. Kein Opfer ist ihm zu groß, wenn er seinem Nächsten beistehen oder ihn retten kann. Oft haben sie durch ihren Muth und durch ihre Geistesgegenwart einander auf ihren Schifflein das Leben gerettet, wenn der Orkan es zu vernichten drohte. In einem solchen Falle ist niemand ein unthätiger Zuschauer. Alle helfen, alle Augen blicken empor zu Dem, der Wind und Wellen in seiner Hand hält.

Auch die kurze Ruhe des Fischers wird oft gestört; sein starker Arm ist häufig die letzte Hoffnung eines strandenden Schiffes.

Denken wir uns eine solche Nacht! Es schallt ein Nothschuß durch das schweigende, schlummernd daniederliegende Dorf; der Fischer ist erwacht, wie durch ein Zauberwort ist sein Schlaf verbannt. Inmitten des Sturmgeheuls und des Brausens des Meeres hört er den Schrei nach Rettung. Von nun an denkt er nicht mehr an sich selbst: die unglückliche Mannschaft des Fahrzeugs dem Verderben zu entreißen, ist sein einziger Gedanke, sein einziger Wunsch. Rasch wirft er sich in sein zerbrechliches Boot und durchschneidet die kochende Brandung. Auf jeder Woge rollt der Tod, in jedem Sturm klingt die Stimme der Vernichtung, von allen Seiten grinzt in dem offenen, brüllenden Abgrund ihm das Grab entgegen; aber nichts ist im Stande seinen Muth zu dämpfen, seine Menschenliebe abzukühlen. Nicht selten wird er dann das Opfer seiner edlen Selbstverleugnung, aber meistens sieht er doch seine Bestrebungen mit einem günstigen Erfolg belohnt, und wer wagt es, die reine Freude zu malen, die dann sein Herz durchzieht? Auch er ist ein „braver Mann“, nur hat sich für ihn noch kein Bürger gefunden.

Sein Weib ist seiner werth. Sie hilft ihm bei allen Vorbereitungen zur Reise auf das Getreulichste, sie besorgt allein alle Arbeiten des Hauses und Feldes, auch wenn er daheim ist. Die Tage der Ruhe sollen in der That Sabbathtage für ihn sein. Mag der Festländer diese Muße Trägheit und Müßiggang nennen, sie weiß es besser. Mit ergebener Freudigkeit sieht sie ihn einige Tage später wiederum scheiden und giebt ihm mit nassen Augen ihren Erstgeborenen mit. —

Ein Orkan wüthet! Der Blitz schwingt unaufhaltsam seine blaue Fackel über die schwarzen Wogen. Der Donner rollt gegen den Wind mit stoßenden Schlägen, als ob seine Stimme jedesmal durch den Sturm unterdrückt werden solle. Während dieses Streites der Elemente kocht und schäumt die See, wie ein siedender Kessel auf unterirdischem Feuer und spritzt ihren Gischt bis an die Hütte des Fischers. In dieser ist ein Schauspiel der Verwirrung und der Angst. Die sechs Kinder, die zu Hause geblieben sind, laufen halbnackt weinend durcheinander. Die ältesten beobachten bebend die Luft und stieren dann wieder auf die See, um beim Leuchten des Blitzes etwas unterscheiden zu können. Die jüngeren suchen Schutz bei der Mutter und schreien nach dem Vater. Durch dieses alles hin ertönen die Nothschüsse eines gestrandeten Schiffes und das Geschrei der Fischer, welche damit beschäftigt sind, das Rettungsboot in See zu bringen. Das Weib des Fischers scheint den Sturm, der da draußen wüthet, nicht zu bemerken; sie hat nur Augen für die Unruhe, die in der Hütte herrscht. Mit wahrer Selbstverleugnung sucht sie ihre ältern Kinder zu beruhigen, das jüngste zu stillen. Endlich ist es ihr gelungen. Aber wohin begiebt sie sich jetzt? Was will sie in jenem Winkel? Sie betet! Mit stiller Ruhe auf dem Antlitz kommt sie zurück. Sie wirft einen schüchternen Blick auf das empörte Element, wendet ihn aber sofort himmelwärts und beginnt singend ihren jüngsten Liebling in Schlaf zu wiegen.

Der folgende Morgen! Das Schreckliche ist geschehen. Ihres Mannes Schiff liegt gekentert am Strande. Nur der Sohn hat sich gerettet. Aber dieser muß je eher je lieber wieder hinaus auf das feindliche Element, welches ihren Mann verschlungen hat. Und doch haßt sie nicht das Leben. Der Dichter würde ihr das Verlangen in den Mund legen, bei ihrem Gatten im Schoße der blauen Wellen zu ruhen. Aber daran denkt sie nicht. Was andere der Unthätigkeit zuführen würde, spannt und reizt ihre Thätigkeit. Wäre es möglich, so ginge sie selbst mit an Bord. Da sie dies aber nicht kann, so muß ihr Aeltester die Stelle des Vaters vertreten. Sie wird ihm ihren Zweiten zur Hülfe mitgeben. Haben sie ein gleiches Schicksal — des Herrn Wille geschehe!

Es ist ein tapferes Geschlecht, das des Fischers!

Die Schillwäsche.

Die zweischaligen Konchylien werden hier und im benachbarten Jeverlande Schille, Nünen, Kapkes oder Küpkes genannt. Sie werden in ungeheurer Menge an der deutschen, holländischen und belgischen Küste gesammelt und zum Kalkbrennen benutzt.

Beim Sammeln dieser Konchylien oder beim „Schillen" verfährt man folgendermaßen:

Zur Ebbezeit werden solche Stellen im Watt aufgesucht, wo der sandige Schlamm bedeutend mit Konchylien vermischt ist. Diese Stellen werden mit einer Bake bezeichnet, welche so tief in den weichen Boden gesteckt wird, daß die wiederkehrende Flut sie nicht auszureißen vermag. Mit Eintritt derselben fahren die Schiffer nach der von ihnen bezeichneten Stelle und legen daselbst vor Anker. Mit der beginnenden

Ebbe fängt nun die Arbeit an. Die dabei gebräuchlichen Instrumente sind äußerst einfach und ihrer sind nur wenige: die Schillgabel und die Wasche. Erstere ist einen Fuß lang und anderthalb Fuß breit; sie hat fünf einen Finger breit von einander abstehende Zinken, von welcher jede zwei Finger breit ist. Sie ist mit einem hölzernen Stiele versehen. — Die Wasche ist ein länglich viereckiger, unten sich etwas verengender Kasten oder Korb, etwa anderthalb Fuß hoch, oben 4′ lang und 2′ breit. Ihre beiden Seiten bestehen aus dünnen, unten durch zwei Querriegel mit einander verbundenen Brettern; ihre schmalern Endseiten aber bestehen, sowie ihr Boden, aus fingerdicken, parallel neben einander liegenden Weidenruthen, zwischen denen einen Finger breite Räume übrig bleiben. Damit man sich bei der Arbeit nicht zu sehr zu bücken brauche, ist sie an jeder Ecke mit einem schräg in die Höhe laufenden Handgriff versehen. So viel Personen auf einem Schiff fahren, so viel Waschen führt es auch, gewöhnlich zwei bis drei. Bei jeder Wasche wird ein Knabe oder eine Frau zum Gehülfen angenommen. Der mit Muscheln angefüllte Sand wird nun vermittelst der Schillgabel in die Wasche geworfen; diese wird dann im Wasser hin und hergestoßen, bis man die Muscheln von allem Sande befreit zu haben glaubt. Darum können die Konchylien auch nur an solchen Stellen gegraben werden, wo das Wasser noch nicht völlig abgelaufen ist. Ist eine Wasche nach und nach mit gereinigter Schille angefüllt, so trägt sie der Schiffer mit seinem Gehülfen nach dem Schiffe und stürzt sie in den Bauch desselben. Eine volle Wasche enthält ungefähr eine halbe Tonne; in einer Ty, oder in der Zeit zweier Fluten, können 7—20 Tonnen gegraben und gereinigt werden. Die größere oder geringere Menge wird bedingt durch das Vorhandensein der Schille, sowie durch das schnellere oder langsamere Eintreten der Flut. Diese Arbeit wird so lange fortgesetzt, bis das Schiff seine volle Ladung hat; gewöhnlich sind 20—25 Tyen oder 10—13 Tage erforderlich, um ein Schiff von 20 Last zu füllen. Diese Schillwäscherei erfordert einen kraftvollen, abgehärteten Körper; denn daß diese Arbeit, bei welcher man immer tief im

Wasser stehen muß, nicht zu den gesunden gehört, unterliegt keinem Zweifel.

Sobald das Schiff gefüllt ist, wird der Anker gelichtet, die Waare zu verwerthen. Man verkauft sie entweder in Emden, Leer ꝛc. oder bringt sie nach Oldenburg, Bremen; besonders aber nach Untersee an der Elbe, wo dieselbe gut bezahlt wird. Trotzdem beschäftigen sich die Insulaner nur dann mit der Schillwäscherei, wenn auf keine andere Weise etwas zu verdienen ist, da Arbeit und Lohn in einem bedeutenden Mißverhältniß stehen.

Die häufigste und gemeinste Muschel unsers Watts ist die eßbare Herzmuschel (Cardium edule). Außerdem finden sich noch die eßbare Mießmuschel (Mytilus edulis), der Sandkriecher (Mya arenaria), die abgestumpfte Klaffmuschel (Mya truncata) u. a. m.

Man schichtet diese Konchylien mit leichtem Torf in eigends dazu erbauten Oefen, die einem Kohlenmeiler gleichen, und brennt sie in freier Luft zu Muschelkalk.

Norderneí und der Schellfischfang.

Bereits seit Ende vorigen Jahrhunderts ist Norderney die älteste Seebadeanstalt der Nordseeküste, eine Wallfahrtsstätte Derer gewesen, die theils Stärkung und Heilung in den Fluten der Nordsee, theils Abwechselung und Zerstreuung fern vom täglichen Einerlei suchten. Vielfache Vorzüge vor andern Bädern: Nähe des Festlandes, komfortable Einrichtungen, Telegraphen-Verbindung, je nach den Ansprüchen die verschiedensten Preise, bequemes Bad rc., haben dasselbe in kurzer Zeit zu einer ganz besondern Blüte gebracht.

Die nahe Insel macht auf den Ankommenden einen angenehmen Eindruck. Niedliche Gebäude, geschmückt mit den Farben aller Nationen, umgeben vom grünsten Buschwerk, aus welchem sich die Hauptgebäude: Konversationshaus und Logirhaus, majestätisch erheben, sagen dem Reisenden, daß er hier mehr als eine Sandbank, daß er hier eine Oase in der Wüste des Meeres findet. Der neue Kurgast wird mit Musik begrüßt, und findet in den etwa 300 Gebäuden, die ungefähr 1400 Bewohner zählen, bald eine angenehme Wohnung. Das Konversationshaus bietet den Mittelpunkt alles sozialen Lebens und kann man dort zu verschiedenen Zeiten am table d'hôte speisen oder sich von dort seine Magenbedürfnisse holen lassen. — Bälle, Konzerte, Soireen, Leihbibliothek, die verschiedensten kalten und warmen Bäder — das und noch vieles Andere ist hier für wenig Geld zu haben.

Die Kunst hat auf Nordernei Großes erzeugt, und sie war dazu gezwungen, da die Insel kaum für wenige Kühe und Schafe eine dürftige Weide liefert.

Da also hier weder Ackerbau noch Viehzucht betrieben werden kann, so pflügt der Insulaner einen andern Acker — das Meer.

Zu Anfange des Frühlings, wenn sich Kabliaue, Schellfische, Makrelen und andere Fische nach Norden begeben und zur Zeit des Herbstes, wenn diese zurückkehren, fährt der Nordernder Fischer einige Meilen in die See hinein, dort auf Schellfische zu fahnden. Während der Borkumer Fischer nur mit Netzen fischt, benutzt der Nordernder nur die Angel und verwendet den Tobiasfisch, die Quappe und den Pierer als Köder. —

Es ist ein feuchter Frühlingsmorgen. Da öffnet sich auf Nordernei Thür an Thür, welche die Frauen und Jungfrauen hinauslassen, die gestiefelt nnd bewaffnet zum Strande ziehen, Köder für den Fang zu graben. An der Südseite der

Insel, etwa ½—1 Stunde vom Dorfe entfernt, ist dieses kleine Kalifornien zu finden. Für 100 Würmer wird 1 Gr. 6 Pfg. bezahlt; jedes Schiff hat 2700 Würmer nöthig und da man durchschnittlich jährlich etwa 50 mal auf den Fang ausfährt, so erheischt jedes Fahrzeug für 71 Thlr. 20 Gr. Würmer. Norderney hat aber ca. 70 solcher Schiffe, so daß der Strand bis zu 5000 Thlr. Würmer liefert.

Die Waffen der Frauen bestehen aus einer dreizackigen Gabel (Gräpe) und einem flachen Eimer (Püß). Mit jener kehren sie den Boden um und dieser nimmt die Gefangenen auf. Jede muß wenigstens 900 heimbringen, denn diese Zahl ist für die 3600 Fuß lange Angelschnur erforderlich, an der von 4 zu 4 Fuß eine Angel sitzt. Die Bemannung dieser Fischer-Schaluppen besteht aus 3 Personen und jede derselben hat eine solche Angelschnur.

Der Strand ist aber auch in dieser Beziehung nicht zu allen Zeiten gleich ergiebig; es giebt Tage, an welchen die Weiber während der ganzen Ebbezeit am Strande stehen müssen, um am folgenden Tage ihren gestrengen Herren Gemahlen den erforderlichen Köder bieten zu können. Ist endlich die erforderliche Anzahl zusammengebracht, so muß er auf die Angeln gesteckt werden, eine Arbeit, die nicht wenig zeitraubend ist. Bevor aber dies geschehen kann, müssen erst die gestern gebrauchten Angeln von den übrig gebliebenen Wurmresten befreit werden; auch hängen noch verschiedene Fische daran, die gesalzen oder getrocknet werden müssen, zu welchem Zwecke sich vor jedem Hause ein Gerüst befindet. Der Fischer nennt nur den Schellfisch „Fisch" und nimmt nur diesen an Bord; Schollen, Knurrhähne 2c. verschmäht er. —

Sobald der Schiffer seine drei Angelschnüre an Bord genommen hat, segelt er wieder in die See hinaus. Die Insel ist kaum noch zu sehen. Die Angelschnüre gehen über Bord, und Jeder nimmt seinen Südwester ab, den Himmel um Segen und Schutz anzuflehen. In früherer Zeit wurden vom Steuermann folgende Strophen gesprochen:

Dar geit 't hen in Gottes Namen,
Arm hen, riek wehr,

Al Wind de Gott gift,
Een Stülfer in de Bülle.
Allerwegens, war wi komen, hew wi Teergeld,
Bedenk uns Gott mit een Vader Unser,
Dat wi uns behollen, un neet to verlesen
Lest, Best. — Vader, Sohn, heilger Geist.

Nach etwa einer halben Stunde beginnt das Aufziehen. Einer der Fischer zieht die Schnur, ein anderer reißt die Fische davon und wirft sie in den Schiffsraum. Diejenigen Fische, die sich nur verbissen haben und beim Aufziehen leicht herunterfallen, werden mit einem vorn mit Stacheln versehenen Stock rasch aufgepickt. Endlich sind die ungefähr 12,000 Fuß langen Angelschnüre vom „Haler“ eingezogen und der „Scholer“ hat die Beute in den Bauch des Schiffes befördert. Im allerglücklichsten Falle werden 2000 Fische gefangen, wer aber mit 500 seine Rückreise antreten muß, der hat nichts zu klagen und klagt auch nicht.

Rasch segelt nun das Fahrzeug zum Strande zurück, wo schon verschiedene Schiffe, theils hiesige, theils fremde, fertig liegen, den Fang einzuhandeln, um ihn nach den Städten an der Ems, Weser und Elbe zu bringen. Am Strande aber warten die Fischhändler darauf, die die Tische des Binnenlandes damit zu versehen gedenken. Es entsteht nun ein langes Feilschen und Dingen, denn es herrscht einmal die Regel: der Preis, den der Eine giebt, muß auch der Andere zahlen; wozu der Eine verkauft hat, muß es auch der Andere, wenn er nicht vorzieht, seinen Fang selbst am Festlande zu versilbern. Der Preis richtet sich nach der Jahreszeit und nach der größern oder geringern Ernte. Er schwankt für's Hundert zwischen fünf Gulden holl. und weniger und vierzehn bis funfzehn Gulden.

Sobald der Handel abgeschlossen ist, werden die Fische in kleinen geflochtenen Körben von der Fischerschaluppe in das Kauffschiff getragen. Hat dieses seine volle Ladung, so eilt es davon; die Fischer aber bereiten sich vor, am folgenden Tage ihre Arbeit wieder auf's Neue zu beginnen.

In den Seestädten hat man die mit Netzen gefangenen Seefische lieber, als die, die sich an der Angel verbissen, weil diese rasch an der Verblutung sterben, jene aber nicht selten lebendig in die Hände der Käufer gerathen.

Noch ein Strandbild.

Wir standen am Strande. Tagelang glich das Meer siedendem Schaum. Blitz und Donner hatten fast unaufhörlich die Insel umrast. Die Sorge war groß; denn die meisten Fischer waren in See gegangen, dort Beute, Verdienst zu suchen. Manches Herz bebte, manches Auge war naß. — Nichts zu sehen, so weit der Blick auch reicht. —

Ein Brett kommt an den Strand getrieben. Alles eilt hinzu, zu sehen, ob's vielleicht ein Stück vom Fahrzeug seiner Lieben sei. Kaum will der Fuß die Bangenden vorwärts tragen, aus Furcht, Gewißheit, fürchterliche Gewißheit zu erhalten. Es ist ein schwerer Gang! Aber gemacht werden muß er. Welch' eine Erleichterung! Es ist ein Stück vom fremden Fahrzeug, welches mit Mann und Maus dort auf dem rasenden Riff versank.

Nochmals eine Planke und darauf, daran ein Mensch! Alles stürzt sich den Wellen entgegen, ihnen diese Beute zu entreißen und auf's Trockne zu bringen. Vielleicht ist's Einer der Unsern!

Ein jugendlich-kräftiger, fremder Mann hält das Brett umklammert. Alles schart sich um ihn, man macht alle bekannten Versuche, das Leben zurückzurufen — vergebens! Der Tod hält seine Beute fest mit Geierklauen. — Es werden Vorbereitungen zum Begräbniß gemacht. Mitten in den Dünen, in der Nähe der heiligen Meereseinsamkeit liegt ein Friedhof, der die Gebeine Derer birgt, die das Meer an den Strand wälzt. Dort begräbt man sie ohne Sang und Klang, ohne Sarg und Bahrtuch. Sandhafer ist sein Lager, ein Ziegelstein deckt sein Gesicht und die Erde ist so leicht, so leicht! Ihm einen Sarg zu geben, vermag das arme Dorf ja nicht.

Der Mensch ist ein Produkt des Augenblicks. Eignes Unglück läßt fremdes doppelt fühlen. Väter wissen ihre Söhne, Frauen ihre Männer, Bräute ihre Liebsten, Kinder ihre Versorger auf den zerbrechlichen Fischerböten auf hoher See. Weilen sie noch im Lande der Lebenden, oder trägt vielleicht in eben diesem Augenblick eine mitleidige Woge auch sie an fremden Strand?

Und hier ein Todter, wenn auch ein fremder. Wenn da die Menschen schwiegen, würden Steine reden. „Der Jüngling soll einen Sarg haben und auf unserm Kirchhof ruhen! Ich gebe einen Thaler zum Sarge!“ Das Hephata hat ertönt: „Ich einen halben, ich meinen einzigen Groschen.“ Niemand bleibt zurück.

Am folgenden Tage sind alle Fischer unversehrt heimgekommen. Ein langer Zug, Männer und Frauen, bewegt sich zum Kirchhof und lauscht den Worten des Predigers, der am Grabe des Unbekannten von Gottes Liebe und Erbarmen spricht.

Der Todte ruht sanft! Aber daheim weinen sich vier Augen roth: die der alten Mutter, die der jugendlichen Braut. Jene tröstet sich mit Gottes Wort, diese starrt trostlos in die dunkle Zukunft. Die alles heilende Zeit wird auch ihren Schmerz lindern.

Das Rettungswesen zur See.

Es ist seit jeher ein Recht und eine Pflicht unserer Insulaner gewesen, in den Augenblicken, wenn das Meer von der entfesselten Sturmeswuth aufgewühlt, wenn die brüllenden Wogen sich in gigantischer Majestät verfolgen, wenn Himmel und Meer sich zu verbinden scheinen, Auge und Herz offen zu haben für die, die da draußen das Meer pflügen und in solchen Momenten in verzweiflungsvoller Verlassenheit um das nackte Dasein kämpfen. Der Insulaner, selbst ein Amphibium; selbst mit den Gefahren des nassen Elements bekannt; selbst oft ihnen kaum entronnen, wartete nicht mit seiner Hülfe, bis die staatliche oder soziale Gemeinschaft ihn dazu aufforderte. Wo die Noth rief, da war er zur Hülfe bereit. Oft gelang die Rettung; häufiger aber wurde der bedrohte Seemann eine Beute des Elements, weil dem Insulaner die Mittel fehlten, ihm thatkräftig beizustehen.

Am 10. September 1860 strandete auf dem Borkumer Riff die Brigg „Aliance“. Die ganze aus neun Personen bestehende Mannschaft fand ihr Grab in den Wogen. — Da ging ein Schmerzensschrei durch die ganze deutsche Presse! —

Die Nordsee hat eine 80 Meilen lange, die Ostsee ein mehr als 200 Meilen ausgedehnte Küste; jene überreich an Watten und Sandbänken, diese an Riffen und Vorsprüngen.

Strandung oder Schiffbruch und ein oft jämmerlicher Tod waren nur zu oft unzertrennbar, da fast gar nichts gethan war, die Zahl der Menschenleben zu vermindern, die von Jahr zu Jahr das Meer verschlang. Der Deutsche zollte seinen verunglückten Seeleuten nur ohnmächtiges Mitleid und dachte mehr an die Schädigung von Geld und Gut, als an den Verlust von Menschenleben.

Jener Nothschrei aber hatte praktische Erfolge. Einige hochherzige Männer Ostfrieslands bildeten einen Verein zur Rettung Schiffbrüchiger an unsrer Küste; König Georg V. übernahm das Protektorat, der zeitige Landdrost das Ehrenpräsidium und am Schlusse des ersten Jahres hatte der Verein weit mehr als 1000 Mitglieder in Nah' und Fern, eine Einnahme von etwa 3000 Thalern und an den gefährlichsten Punkten der Küste befanden sich bereits mit tüchtigen Böten versehene Rettungsstationen, die an jedem Ort unter der speziellen Leitung eines Lokalkomite's standen. Letzteres hat die nächste Sorge und Kontrole über das an ihrem Ort stationirte Rettungsboot und dessen Mannschaft. Zugleich hat es die schöne Aufgabe, die weitere Sorge für die Geretteten zu übernehmen.

Die Bootsmannschaft besteht aus einem Vormann, einem Bootsmann und so viel Ruderern, als erforderlich sind. Der Vormann erhält eine kleine feste Besoldung, die übrige Mannschaft erhält à Kopf für jede erfolgte Rettung 2—4 Thaler, außerdem für jeden Geretteten fünf Thaler Gold gemeinschaftlich. Große Summen sind es also keineswegs, die den Insulaner drängen können, sein Leben in die Schanze zu schlagen, sondern Menschenliebe, Selbstverleugnung und Aufopferungsfähigkeit muß das leitende Motiv, die Achtung und Bewunderung des deutschen Volks der bessere Lohn sein.

Die an unserer Küste in Gebrauch befindlichen Rettungsböte sind die sogenannten Francisböte. Dieselben bestehen aus wellenförmig gepreßtem, galvanischem Eisen. Dadurch ist solches stärker und dauerhafter, als das beste hölzerne Boot und weniger der Gefahr ausgesetzt, durch Zusammenstoßen, Anprallen u. s. w. beschädigt zu werden; auch unterliegt es dem Einfluß von Frost und Hitze durchaus nicht. Da die Erfahrung gelehrt hat, daß das Eisen durch die Verzinkung gegen Zerstörung durch Oxydation bedeutend geschützt ist, so kann man, wenn man dieses Eisen gut unter Farbe hält, dieser Zerstörung noch auf längere Zeit Widerstand leisten. Vorn und hinten befinden sich Luftkammern, die nicht nur bei Ueberladung oder wenn die Brandung das Boot mit Wasser anfüllt, ein Untersinken desselben verhindern, so daß es auch noch in diesem Zustande eine beträchtliche Anzahl Personen aufnehmen kann, sondern vermöge welcher es auch beim Umschlagen jedes Mal wieder in die richtige Lage kommt. Ein anderer Vorzug ist die Leichtigkeit. Bei Schiffbrüchen kommt es in den meisten Fällen sehr darauf an, daß das Boot baldmöglichst in's Wasser gebracht werde. Ein solches eisernes Boot ist über ein Drittel leichter als ein hölzernes; denn während ein letzteres von 26 Fuß Länge und 6 Fuß Breite etwa 2400 Pfund wiegt, beträgt das Gewicht eines gleichgroßen eisernen nur circa 1300 Pfund. Rund um das Boot geht ein von Segeltuch umsponnener

Korkring, der dasselbe beim Anprallen nicht nur vor Schaden schützt, sondern auch dessen Tragfähigkeit bedeutend erhöht. Zu beiden Seiten befinden sich Ketten mit Holzkugeln, an welchen sich, wenn auch das Boot mit Wasser gefüllt ist und nur seine Bemannung tragen kann, noch eine bedeutende Anzahl Menschen über Wasser zu halten im Stande ist. — Diese Böte werden in der nächsten Nähe des Strandes in einem Schuppen aufbewahrt und stehen beständig auf dem eigends dazu erbauten Transportkarren, damit zur Zeit der Noth solches sofort an Ort und Stelle gebracht werden kann.

Ostfrieslands Küste hat jetzt 8 Insel- und 3 Festlandsstationen. Es sind Ost- und Westland Borkum, Ost- und Westland Juist, Norderney, Baltrum, Langeroog und Spiekeroog; sowie Friedrichsschleuse, Neuharlingersiel und Norddeich-Utlandhörn.

Der Verein wurde am 2. März 1861 konstituirt und hat jetzt schon fast hundert Menschenleben einem sonst sichern Tode entrissen. Aus reinster Menschenliebe hervorgegangen, von der regsten Theilnahme aller Edeldenkenden getragen, verdient dieser und alle ihm nachgebildeten Vereine jedenfalls die dankbarste Anerkennung und die kräftigste Hülfe. — — —

Der gräßlichste Schiffbruch, der seit Jahren an unsrer Küste passirte, war der des englischen Dampfers „Excelsior“ bei der Insel Juist zu Anfang des Monats Februar 1866.

Seit mehreren Tagen hatte es heftig aus Westen gestürmt und das Meer zeigte sich in seiner ganzen dämonischen Größe. Schwarz ist dann der Himmel, schwarz das vom Sturm aufgewühlte Meer, welches sich abgrundtief öffnet und den röthlich-weißen Gischt, zischenden Flammen gleich, zum Himmel spritzt. Es braust und heult wie tausend Urwälder im Herbstwinde. Riesenhafte Wogen thürmen sich in Nähe und Ferne und brüllen in tobender Wuth; sie heben ihren Rücken gleich der wuthschnaubenden Hyäne.

Wehe dem Seemann, dessen Fahrzeug sich alsdann der Küste nähert; freilich tragen und jagen Wogen und Wind noch immer sein Schiff, aber die empörten Wellen heben es bald hoch oben auf ihren Kamm, bald reißen sie es hinab in einen gähnenden Abgrund. Umsonst ringt und müht die

Mannschaft, umsonst refft sie die Segel ein, umsonst wird alles Bewegliche festgebunden, ein Sturzsee — das Verdeck ist kahl, das Ruder zerschmettert, die Segel schlagen in Verderben drohenden Fetzen um den Mast.

Als willenloses Spiel der Elemente treibt jetzt das Schiff der todesdrohenden Küste zu.

Es war Sonntag, kurz vor Mitternacht, als der „Excelsior" an Grund gerieth. Die acht Passagiere lagen bereits zu Bette; wenige Augenblicke später hatten sie halbbekleidet ihr warmes Lager mit einem Sitz im Mast vertauscht, denn der plötzliche gewaltige Stoß droht die Rippen des Schiffes zu zerbrechen, die Masten tanzen auf und nieder und die grinsenden Wogen schlagen fortwährend über das unglückselige Fahrzeug. Der Versuch Einzelner, sich mit dem Boot zu retten, mißlang. Ein Sturzsee riß es mit seiner Ladung in die Tiefe.

Auf Raaen und an Tauen hängen mehr als zwanzig Menschen, vom Regen und dem salzigen Schaum durchnäßt und das kaum gerettete nackte Dasein droht jeder Augenblick zu vernichten. Denn hinter ihnen, so weit das Auge reicht, der empörte Ozean, der Woge auf Woge heranwälzt, deren jede sie zu verschlingen droht; in weiter, weiter Ferne der Strand, um den die Möven flattern, und zwischen Strand und Schiff die tosende, kochende, fürchterliche Brandung. Welch' eine Nacht!

Endlich graut der langersehnte Morgen, und die Hoffnung, daß das adlerscharfe Auge der Insulaner die Nothflagge entdecken und ihnen zu Hülfe eilen werde, zieht in die Herzen ein. Ja, sie hatten Recht, die Unglücklichen! Das Fernrohr ließ sogar Menschen im Topp und in den Wanten erblicken. Am Nachmittag erst konnten fünf brave Schiffer sich in ihr Fahrzeug werfen, einen Rettungsversuch zu machen. „Mit banger Spannung sahen wir sie fahren — sagt ein Insulaner in seinem Bericht an die Direktion des Rettungswesens. — Während der Nacht kam wohl Wenigen auf der Insel der Schlaf; unwillkürlich horchte man, ob unsere Leute nicht zurückkehrten, immer dachte man an die Schiffbrüchigen zwischen Brandung und Himmel." Es wurde Morgen, endlich kamen jene, aber allein, man hatte wegen des hohen Seeganges das Fahrzeug nicht erreichen können. —

Eine Leiche trieb an den Strand, viele Ladungsgegenstände und Schiffstrümmer trieben vorbei, um laut zu verkünden, wie gefahrvoll die Lage derer da draußen sei. Die Versuche, mit dem Rettungsboote hinzukommen, scheiterten sammt und sonders. Das Wetter ras'te fort: Regen, Hagel und Schnee durchpeitschte die Luft.

Man suchte Hülfe am Festlande und fand sie. Kaum war die Nachricht dieses furchtbaren Unglücks nach Emden gekommen, als auch der Dampfer in Bewegung gesetzt wurde, um unter der Leitung des wackern Kapitäns Walland die Rettung zu versuchen. Dessen Erscheinen gab der Besatzung des Rettungsbootes neue Kraft, neuen Muth. Es gelang ihr, an's Wrack zu kommen und funfzehn Menschen aufzunehmen. Sonnabend, Morgens 11 Uhr, landeten die Unglücklichen, die seit Sonntag Nacht, entblößt von Allem, in beständiger Todesgefahr zwischen Himmel und Erde gehangen hatten.

Das ganze Dorf stand am Strande, die dem Verderben Entrissenen liebevoll zu empfangen, und der edelste Wetteifer versorgte sie bald mit dem Nöthigsten. Und die Geretteten selbst?

Einen Anblick, wie die Geretteten ihn boten — sagt der erwähnte Bericht des Insulaners —, wer könnte ihn je vergessen, und wenn er hundert Jahre alt würde. Seit der Nacht vom Sonntag auf Montag war keine Nahrung über ihre Lippen gekommen; Sturm und Schlossen, Brandungen und Regen hatten sie gepeitscht, die Taue, mit welchen sie sich befestigt, hatten sie geschunden; endlich hatte der Hunger sein schreckliches Recht verlangt: mehrere hatten das Fleisch von den Gestorbenen geschnitten und gierig verschlungen. So stierten sie mit verschwollenen Händen und Füßen vor sich hin, nicht mehr fähig zu einem Lächeln der Freude in den erdfahlen Zügen.

Wir wollen diesen schlichten Worten nichts mehr hinzufügen, sondern schließlich unsern Brüdern im Binnenlande und an den Küstenstrichen nur noch zurufen: Ihr, die Ihr wollt, daß Euren Brüdern solche Rettung werde, öffnet Eure Herzen und Hände. Jede Eurer Gaben für das Rettungswesen zur See wird tausendfältige Zinsen tragen. Ihr, die Ihr fühlt und wißt, daß wir ein Volk sind, welches Ehrenrechte und Ehrenpflichten hat, seht, hier ist solch' eine Ehrenpflicht zu erfüllen!

Ein Unglück auf dem Watt.

Ein dichter Nebel deckt Weiden und Wiesen der Nordseeküste, und spät erst weicht er der Wintersonne matter Kraft. Denn wir schreiben den 23. Dezember 1866, und übermorgen ist Weihnachten. Wer wäre dann nicht gern daheim, bei Vater und Mutter, bei Bruder und Schwester, um die Geburt des Welterlösers dort zu feiern, wo einst die eigene Wiege stand? Unsere Schiffer haben kein eigentliches Weihnachten. Meistens sind sie fern, auf hoher See oder am fremden Gestade, und sie feiern den Tag allein, wie daheim Weib und Kind. Das aber ist kein deutsches Weihnachten, wo der grüne Tannenbaum allen, allen leuchten muß, die Geschenke der Liebe und des Dankes entgegenzunehmen und sich gemeinschaftlich der Ankunft dessen zu freuen, der der Erde Frieden brachte den Menschen zum Wohlgefallen.

Es ist der 23. Dezember 1866, ein Sonntag. Ein junger Mann schreitet rüstigen Fußes durch die noch dunkle Nacht. Kein Mondstrahl beleuchtet die schweigende Erde, ein dichter Seenebel, wie ihn oft die Küste zeigt, läßt sogar das

Licht der Sterne verschwinden. Der Wanderer kümmert sich nicht darum. Weg und Steg sind ihm bekannt, und er eilt ja heim, auf dem kleinen Eiland Baltrum mit den Seinen die Geburt des Herrn und den Eintritt des neuen Jahres zu feiern.

Es ist ein junger Seemann, hübsch und schlank gewachsen, mit blondem Haar und blauen Augen, einer der gelehrigsten und strebsamsten Schüler der Seemannsschule zu Timmel, dabei ist er gut und bieder und voll echt seemännischen Humors, der Niemanden weh thut, da er eine gewisse Grenze nie überschreitet. So charakterisirt ihn einer seiner Lehrer. —

Endlich ist der Deich erreicht, und vor ihm liegt das Meer, welches ihn von der Heimatscholle trennt. Mit Jubel begrüßt er das salzige Wasser, und sein adlerscharfes Auge versucht den feindlichen Nebel zu durchdringen, um die Dünen der Heimat zu erkennen. Vergebens! Die nächste Dorfuhr verkündete erst eben die sechste Stunde, und es ist noch völlig Nacht. Alles schläft im nächsten Orte, nur das Meer murrt und lockt, tändelt und spielt heute wie gestern und morgen.

Vorwärts! das ist seine Loosung!

Bald ist ein Boot gefunden, und zwei rüstige Schiffer liegen auf den Rudern, den Ungestümen an's Ziel seiner Wünsche zu führen. Jeder Ruderschlag bringt ihn demselben näher; höher klopft seine Brust, freudiger blitzt sein Auge, und sie wandeln an seinem geistigen Auge vorbei, alle, die er liebt und die ihn in ihr Herz eingeschlossen haben. Er drückt dem treuen Vater die nervige Hand; er ruht am Busen der sorgsamen Mutter; er eilt mit den Brüdern von Nachbar zu Nachbar; er neckt die treue Schwester und tändelt mit deren holden Kleinen; er schäkert mit des Nachbars Töchterlein. Heim muß er, heim, aber bald, recht bald. Ist doch heute Sonntag, wenn auch kein sonniger Tag, und um die Stunde, wenn die Gemeinde in's schmucklose Inselkirchlein wandert, dann darf auch er nicht fehlen, wenn's der Mutter wohl sein soll.

Mit einem gewissen Stolz werden ihn die Seinen begleiten und mit inniger Liebe und ewiger Dankbarkeit wird er sich an ihrer Seite niederlassen auf den einfachen Kirchensitz, mit der Gemeinde den erhebenden Choral anstimmen und die Predigt des Kreuzes anhören. Manches Schöne hat er schon gesehen in fernen Gegenden und Zonen, aber das Schönste von Allem erwartet ihn jetzt: die einsame Insel mit ihrem kahlen Strande und ihren weißen Dünen, hinter denen aber das rothbedachte Häuslein steht, in welchem er einst das Licht der Welt erblickte und wo alle Die weilen, an denen seine Seele hängt.

Das sind Gefühle, die in solcher Stärke nur eines Seemanns Brust durchwogen können.

Land! Endlich, endlich! Das Boot legt an, der Jüngling springt an den Strand, ein kurzes, kräftiges, aus reinster Seele sprudelndes Abschiedswort, ein kräftiger Händedruck, und das Fahrzeug lenkt wieder seinen Lauf der Küste, der Jüngling eilt raschen Schrittes dem Dorfe zu. Aber siehe da — was ist das? Ein breites Wasser hemmt seine Schritte. Hinein! um es zu durchwaten. Was kümmert ihn Kälte und Nässe, davor fürchten sich nur die Landratten. Aber bald stellt sich die Unmöglichkeit heraus. Vielleicht hat er einen falschen Weg eingeschlagen. Er will die „Hiesel" (Einsenkung des Strandes, in der auch bei der Ebbe das Wasser stehen bleibt) umgehen, aber links und rechts kein Ausweg. Da steigt eine schreckliche Ahnung in ihm auf, die gar bald zur fürchterlichen Gewißheit wird. Er ist nicht auf der Insel. Er befindet sich mitten im Watt auf einer Plate, einer Sandbank, die jetzt zur Ebbezeit trocken liegt, bei eintretender Flut aber tief unter Wasser gesetzt wird. Irregeleitet von dem noch immer dichten Nebel haben sie das für die Stätte seiner Wiege gehalten, wo er jetzt seine ewige Ruhestätte finden soll.

Vielleicht ist das Boot noch nahe! Er ruft mit Aufbietung aller seiner Kräfte. Horch! hört er nicht Ruderschläge, kommen sie nicht zurück, ihn weiter zu bringen, sein junges Blut zu retten? Täuschung, nichts als Täuschung! Nur die Wogen rollen heran. — Vielleicht ist ein anderes Fahrzeug in der Nähe, vielleicht er dem Strande so nahe, daß man seinen Hülferuf vernehmen kann.

Aber wie er auch spähet und blicket und die Stimme, die rufende, schicket, da stößet kein Nachen vom sichern Strand, der ihn setze an das gewünschte Land, — mutterseelenallein steht er mitten im Meere, und kurze Zeit nur noch, dann wird er gebettet sein auf dessen Grunde bei Muscheln und Tang. —

Um ihn das ihm sonst so eng befreundete Element, über ihm der graue Himmel, — das ist ihm nichts Neues, hat er doch schon oft monatelang nichts anderes gesehen; aber dann stand er auf dem Verdeck seines Schiffes und heute steht er auf einer schmalen Sandbank, die, da die Flut bereits längst eingetreten, von Minute zu Minute an Umfang verliert. Noch kurze Zeit, und sie wird ganz unter Wasser stehen; dann noch wenige Augenblicke, und die Erde zählt einen Lebenden weniger. Rettung ist nicht mehr möglich, das weiß er. Das ist ein schrecklicher Gedanke für den jungen Mann von 21 Jahren, der das Leben vor Kurzem noch vor sich liegen sah, wie eine reine Sonnenbahn. Sterben müssen, er, der so gerne lebte; hier sterben müssen, so fern von jeder menschlichen Seele, nicht in seinem Berufe, in der Nähe der Seinen, die nicht ahnen, daß ihr Tjark jetzt den Todeskampf kämpft — o! das ist ein fürchterlicher Gedanke und das Menschenherz, welches das nachfühlen soll im stillen Kämmerlein, wird davon ergriffen bis in die innerste Seele. — Ja, es ist wahr, im ersten Moment will sein Muth zusammenbrechen vor dem unsäglichen Jammer; die Verzweiflung tritt an ihn heran; er verwünscht die Stunde seiner Geburt, seine Heimat, seine Reise, aber bald siegt der Kern, den Vater- und Muttersorge haben reifen lassen, und eine stille Ergebung in den Rath dessen, vor dem er bald stehen wird, zieht in seine Seele ein und giebt ihm Trost und Muth, der Todesstunde ruhig in's Antlitz zu schauen.

Es heißt Abschied nehmen, Abschied auf ewig! Ist's ihm schon schwer geworden, sich sonst, wenn der Beruf ihn rief, loszureißen von den Lieben, so zog doch die Hoffnung auf eine glückliche Heimkehr durch seine Seele. Aber jetzt? Abschied nehmen für hienieden auf ewig! Nein — Abschiednehmen und Heimkehren! Abschiednehmen von allen Denen, die ihm auf Erden lieb waren; heimkehren zu Dem, dem er gläubig vertraut hat, so lange er denken kann, und bei dem er dann die Seinen wiedersehen wird!

Abschiednehmen! Ja sie sollen wissen, wie und wo er endete, und daß er ihrer in seiner letzten Stunde mit alter Liebe gedenkt. Aber wer trägt ihnen seinen Abschied zu? Sollte denn das Meer, sonst sein getreuer Freund, ihm diesen Liebesdienst verweigern? —

Er hat sich nicht geirrt. Das Meer hat seine letzten Worte neun Wochen später an den Strand zu Wangeroog gespült, und die in tiefe Trauer versenkte Familie hat sie erhalten und gelesen und wieder gelesen und wird sie aufbewahren von Kind zu Kindeskind, als eine heilige Reliquie.

Denke Dir, lieber Leser, den jungen, kräftigen, blühenden Mann mitten im Meere. Die Wogen umrauschen bereits seine Füße, die Winde spielen mit seinen blonden Haaren und er — schreibt.

An wen? Nun, ist nicht die Mutter der Genius der Kindheit, und wessen Schmerz, wessen Thränen, wessen Kummer und Jammer sollten ihm mehr auf der Seele brennen, als der der Mutter, an deren Herz er nie wieder ruhen soll?

„Liebe Mutter! Gott tröste Dich, denn Dein Sohn Tjark ist nicht mehr. Ich stehe hier und bitte Gott um Vergebung der Sünden. Seid Alle gegrüßt!“

So schreibt er und diese Zeilen unterzeichnet er mit seinem vollen Namen.

Erwäge jedes Wort dieser wenigen Zeilen, bedenke, wie und wo sie entstanden, und sie werden Dir Bogen aufwiegen. Seine Seele ist ruhiger geworden, nachdem er von der Mutter Abschied genommen und ihr gesagt hat, daß er als ein guter Christ die Reise in's dunkle Jenseits anzutreten im Begriff stehe. Sie wird Trost finden bei dem Gotte, an den er sie verweist.

Wenige Sekunden später ergreift er nochmals Papier und Bleistift und schreibt:

„Ich habe das Wasser jetzt bis an die Kniee, ich muß

gleich ertrinken, denn Hülfe ist nicht mehr da. Gott sei mir Sünder gnädig!“

Ja, er muß gleich ertrinken. Kaum kann er noch stehen, die Wogen drängen und heben ihn, sie wollen ihn niederwerfen, und nur die Schwere seines Körpers hält ihn noch aufrecht. Soll noch Hülfe, noch Rettung kommen, dann bald, recht bald! — Er ist, er bleibt allein, verloren.

Ist denn wirklich keine Hülfe mehr für ihn? Als Seemann weiß er, daß erst um 11 Uhr 30 Minuten Flut ist; seine Uhr zeigt ihm bereits die 9. Stunde. Bald ist Kirchzeit. Dann gehen Vater und Mutter, die beiden Brüder, die Schwester mit ihren Kleinen zur Kirche, und wenn der Prediger heute wie alle Sonntage für die da draußen betet, die auf dem Meere schwimmen und sie der ewigen Liebe befiehlt, dann ahnt Niemand, daß Angesichts des Eilandes ein kräftiges Inselkind sein junges Leben aushaucht.

„Es ist 9 Uhr“, schreibt er, „Ihr geht gleich zur Kirche, bittet nur für mich Armen, daß Gott mir gnädig sei. Amen!“

Und er wird nicht bloß Fürbitte gewünscht, er wird auch selbst sich zu Dem gewendet haben, dessen Gnade und Erbarmen er so tiefinniglich wünschte. Und nun zum letzten Male, denn der Augenblick des Scheidens ist gekommen:

„Liebe Eltern, Brüder und Schwester! Ich stehe hier auf einer Plate und muß ertrinken; ich bekomme Euch nicht mehr zu sehen und Ihr mich nicht! Gott erbarme sich über mich und tröste Euch! Ich stecke dieses Buch in meine Zigarrenkiste. Gott gebe, daß Ihr diese Zeilen von meiner Hand erhaltet. Ich grüße Euch zum letzten Mal. Gott vergebe mir meine Sünden und nehme mich zu sich in sein Himmelreich. Amen!“

Und so hat er's gemacht. Die Zigarrenkiste, die Backwerk für die Lieblinge der Schwester enthielt, wird nun gleichsam das Kouvert seines letzten Schreibens; er umwickelt sie mit seinem Tuch und giebt sie dann den Wellen Preis, sie an ein freundliches Gestade zu tragen.

Mehr hat er nicht geschrieben; was er sodann gebetet, gefleht, wie die Wellen ihn umgeworfen, ihn hin- und hergeschleudert haben, wie er gerungen hat und gestorben ist, ob und wo seine Leiche an den Strand geworfen wurde, das ist der Welt ein Geheimniß geblieben bis auf diese Stunde.

VI.

Ostfriesische Kinder- und Volksreime.

Wiegenreime.

1. Süse mien Lamm, süse mien Lamm,
Mama wull kieken of Papa quam,
Papa was so wiet weg lopen,
Wull sien Puppi 'n Kooktje kopen,
Süse mien Lamm, süse mien Lamm,
Mama wull kieken of Papa quam.

2. Süse, süse, süse!
Twee Wegen in 'n Hüse,
De Kinderkes willen neet stille stahn,
De Wege de moot altied gahn.

3. Süse mien Kindtje slaap!
Dien Vader haalt 'n old Schaap,
Dien Moder melkt de old swartbunt Koh,
Kindtje do du dien Ogen to.

4. Süse mien Kindtje, ik wege di,
Dat du krittst [1]), dat jammert mi.
Deit di dan dien Buuktje sehr?
Dan wil ik di wegen mehr.

---

[1]) weinst.

5. Sü, sü, mien söte Kind!
Dien Vader geef mi 'n golden Ring,
En golden Ring heb ik hum dahn,
So rund un blank as Sünn un Maan.

Sü, sü! Noch 't Kindlje waakt?
En Engelke het dat maakt.
De nam ut Sünn- un Manescheien
Dat Gold so week un warm un fien.

Sü, sü! slaap in mien Kind!
Wat Sünn und Maan gifft, wast un wint.
Dan kumt dat Grasje ut de Grund,
Un 't Blömke ook so söt un bunt.

6. Süse — nanne — Rullewagen,
Wel wil mit na 't Market jagen?
Un haal'n Wagen mit Stuten [1]),
De wil wi in 't Schapp [2]) beschluten.

7. Süse — nanne — pope!
Dat Kind liggt in de Grope [3]);
Vader un Moder sünt wiet van Hus,
Wi könen hör neet beropen.
Dien Vader is in Engelland,
Haalt dat Kind en Ledeband [4]);
'N Ledeband mit Knopen,
Dar kan dat Kind mit lopen;
'N Ledeband mit Ringen,
Dar kan dat Kind mit springen;
'N Ledeband mit Kranzen,
Dar kan dat Kind mit danzen.

8. Ho, si, so, wat is 't moj Wehr,
'T Süntje schient under de Wulken dör,
Un 't re—gent; —

---

[1]) Weißbrot. [2]) Schrank. [3]) Stallrinne. [4]) Gängelband.

Lütje Kinder worden groot,
Un groten bliefen Zegen.

9. Düdei Kindtje slaap,
Dien Vader haalt 'n Schaap,
Mit twee witte Föte,
De gifft de Melk so söte,
Noch söter as twee Ziegen,
Un noch wil 't Kindtje neet swiegen.

10. Mane — mane — witte,
Giff dat Kindtje 'n Titte.
Moder is hen to melken,
Kan dat Kindtje neet helpen;
Vader is hen to föhren,
Kan dat Kindtje neet hören.

11. Dukke — dakke — duse,
War wohnt Peter Kruse?
Achter in de Liljenstraat,
War de moje Wichter[1]) staat.
Altied mutt ik wegen,
Stool bi de Weeg,
Stool bi de Weeg,
Altied mutt ik wegen.
Wen ik neet mehr wegen mag,
Haal ik eene, de wegen mag.
De kan wegen, ik kan spinnen,
Dan krieg wi ook moje Linnen.

12. Koffjedick,
Mien Man un ik,
Wi beiden man alleene.
As 't Schip versunk,
Mien Man verdrunk,
Do was ik wehr alleene.

---

[1]) Mädchen.

In Emden bakken se Wittebrood,
Un daarvan worr'n lüttje Kinder groot.

13. Eia popeia,
Wat rasselt in 't Stroh?
Dat doon de lüttje Tottgoosen [1]),
De hebben geen Schoh,
De Schohmaker har Leer
Un wull hör geen maken,
Nu mooten de lüttje Tottgoosen nakend lopen.

14. Düh — dei — dogge!
Dar kummt 'n Schip mit Rogge,
Dar kummt 'n Schip mit Weitenbrod,
Dar wort unse Kind van groot.

Schaukel- und Kosereime.

1. Dubri dupp, mien Man is komen,
Dubri dupp, wat hett he mitbroggt?
Dubri dupp, 'n Schip vull Spelden [2]),
Dubri dupp, wat söll'n de gelden [3])?
Dubri dupp, se sünt al verköfft.

2. Hokke vossee!
Wel geit mee
Achter up de lange Slee [4])?
As de Slee dan brekkt,
Dan fall'n wi in de Drekk.

---

[1]) Gänse. [2]) Stecknadeln. [3]) kosten. [4]) Schlitten.

As de Slee dan holt,
Dan faren wi na 't Wolt.
Van Wolt un dat na Bunde,
Dan faar'n wi al in 't Runde.
Van Bunde na de Neie=Schanz,
Dar hollen de lüttje Kinder 'n Danz.
Van Neie-Schanz na Widdelswehr,
Van Widdelswehr dan hier weer her.

3. Bim, bam, Beierloth.
Wel is der dood?
Jan Otten sien Söhn,
De satt up de Bön.
De Bön de brak,
He full mit de Neers in 't Botterfat.

4. Bum, bam, Beierloth,
De Köster sloog 'n Regel doot,
Van de Wall woll in de Sloot [1]),
Un doch weer noch de Regel nich doot.

5. Hutt, hutt, hutt temen,
Wel geit mit na Bremen?
Een so 'n lüttje Kindtje
Dat könen wi wall mitnehmen.

6. Hucker di bucker
Na Beßvaders [2]) Hus,
Dar lopen de Musen mit Stuten [3]) umt Hus;
Dar laten se eene van fallen,
De kreeg mien Kindtje alle.

7. Hopp mien Peerd na de Mölen to,
Anners nix as Hafernstroh,
Hafernstroh un Kaff, Kaff, Kaff,
Dan löppt mien Peerdtje in Draff, Draff, Draff.

---

[1]) Graben. [2]) Großvater. [3]) Weißbrot.

8. Hopp Marjantje, hopp Marjantje!
Laat ju Puppkes danzen:
Froger har wi de Prüßen in't Land;
Un nu de kahle Franzen.

9. Rucke de Voß,
Haal 'n Oß!
Slacht 'n Steer!
Brau good Beer!
Bakk good Broot!
Dar wort unse Kind van groot.

10. Hopp, hopp, hopp, hopp! Hafermann
Trekkt sien Peerd de Tome [1]) an,
Rit damit na Amsterdam,
Van Amsterdam na Spanjen,
Haalt Appels van Oranjen,
Gifft alle lüttje Kinder wat,
De groten kriegen klipp, klapp, klapp.

11. Bum, bam, Beier,
Puuskatt mag geen Eier.
Wat mag se dan?
Eier in de Pann!
Dar wort Puuskatt lekker van.

12. Dar kummt 'n Muus anstappen,
Un kriggt dat Kind bi de Lappen, Lappen, Lappen.

13. Dar heft 'n Daler,
Ga na 't Markt,
Koop di 'n Koh,
'N Kalf dertoo,
Koh 'n Daler, Kalf 'n Oort,
De Koop geit foort;
Van Dage halen,

---

[1]) Zaum.

Mörgen betalen,
Gelt up 't Brett,
Is de Koh ook fett, fett, fett?

Beim Gehenlehren.

1. Keier — Riege — Straatje.
War söl wi de Kinderkes laatjen?
In de blaue Toren.
Wat heb wi dar verloren?
En blaue sieden Schötteldook.
Wul ji uns de wal weergefen?
Nee, nee! — Ja, ja!
Um en Appel of um 'n Peer.
Mörgen heb wi moje Wehr.

2. Dim—dam—doosje kummt van Brüggen,
Har 'n Stippstokk [1]) up sien Rüggen,
Har 'n Stippstokk in sien Hand,
So kummt Dim—dam—doosje in 't Land.

3. Dim—dam—doosje quam in 't Land,
Piep in de Mund un de Stock in de Hand;
So quam Dim—dam—doosje in 't Land.

---

[1]) Spazierstock.

4. Lüttje Gesientje,
Grote Gesientje,
Alle mit 'nander to hope.

Kindergebete und Betteleien.

1. 'S Avends, wenn ik na Bedde ga,
Veertien leve Engelkes bi mi stahn,
Twee ten Höfen,
Twee ten Föten,
Twee an mien rechter Sied,
Twee an mien linker Sied,
Twee de mi dekken,
Twee de mi wekken,
Twee de mi wisen
Na dat himmelsche Paradiesen.

2. Ede—bede—Büksen
Satt up Trappen.
Wul neet lappen.
Um 'n Stükktje Broot
Slogen se 'nander doot.

3. Unse Vader, der du bist,
Sett de Bonen up de Disk,
Neem de Lepel in de Hand,
Eet man weg vör 't Vaderland.

4. Dat walte Gott Vater!
Mit de Neers in kolt Water,

Mit de Kopp up 'n Sliepsteen —
So 'n Beden het de Düfel sien Levend neet sehn.

Zum Schnellsprechen.

1. Dree dikke Daudrüppen.
2. Sniders Scheere snitt scharp, scharp snitt Sniders Scheere.
3. Dree Theertünnen, dree Thrantünnen.
4. 'N rüstrigen Spieker up 'n Plumboomblatt.
5. Mien Moder mahlt Mustert [1]) up mien Moders moje Mustertmöhlen.
6. Jöde, jökt di de Nöse? Ja, Jöde, mi jökt de Nöse.
7. Krei droog hum de Deegtrogg dreemal um dat Karkhoff.
8. Ry—, Lo—, Camp—,
   Uplee—, Hams—,
   Groot—, Pil—,
   Vis—.
   Wel weet, war Greetsiel is?

---

[1]) Senf.

Neck- und Schimpfreime.

1. Kanter mit sien Bessemsteel,
Haut de Kinder al to völ.
Al to völ is ungesund,
U—n—d und,
Kanter is 'n Swienhund.

2. Mester — Köster — Quäk,
Ik beed de ganze Week,
'S Maandags fang ik an,
Man Saterdags weet ik der nix mehr van.

3. Och Gott, och Gott!
Een Bohn in de Pott,
Een Lepel vul Natt,
Un daar mit satt.

4. De ganze Week Kartuffelsopp,
Un dar Kartuffels to,
De ganze Week krieg ik geen Slaap
Un dar noch Prügel to.

5. Hei ji 't al hört
Van Siemenohm sien Peerd?
Veer witte Footen un 'n Kalversteert.

6. Antje
Braat Purren [1]) in 't Pantje,
Lett de Bunken [2]) stahn
Un seggt: De Katt hett 't dahn.

7. De Wichter sünt Filettjes [3]),
See dragen golden Kettjes;

---

[1]) Kröten. [2]) Knochen. [3]) Nelken.

De Jungens sünt Schiethundebloomen,
See düren de Wichter geen dreemal soonen [1]).

8. „Ne un jawall“
Seggen de Krummhörners al.

9. Dat is de Aardörpers hör Noot,
'S Winters geen Botter un Sömmers geen Broot.

10. Nörden is 'n grote Stadt,
De wat hett, de köfft sük wat.
Man de nix hett un nix kann kriegen,
De mag man ut Nörden bliſen.

11. Auerker Pogge
Maak mi 'n paar Schoh,
Ik heb geen Leer,
Ik heb geen Smeer,
Ik heb geen Pikk.
Aurik—kik—kik.

12. In Hage
Is anders nix
As Kummer un Plage.

13. Wangeroog hett 'n hoge Toren,
Spiekeroog het sien Naam verloren,
Langeoog is noch wat,
Man Baltrum is 'n Sandfatt.
Up Nördernee,
Dar gifft noch wal 'n Sleef [2]) vul Bree,
Man komen wi up Juist
Sünt alle Kojen güst,
Un komen wi up Börkem,
Dar steken se eene mit Förken.

---

[1]) Küssen. [2]) Löffel.

14. Bur is 'n Bur,
'N Schelm van Natur.

15. 'T is 'n Slump,
Wen 'n Soldat in de Hemel kummt.

16. Liggt 'n Jöde in 't Deep [1]),
Liggt 'n Jöde in 't Deep,
Un wenn hee versuppt, dan help 'k hum neet.

17. Eenmal was der 'n Mann,
Dee truk sien Büksen [2]) an,
Dee truk sien Büksen weer ut,
Nu is 't Vertellsel ut.

18. Pittkohl [3]) deit mi de Buuk van sehr,
Ik eet mien Levend geen Pittkohl weer.

19. De Lüttersen sünd Dikkoppen,
De Refermeerden sünd Spitzkoppen.

20. Krabbekater,
Sprung in 't Water,
Wul 'n Fiske fangen,
Bleef in 't Nett behangen.

21. Berend Buttje dee wul fahren
Mit sien Schipke over de Baren [4]),
De Weg was krumm,
Do gung Berend Buttje weer um.

22. Ik krieg 'n Dortje van Di!
„Warför?“
Van verleden Saterdag,
As dien Moder in 't Water lag.

---

[1]) Kanal. [2]) Hose. [3]) Mark des Kohls. [4]) Wogen.

Har ik hör neet hulpen,
Was se verdrunken.

23. 'K weet 'n Raadsel
Van Jan Kaadsel.
Geef mi de Hand, dan wil 'k di 't seggen.
(In die gegebene Hand wird gespukt.)

24. Ik wikk [1]) di wahr,
Up dien Kopp is Haar,
Ik wikk di watt,
Dien Hand is natt.
(Dasselbe Manöver.)

25. Wenn Jemand Schmutz an sich trägt oder man ihm Etwas angehängt hat:
Ik seh 'n Esel, de dragt wat,
De dragt al sien Levend wat.

26. Hans Eenfolt wul de Welt vermehren,
Do wähl hee sück 'n stefigen Deren.

Schulweisheit.

1. A—B biet der in,
C—D schiet der in.

2. A—b ab
Vader geef mi ook 'n Happ [2]).

---

[1]) prophezeihe. [2]) Bissen.

3. A—B—C,
Puuskatt löppt in de Snee,
H—I—K,
De Hund hum achterna.

4. A, b, c, d, e, f, g,
De Katt löppt in de Snee,
Un as se weer umquam,
Har se 'n witte Büksen an.

5. In Mei
Leggt elke Vögel 'n Ei,
Bloot de Kiewiet un de Griet,
De leggen in de Meimaand niet.

6. Blaue Maandag,
Gele Dingsdag,
Witte Middeweke,
Gröne Dünnerdag,
Stille Vreedag,
Rusende busende Saterdag,
Hikkende pikkende Sönndag,
Eiertrüllende Maandag.

7. Zur Bezeichnung der Finger:
1. Hand: Lüttje Pink,
Golden Ring,
Lange Lei,
Pottslikker,
Luseknipper.
2. Hand: Dumelbaat,
Slickeplaat,
Lankman,
Körtjan,
Lüttje Peter Müllerman.

8. De is in 't Water fallen,
De hett hum der ut haalt,

De hett hum in 't Bedde leggt,
De hett hum todekkt,
Un de lüttje Schelm hett an Vader un Moder vertellt.

9. (Ende.) Enno Nam Dat Ei,
Enno Düst Neet Eten.

10. „Maan—, Din—, Dönn—,
Free—, Saat—, Sönn—,
Wat vör 'n Dag is der ut vergeten?"
Middewecke.
„De Hund hett di up de Nöse scheten."

11. Utslag [1]) — Inslag,
Mester hett mi to d' Schole utjaggt.

12. Utslag — Inslag
Van Dage is de lettste Dag.
Ik segg de Mester goden Dag.
Un hoop, dat he noch leven mag.

Kinderfeste.

1. (Zum Gründonnerstage.)
Wel wil mit hen 't keiern [2]) gahn,
Na de gröne Walle
War de moje Bloomkes stahn,
Dan plükk wi de Bloomkes alle.

---

[1]) Schulferien. [2]) spazieren.

2. (Ostern.) Dideldumdei!
Domke geeft mi 'n Paaskeei,
Nix is nix, een is wat,
Geeft mi twee, dan ga 'k mien Pad.

3. (Pfingsten.)
Maiboom, Maiboom, hol di faste,
Mörgen krieg wi frömd Lü to gaste —
Janman is sien Wief untlopen
Wel sall hum de Bonen koken?
Dat mag Janman sülvens dohn!
Gott geef hum 'n goode Mörgen,
Dar mag Janman sülfst vör sorgen!

4. (St. Martini.) Kippe, Kappe, Kent,
'K hebb all mien Geld up Rent;
'K hebbt all verteerd
Mit Zadel un Peerd,
Mit Toom un Bitt.
Geeft mi 'n Endje Mettwurst mit,
Laat mi neet to lange stahn,
Ik mutt noch 'n Dörtje wiedergahn.

5. Heissa! Sünder Marten!
Mien Vader is so darten [1]),
Mien Moder is verfreten.
Un ik mag geern wat eten.

6. Sünder Marten Pikkedraht!
Harr ik Geld, dan wuß ik Raad,
Ik köff mi 'n Endje Keerse,
Dar gung ik mit na Reiderland
Un stook de heele Sunt Marten in d' Brand.

7. (Weihnachten.)
Wenn 't Karstied is, wenn 't Karstied is,

---

[1]) muthwillig.

Dann slagten wi uns Swien,
Dann braad ik mi de Muus up d' Tang,
Un de eerste Wurst is mien*).

Verschiedenes.

1. (Bei Ankunft der Störche.)
Störk, Störk, Langebeen,
Hett sien Vader un Moder neet sehn.

2. Störk, Störk, Langebeen
Hest mien Vader un Moder wall sehn?
Up dat lüttje Böntje?
Breng mi 'n lüttjet Söntje.

3. Störk, Störk bist der?
Breng mi 'n lüttje Süster.
Ik wil hör neet bedregen,
Ik wil hör leverst wegen.

4. Störk, Störk, Langebeen,
Steist dar up dien eene Been,
Hest ook roode Strümpe an,
Geist ja as 'n Edelmann.

5. Störk, Störk, Langebeen!
Wenneer wult du de Welt besehn?

*) Andere Kinderfestreime s. S. 73, 75, 76, 78, 116—118.

Wenn de Rogge riep is,
Wenn de Wagen piep is.
Wenn de Störk neet fleegen kan,
Dann is he 'n arme Man.

6. (Zum Kukuk.) Kukuk, Breebuuk,
Röppt sien eegen Naam ut.

7. (Zur Ente.) Pielaant, Pielaant,
Plattefoot —
Vader is doot.
Moder is doot —
Geit nu in de Sloot
Un sammelt sien Broot.

8. (Zur Schnecke.) Snigge, Pupigge,
Steek dien dree, veer Horens ut.
Kruup to dien Huus ut.
Willt du se neet utsteken,
Wil ik dien Huuske terbreken.

9. Snigge, Pupigge,
Steek dien lange Horens ut,
Anders trapp 'k di 't Huus ut.

10. (Das Kind setzt ein gefangenes Marienkäferchen (**Coccinella**) auf die Hand und singt):
Leefmannsvögelke!
Fleeg mi weg,
Koom mi weer,
Breng mi mörgen moje Wehr.

11. Sünnküken, Sünnküken Leefe,
Wat steit dar in de Breefe?
Is 't mörgen moj Wehr, dan fleeg weg,
Is 't beter Wehr, dan krup weg.

12. (Ein Kind hält dem andern ein Hirtentäschelkraut (Capsella bursa pastoris) hin und fordert es auf, eine Schote abzureißen. Wird dem Folge geleistet, so spottet ersteres):

Lepelkedeef,
Hett Lepelkes stohlen.

13. (Wenn's beim Sonnenschein regnet):
't Sünntje schient un 't regent,
De Hexen bakken Pannekook.

14. (Beim Regen.) Schuur Regenblad,
Maak mi neet natt,
Maak alle lüttje Kinderkes natt.
Schuur over mi,
Na Neiderland.
Dar wohnt 'n Man,
De hett 'n Koh,
Un hett der geen Drüpp Water meer too.

15. (Beim Tauschen.)
Kütje, bütje is gedahn,
Dreemal dör de Helle gahn;
Tik, tak, toll,
Wat ik heb, dat hol 'k.

Darauf darf der Tausch (das Kütjen) nicht mehr rückgängig gemacht werden.

16. (Beim Wegwerfen eines ausgezogenen Zahns):
Dar Muus,
Heft 'n ollen Knus;
Geef mi 'n neien weer,
De mi neet kellt,
De mi neet swellt,
De mi neet seer deit,
De mi sien Leven neet weer to de Mund utgeit.

17. (Beim Schluchzen dreimal zu sagen):
Ik un Snukk sprungen over 't Meer,
Snukk bleef weg un ik quam wehr.

18. (Dem Schornsteinfeger wird nachgerufen):
Pietje, Pietje holo!
Wenneer wullt du fahren?
Over söven Jahren,
Söven Jahren dürt noch lang,
Dan is Pietje Holo krank.

19. (Beim Melken.) Stripp, strapp, strull,
Is de Emmer noch neet vull?

20. (Der Schuster spricht):
So nei ik mien Naatje,
So trekk ik mien Draatje,
So sla ik mien Tengelkes [1]) drin,
Sallt neet raden, dat 'k Schaumaker bin.

21. De Snieder seggt: Dar hangt 'n Stük Spekk,
De Schaumaker seggt: 'k wil der nix van hebben!
De Wever seggt: Geef mi 't man her!
De Diskler seggt: Dar hest 't.

22. Wenn Vader knurrt,
Un Moder murrt,
Un Süster schellt, —
Dan ga ik in de wiede Welt.

23. Bi Moders Breepott laat uns bliken,
Dat Vaderland stelt boven an,
Geen Düfel sall uns d'r ut verdrifen,
Wi setten Bloot und Leven dran.

24. (Bei Verfertigung der Bastpfeife zu singen. Mit dem Messerhefte wird der Takt auf dem Zweige oder Aststücke dazu geschlagen):

[1]) Nägel.

Sip, sap, Sonepipe,
Wenneer wullt du ripen?
To Mai, to Mai,
Wen alle Vögels Eier legg'n.

25. Bist du warm,
Kruup in 'n Darm.
Bist du kolt.
Kruup in 't Holt.

26. Schaapke, Schaapke, wull, wull, wull,
Ett sien Buukje so vull, vull, vull.
Stött sükk an 'n Struukje,
Hee reep: O weh, mien Buukje!
Stött sükk an 'n Steentje,
Hee reep: O weh, mien Beentje!

27. Kükerikü, de rode Hahn,
Trekkt sien Stefels un Sporen an.
Wo wiet wullt du rieden?
Van hier na Lammerdieden.
As hee na Lammerdieden quam,
Do satt de Koh bi 't Für un spunn,
Dat Kalf lagg in de Weeg un sung,
De Katt de wusk de Schöttels,
De Hund de kemm de Botter,
De Fleddermuus, de fegde 't Hus,
De Swalkes drogen dat Feegsel herut
Mit hör vergülden Flögels,
Sünt dat neet dicke Lögens?
Dar achter de groote Schürredör,
Dar satten dree Kapunen vör.
Dar bakkden see, dar brauden see,
Dat Beer wull hör versuren,
Do repen see de Buren;
De Buren wurren bedrunken,
Du dansden see up Klumpen;
De Klumpen gungen stükken,

Do dansden see up Krükken;
De Krükken gungen of,
Do dansden see in 't Hoff;
Dat Hoff dat was so glatt,
Do laggen alle Buren platt.

28. (An eigensinnige Kinder.)
Wen de Kinder neet weten, wat see willen,
Dan kriegen see wat vör de Billen.

29. Wenn Jemand seinen Platz verläßt, verliert er ihn:
De upsteit, sien Stä vergeit,
wenn er nicht zuvor gesagt hat:
Mien Stä brandt.

30. (Wer zu spät bei Tisch kommt, erhält nichts):
De neet kummt to rechter Tied,
De is sien Maaltied quiet.

Räthselfragen und Räthsel.

1. Ik wil wat Roods (Runds, Stumps, Witts) up 't Dak smieten, dat sall der swart (lang, scharp, geel) weer ofkomen.

2. Wenn man vör 'n Pund Botter söven Grosken kriggt, wat kriggt man dan vör 'n Foor Heu?

3. War is de erste Spieker in de Karke slaan?

4. Wat is neet in Hus un ook neet buten Hus?

5. Wel geit up de Kop na de Karke?

6. Wat wullt lever, 'n Pütt [1]) vul singende Wiekkes, of 'n Ofend vul dode Mantjes?

7. Wennehr hett de Hase de meeste Gaten undert Lief?

8. Wel kummt up de Rügg' in de Karke?

9. Warum draagt de Man 'n Baart?

10. Wat vör Been hett Moses erst up Sinai sett?

11. Warum dreit sük de Mölen, wen de Wind weit?

12. Van vör'n leest 't, in 't midden is 't doot, van achtern magt 't wal Kees un Broot.

13. 'N iesdern Peerd,
Mit 'n flassen Steert
Un 'n meßken Najager.

14. Van binnen swart,
Van buten swart,
'T steid altied up half sesse.

15. Dar steit 'n Boom in 't Westen,
Hett tweeunfiestig Nüsten,
In elke Nüst sünt söven Jungen,
Se hebben wal Namen, man geen Tungen.

16. Quam 'n Man van Jerland,
De har twalf Dochters,
Un elke Dochter bina dartig Kinder.

17. Tüsken Loge un Leer,
Dar steit 'n wunderliek Deer,

---

[1]) Brunnen.

Dee ett un frett,
Un wort nooit neet satt,
Ra, ra, wat is dat.

18. Tweebeen satt up Dreebeen,
Do quam Veerbeen un wul Tweebeen bieten,
Do nam Tweebeen Dreebeen
Un wul Veerbeen damit smieten.

19. Dar stunn 'n Wieske in de Dör,
See har 'n witt Schuutje vör,
Wo langer dat see stunn,
Wo eerder see vergung.

20. 'N Hus vul
Un 'n Land vul,
Is doch geen Hand vul.

21. Van binnen ruug,
Van buten ruug
Un söven Ell' in de Panse ruug.

22. Grön under, blau boven,
Leer under, Leer over;
Mit veer leeren Stippstappen
Un 'n holten Jahnup.

23. Up de Dick, dar stahn twee Palen,
Up de Palen steit 'n Tünn,
Up de Tünn, dar steit 'n Trechter,
Up de Trechter steit 'n Vieter,
Up de Vieter steit 'n Ruker,
Up de Ruker stahn twee Kiekers,
Up de Kiekers is 'n Hoff,
Dar lopen Heeren un Damen up un of.

24. Ik hör wat und sagg nix,
Ik greep darna un kreeg nix.

25. Gries, grau,
Bunt, blau,
Blaß Peerd,
Sünder Kop,
Sünder Steert,
Sünder-Rump,
Sünder Been,
Hei Ji al soon gries, grau, bunt, blau Peerd sünder Kop, sünder Steert, sünder Rump, sünder Been sehn, lopen alleen?

26. Kalert hung,
Rugert gung,
Kalert full up de Rugert sien Pad,
Rugert Kalert upfratt.

27. Witt sünt de Mikren,
Grön sünt de Büren,
Bruun sünt de Papen,
De alle Nacht in 't Kloster slapen.

28. Wikker de Wakker
Sprung over de Akker,
Wikker de Wakker
Sprung in de Sloot:
Noch was Wikker de Wakker neet doot.

29. 'T hett geen Kop un 't hett doch Ohren,
'T is wal maakt, man neet geboren,
'T hett geen Foot un 't hett doch Tönen,
Raat 't nu, wenn Ji 't raden könen.

30. 'T is van Levent,
'T hett geen Levent,
'T kan elk un een doch Antwort geven.

31. Sien Tung is van Iesder,
Sien Lippen van Metaal,

He denkt neet an sien Doot,
Un röppt 't so mennigmaal.

32. Grote Rugert
Sagg lüttje Rugert;
Grote Rugert
Pakde lüttje Rugert.
Grote Rugert har 'n Ring,
Dar lüttje Rugert dörging.

33. Grote Heeren un Potentaten
Könen sünder mi neet raden,
Sneden mi dat Lief up,
Nemen mi de Seel herut,
Gefen mi wat to supen
Un laten mi lopen.

34. Heltereltelt
Gung over 't Feld,
Wel het so völ Beenen
As Heltereltelt?

35. Buten hangt 'n Kann,
Binnen wohnt 'n Man,
Heet Jan.
Frett Eerdnöt bi Frachten,
Suppt Water bi Drachten,
Haalt van de Straat
De Lü, de dar gaht,
Bi ganze Hopen.
Maakt se vergrellt,
Nimmt hör hör Gelt,
Un lett se lopen.

36. Ik hebb 't,
Du hest 't,
De olde Klotts hett 't,
Man God hett 't neet.

37. 'T flüggt as 'n Vögel,
'T hett doch geen Flögel,
'T hett geen Arm un 't hett geen Been,
'T kan neet hören un 't kan neet seen.
'T hett 'n Toom un 't hett 'n Steert,
De sükk in de Wind umkeert.

38. 'T is in Frankriek, neet in Spanjen,
'T is in de Appel van Oranjen,
'T is in de Froo, man neet in de Man,
'T is in 't Beer, man neet in de Kan,
'T is in de Swoor, man neet in 't Spekk,
Du sallt 't neet raden, al worst ook gekk.

39. Achter mien Vaders Kamer,
Dar haugt 'n blanke Hamer;
De dar mit timmern kan,
Dat is 'n künstig Man.

40. Ik sta vör di,
Dit sall in di,
Dan wil 'k up di,
Dan sall 't gahn.

41. Dar drifft 'n Ding under de Brügge,
Hett 'n Bruntbedd up de Rügge.

Auflösungen.

1. Kohle, Knäuel, Schere, Ei. 2. Zwei Pferde. 3. Auf dem Kopf. 4. Fenster. 5. Nagel. 6. Frösche oder Brot. 7. Auf dem Stoppelfeld. 8. Täufling. 9. Um's Kinn. 10. Sein eignes. 11. Um die Achse. 12. Pferd, Pflug, Mann. 13. Nadel, Faden, Fingerhut. 14. Topf auf 3 Füßen. 15. Jahr, Wochen, Tage. 16. Die Monate.

17. Mühle. 18. Magd, Schemel, Hund. 19. Kerze. 20. Rauch. 21. Heuhaufen. 22. Eine Kuh, die gemolken wird. 23. Der menschliche Körper. 24. Wind. 25. Wolle. 26. Apfel und Schwein. 27. Apfelkern. 28. Frosch. 29. Kochtopf. 30. Gänsefeder. 31. Glocke. 32. Katze und Maus. 33. Feder. 34. Egge. 35. Genever (Janever). 36. Schatten. 37. Papierdrachen. 38. Der Buchstabe R. 39. Eiszapfen. 40. Reiter und Pferd. 41. Gans.

Spielreime.

1. Reime beim Abzählen.

1. Ine, mine, mu,
Wel stinkt nu?
Dat deist du.

2. Ine, mine, mink, mank,
Kling, klang,
Hose pose, pakke di,
Eier, weier, wekk.

3. Ine, mine, minken, meken,
Har 't 'n Mest, dan wul 't di steken,
Har 't 'n Stokk, dan wul 't di slahn.
Mester, mag 't even vör de Döre gahn?
Nee, Piet hett Quaad gedahn.
Achter up dat Karkhoff.

Heelof! Halfof!
Piet — hett — de — Kop — of.

4. Amsterdam du grote Stadt,
Steist gebaut up Palen,
Wenn du nu reis umme falst,
Wel sal dat betalen?
Ik of du of Hinderk Slött,
Söl wi tellen, wel dat wort?
10, 20, 30, 40, 50, 60, 70, 80, 90, 100,
Puup in de Pott dat klundert.

5. Achter 't Karkhoff stufft dat Sand,
Kann wal stufen na Engeland,
Van Engeland na Brabant,
Van Brabant na Jüfferstand.
Jüffer mit de Tuten,
Kann de Hell wal sluten.
Arre barre, Botterslarre.
Ene, mene, mu,
Wel stinkt nu?
Dat deist du!

6. Enkert, Enkert, swarte Enkert
Up Latien — Violin,
Berren kopen, Süsters snopen,
J. O. F. off!

7. Up de bi — ba — bumske Brügge
Wohnen bi — ba — bumske Lüh;
Hebben — bi — ba — bumske Kinner.
Un de bi — ba — bumske Kinner
Eten bi — ba — bumske Papp.
Mit de bi — ba — bumske Lepel
Ut de bi — ba — bumske Napp.

8. Tafel brettje rund,
De Koh de brengt 'n Pund,
Leggt hum up de Knee,

Een, twee, dree,
Du bist frei van de Weverei.

9. 1, 2, 3, 9, de nich utlöppt, is kregen,
1, 2, 3 tikk, de nich utlöppt, de is 't.

10. Mien Vader leet reis [1]) een old' Wagen beslaan,
Na reis, wo völ Tengels [2]) dat dar in gahn? = 1—30.

2. Spiele.

1. Katze: Muus, Muus, war sitst du?
Maus: Ak in mien Hool!
Katze: Wat deist dar?
Maus: Spekkfreten.
Katze: Geef mi ook 'n Happ!
Maus: Ik mag 't sülfen wal. Ha!!

Die Kinder reichen einander die Hände, heben sie in die Höhe und bilden einen Kreis. Katze und Maus sitzen, einander gegenüber, unter den Armen der Spielenden und führen das Gespräch. Bei den letzten Worten eilt die Maus davon, kreuz und quer durch die aufgehobenen Hände. Die Katze muß ihr auf allen Wegen folgen. Ist die Maus erhascht, so ist das Spiel zu Ende, und zwei andere Kinder werden Katze und Maus.

2. Kattje wußt du danzen,
Poot an Poot?
(Ringeltanz.)

3. Ik seh, wat 'k seh!
Wat süggst du dan?
Heel und heel wat witts.
Is 't an 'n Minske of van 'n Minske?
An 'n Minske! (Oder: Van 'n Minsk!)

---

[1]) einmal. [2]) Nägel.

Gewöhnlich zwei Spielende. Kann der Eine das Aufzusuchende nicht finden, so sagt er: Ik vergeef mi der up, und der Andere hat Sonstiges zu bezeichnen. Wird der Gegenstand gefunden, so werden die Rollen gewechselt.

4. Moder, Moder, de Klokken lüden.
„Wat sal dat bedüden?“
Ju Mann is dood.
„Wel hett dat daan?“
Al olle Hexen, dee vör ju staan.

Die Kinder wählen die Mutter, stellen sich vor ihr auf und singen abwechselnd mit ihr Obiges. Nach Absingung der Schlußzeile laufen die Kinder fort, die Mutter eilt ihnen nach und sucht eines zu haschen. Das ergriffene Kind ist jetzt die Mutter und das Spiel beginnt von Neuem.

5. Zeemantje, Zeemantje, help mi over 't Water,
'K kann d'r neet over komen,
'T Water fangt an to stromen.

Alle Kinder stehen an der Seite der Straße, eins mitten auf derselben. Dieses trägt die Kinder auf dem Rücken über die Straße, wobei fortwährend das Verschen gesungen wird.

6. Snieder wul 'n Büültsakk neien,
Sünder Naht, sünder Draht,
Sünder een of ander Naht.

Die Kinder stellen sich so in zwei Reihen auf, daß sie sich die Hände reichen können, die sie in die Höhe heben. Das erste Paar geht nun angefaßt unter alle Hände durch, stellt sich sodann wieder auf. So folgen alle Paare. Fortwährend werden obige Strophen gesungen.

7. Liekut, liekan,
Daar koom wi an,
Mit unse veertien, fieftien Man.
De Kapperaal,
De kikkt kaal,

De kikkt suur un de kikkt soit,
De kikkt alle Buren in de moit.
(Hand in Hand gehend gesungen.)

8. Mien Herr under de gries' graue Deken,
Dürt neet lachen un neet spreken,
Geen Handen bewiesen,
Geen Tanden bewiesen,
Hest van Nacht bei Kruuthoorntje slapen?

Alle Kinder stehen in einer Reihe, vor derselben der Sprecher. Hände müssen verborgen, Mund verschlossen sein. Indem nun der Sprecher obige Zeilen spricht, versucht er durch allerlei komische Fragen es dahin zu bringen, daß das betreffende Kind zum Sprechen oder Lachen verführt wird. Gelingt dies, so tritt es aus der Reihe oder giebt ein Pfand. Der Sprecher versucht nun sein Glück beim zweiten Kinde 2c.

9. Blinde Münneke, waar leid ik di?
In 't Haunderhukk.
Ga van mi,
Koom nooit of dien Levend weer an mi.

Man verbindet einem Kinde die Augen und führt es dann singend fort. Ist das Verschen zu Ende, so stößt man es von sich und es ist nun seine Aufgabe, eins der Kinder zu haschen und zu errathen, wer es ist. Gelingt ihm das, so tritt dieses an seine Stelle.

10. Alle mien Ennetjes swemmen over 't Water.
Ik kan d'r neet overkomen,
Dat Water fangt an to stromen. —
„Dan sall 'k Ju d'r overdragen“!
(Wie Nr. 5.)

11. Roosje van de Riede
Spunn so fiene Siede.
Fiene Siede, geel kruus Haar.
Mörgen wort 'et söven Jaar.

Söven Jaar in 't Runde,
Roosje drei di umme.
Roosje harr sükk wal bedocht,
Harr hör binnerst buten brocht.

Die Spielenden reichen einander die Hände und bilden einen Kreis. Bei Absingung der Zeile „Roosje drei di umme", wird stets ein anderes Kind genannt und hat sich dieses umzukehren. Ist dieses bei allen Kindern erfolgt, so erfolgt ein neues Umkehren.

12. Nünntje, wul Ji mee varen?
En ho ho en pil la lo,
En ho si so! —
Noch eenmaal in 't Runde.
Of daar ook een moj Meisje stunn.
En ho ho en pil la lo,
En ho si so. —
Nu mutt he wal an 't söken gaan, [1]
En ho ho en pil la lo,
En ho si so! —
Hest du nu Eene na dien Sinn, [2]
En ho ho en pil la lo,
En ho si so! —
De Pater sett sien Nünn up d' Stool, [3]
En ho ho en pil la lo,
En ho si so! —
De Pater gaf sien Nünn 'n Soon, [4]
En ho ho en pil la lo,
En ho si so! —
Dat dürt he noch wal dreemal donn, [5]
En ho ho en pil la lo,
En ho si so! —
De Pater helpt sien Nünn weer up, [6]
En ho ho en pil la lo,
En ho si so! —
De Pater joog sien Nünne der ut. [7]
En ho ho en pil la lo,
En ho si so! —

Die Spielenden bilden einen Kreis. Ein Kind, der „Pater“, steht in der Mitte. Bei 1 bleiben alle Kinder stehen und der Pater geht, eine „Nonne“ suchend, von einem Kinde zum andern und spricht: dee neet, dee neet, dee! Sofort setzt sich der Kreis in Bewegung und singt 2. Bei 3 huckt die Nonne nieder, bei 4 wird sie vom Pater einmal, bei 5 dreimal geküßt, bei 6 wird sie wieder aufgehoben und bei 7 aus der Mitte gestoßen. Sodann beginnt das Spiel von Neuem.

13. Klopp, klopp!
Wel kloppt dar?
„Antje Töferhexe.“
Wat wil de?
„'N Koolke Für halen.“
Ik heb geen Für.
„'K heb dien Schöstientje roken sehn.“
'T is hier naast west.
„Nee, 't is hier west!
Sal 'k man binnen komen?“
'K heb mien Hus schrubt.
„'K wil mien Footjes ofwisken.“
'K heb geen Feil.
„'K wil mien Schoontjes uttrekken.“
Dan koomt man binnen. — — —
„O wat leefe söte Kinderkes heb Ji daar je sitten,
Kan 'k daar wal eene van kriegen?“
Nee!
„För mien Good neet?“
Nee!
„För mien Blood neet?“
Nee!
„Dan steel 'k Ju eene.“

Die Kinder bilden einen Kreis. In demselben sitzt die Mutter mit den Kindern. Die Hexe klopft und entspinnt sich nun das Zwiegespräch. Nachdem sie Einlaß gefunden, stiehlt sie eins der Kinder und wird nun von der Mutter und den übrigen Kindern verfolgt.

14. A. Go'n Dag, witte Goos!
B. Go'n Dag, swarte Goos!
A. Wo mennig Kükens hest du?
B. As Gott mi gesen het.
A. Laat se ins kreien.

Zwei Kinder geben sich beide Hände. Hinter der weißen Gans stehen die übrigen Kinder als Küchlein, die bei den letzten Worten Kükelükil rufen.

15. Hansje mien Knecht!
„Bleeft mien Heer?“
Haal mi dit d'r heer,
Haal mi dat d'r heer,
Haal mi 't golden Huus d'r heer!
'T sal d'r heer un 't mutt d'r heer!

Es wird ein Herr und ein Knecht gewählt. Die übrigen Kinder stellen sich alle in einer Reihe auf und jedes wählt sich einen Namen, z. B. golden Raathus, golden Straatflinte, golden Schip, golden Karke u. s. w. Jetzt erfolgt obiges Gespräch zwischen Herrn und Knecht und dieser muß nun das Kind suchen, welches ihm vom Herrn genannt wurde. Fehlt der Knecht in der Wahl, so antwortet ihm das falschbezeichnete Kind: Stinkst as 'n Rakker, man neet as 'n Bakker. Der Herr verlangt nun ein anderes Kind gefunden zu sehen und dies so fort, bis der Knecht eins trifft. Dieses hat nun vor dem Knecht drei Schritte Vorsprung, um einem Ziele zuzulaufen. Hierbei sagt der Herr: Vögel fleeg ut un koom bol weer in Hus. Wird es auf diesem Laufe vom Knecht eingeholt, so kommt es in die Hölle; erreicht es früher das Ziel, in den Himmel. Das Spiel wird nun fortgesetzt, bis der Knecht alle Kinder gefunden hat. Der Herr, der Knecht und alle, die im Himmel sind, bilden nun ein Spalier, durch welches die Kinder der Hölle einzeln hin-, her- und hinlaufen müssen, wobei sie von beiden Seiten Schläge bekommen.

Aus dem Volksleben.

1. Ik wul, dat 't' altied Sönndag was,
Un overmörgen Paaske.
Dat in mien Geld geen Ende was,
Wat wul ik dan noch braasken. [1])

2. Ik sitt up mien Gemak
Un rook 'n Piep Tabak,
Un drink 'n Kopke Thee,,
Un dar bin 'k mit tofree.

3. Wen 't up is,
Wen 't al is,
Bescheert leeve Gott mehr.
Wen 't eene old Wief doot is,
Steit de ander vör de Dör.

4. De gaperg is,
De slaperg is,
Wat deit de bi de Bruut?
Un kan der dan geen Soontje of,
Dan is de Fründskupp ut.

5. Heidideldum,
Mien Wief is krumm,
Pukkel is hör Ranzel.
Scheer di der weg, du olle Wief,
Ik wil neet mi di dansen.

6. Lott is doot,
Lott is doot,

---

[1]) prahlen.

Liesje liggt up 't starven.
Dat is goot,
Dat is goot,
Nu kön wi noch wat arven.

7. Ik sul bi 'n old Wief deenen,
Dee har man een Tand;
Ik sul hör de Körsjes [1]) kauen —
See beet mi in de Hand.

8. Oll Marock, wat deist du hier?
Ik spinn 'n Piep mit Gaarn.
Wat sal dat Gaarn?
Sakken maken.
Wat söln de Sakken?
Törf in dragen.
Wat sal de Törf?
Für anböten.
Wat sal dat Für?
Water koken.
Wat sal dat Water?
Stenen geten.
Wat söln de Steenen?
Mesten wetten.
Wat söln de Mesten?
All Heern Höhner d' Kopp offnieden.
Wat hebb'n dee di to Leede dahn?
Sünt in mien Vaders Koorn gahn.
Wo hoog?
Himmelhoog.
Wo lang?
As 'n Bank.
Oll Marock, dar wort lütt,
Wat bedütt 't?
Mien Man is doot.

---

[1]) Krusten.

Dee lett wassen:
Good Koorn un good Flassen,
Good Koorn un good Liensaat,
Froo, is dat geen good Husgeraat?

13. Neet all in Paap sien Gatt,
Meßterohm will ook wat.

14. War is Greet?
War is Greet?
Dat weet ik neet.
Greet is in de Keller kropen,
Hett de Buur de Melk upsopen.
Dar is Greet,
Dar is Greet.

15. In de Kamer, Madam,
Sünt Rötten, Madam,
Hebben Steerten, Madam,
So lang ——— *) Madam.

16. Putthenneke, Putthenneke,
Wat deist du in unsen Hoff?
Du plükkst mi al mien Bloomkes of,
Dat wort mi völst to groff.
Mamake wil di kriegen,
Papake wil di slahn,
Putthenneke, Putthenneke,
Woh wil di dat noch gahn?

17. Gott Lof un Dank,
Mien Moder is krank,
Nu krieg wi 'n lüttje Puppe.

18. Gott Lof un Dank,
Mien Wief is krank,
Nu krieg wi bol [1]) wat Lüttjes.

---

*) Bezeichnung mit den Händen.
[1]) bald.

19. 'N olde Froo un 'n olde Koh,
Dar kummt een noch wat van to;
Man 'n olden Kerel un 'n old Peerd,
De sünt geen Bohne weert.

20. Hest du eerst 'n Steefmoor,
Dan kriggst du ook 'n Steefvaar, —
De Düfel hal se altegar.

21. Olde Kerels un olde Wiefen,
Gifft völ Kinder un völ Kifen.[1])

22. Geef mi 'n Tuutje[2]),
Mien Snuutje.

23. Du bist mien Hart, mien Ogentroost,
Wen ik di seh, is de Düfel loos.*)

---

[1]) Streit. [2]) Kuß.

*) Bei diesen Reimen haben wir uns der Ortographie unsrer verschiedenen Herren Korrespondenten gern anbequemt.

VII.

Statistisches.

1. Geographische Lage.

Das Fürstenthum Ostfriesland liegt zwischen 53° 3′ bis 53° 46′ nördl. Br. und 24° 18′ bis 25° 39′ östl. L. von Ferro. Es hat mit dem Harlingerlande einen Flächeninhalt von fast 54½ □-M.; auf jenes kommen etwa 47¾ □-M., auf dieses etwa 6¾ □-M.

---

2. Einwohnerzahl.

Die Einwohnerzahl betrug bei der letzten Volkszählung am 3. Dezember 1864 193,607, durchschnittlich also 3554 auf 1 □-M.; die Zahl der Haushaltungen 43,179, also 793 auf 1 □-M.; die der Wohnungen 31,819, also 584 auf 1 □-M.

---

4. Städte und Flecken.

Ostfriesland hat 5 Städte (Aurich, Emden, Norden, Leer und Esens), 13 Flecken (Dornum, Hage, Marienhafe, Nesse, Greetsiel, Oldersum, Pewsum, Detern, Bunde, Jemgum, Weener, Neustadt-Gödens, Wittmund) und 340 Landgemeinden mit durchschnittlich 470 Einwohnern.

---

5. Kirchengemeinden.

Zahl der lutherischen Gemeinden . . .	88
" " reformirten " . . .	75
" " lutherischen Geistlichen . . .	102
" " reformirten " . . .	87

Durchschnittliches Einkommen einer lutherischen Pfarrstelle . . . . 693 Thaler.

Durchschnittliches Einkommen einer reformirten Pfarrstelle . . . . 719 Thaler.

---

6. Schulverbände.

	protestant.	kathol.	israelit.
Schulverbände	311	10	11
Schulen	326	11	9
Klassen	440	13	13
Schüler	31970	627	425
Jährliches Schulgeld	48193 Thlr.	640 Thlr.	1197 Thlr.
Lehrerstellen	419	11	13
Gehalt der Lehrer . .	98523 Thlr.	1712 Thlr.	3823 Thlr.

Außerdem: Schullehrerseminar in Aurich, Taubstummen-Anstalt in Emden, Navigationsschulen in Emden, Leer und Timmel.

---

7. Höhere Schulanstalten.

	Klassen.	Lehrer.	Schüler.
Gymnasien:			
Aurich	11	10	166
Emden	9	9	168
Progymnasien:			
Leer	5	5	112
Norden	5	5	82

außerdem 2 lateinische Schulen in Esens und Wittmund.

8. Schiffsbestand.

Im Dezember 1866 waren in der Landdrostei Aurich mit Einschluß von Papenburg vorhanden:

Watt- und Küstenfahrzeuge 278
Davon gehörten zum Emsgebiet 113
" Nordseegebiet 165

56 Fahrzeuge des Emsgebiets gehören den Fehnen Stickhausen's und Aurich's; von den Watt- und Küstenfahrzeugen des Nordseegebiet's gehören Norderney allein 76.

Im Jahre 1865 betrug der Schiffsbestand:

	Zahl der Seeschiffe.	Lasten zu 4000 ℔.	Bemannung.
1. Emsgebiet (Landdrostei Aurich und Osnabrück)	558	36162	3253
2. Nordseegebiet (Landdrostei Aurich)	94	3655	394

An Schiffswerften hatte Ostfriesland = 53, Papenburg = 14.

9. Forsten.

An Forsten hat Ostfriesland

Domanialforsten . . . . 12881 Hannov. Morgen.
Gemeinde- und Privatforsten 2662 " "

Im Ganzen 15543 Hannov. Morgen.

10. Bodenkultur.

Neue Bodenkulturen im Jahre 1865:

Zu Ackerland und Gärten . . .	1365 Morg.	108 □R.
„ Wiesen	97 „	3 „
„ Forsten	1747 „	74 „

11. Verschiedenheit des Bodens.

Die Marsch	umfaßt ca.	23 □M.
Die Geest	„ „	12 „
Das Hochmoor	„ „	12½ „
Das Leegmoor	„ „	5 „
Die Inseln	„ „	1½ „

12. Flußgebiet.

Der Dollart hat einen Flächeninhalt von 3½ □M.
Die Leibucht „ „ „ „ 1 „

Die Länge der Ems von der Quelle bis zur Mündung beträgt 44 Meilen; davon kommen etwa 13 Meilen auf Ostfriesland.

13. Polder-Anwachs.

In den letzten hundert Jahren sind der Nordsee folgende Polder abgewonnen:

Der Leijanderpolder	eingedeicht	1769
„ Wester-Neßmerpolder	„	1772
„ Zuckerpolder	„	1774
„ Buscherpolder	„	1775
„ Neßmer-Oster-Interessentenpolder	„	1775
„ Boyhamspolder	„	1775

Der große und kleine Schulenburger Polder	eingedeicht	1781
" Lorenzpolder	"	1789
" Friederikenpolder	"	1799
" Teltingspolder	"	1804
" Münsterpolder	"	1839
" Ernst-Augustpolder	"	1848

Der am Dollart belegene Heinitzpolder ist in den Jahren 1791—93 eingedeicht.

14. Uebersicht der ostfriesischen Fehne, ihr Kulturzustand,

Namen der Fehne.	Jahr der ersten Gründung.	Zahl der Häuser.	Zahl der Einwohn.
1. Amt Aurich.			
West-Großefehn	1633	60	315
Mitte-Großefehn	1634	104	618
Ost-Großefehn	1634	278	1723
Lübbertsfehn	1637	49	277
Hüllenerfehn	1639	25	135
Boekzetelerfehn	1647	102	548
Iheringsfehn	1660	225	1189
Neuefehn	1660	86	469
Spetzerfehn	1775	180	999
Ihlowerfehn	1780	101	662
2. Amt Berum.			
Berumerfehn	1794	55	287
3. Amt Leer.			
Warsingsfehn	1736	302	1516
Rorichmoor	1736	48	241
4. Amt Stickhausen.			
Stickelkamperfehn	1660	90	491
Ost-Rhauderfehn	1763	141	826
West-Rhauderfehn	1768	404	2383
Beningafehn	1772	24	123
Nord-Georgsfehn	1825	51	294
Süd-Georgsfehn	1825	85	414
Holterfehn	1829	107	608
		2517	14118

*) Nach der Festschrift der Landwirthschafts-Gesellschaft zu Celle.

ihre Kanäle und Schiffskanäle im Jahre 1862.*)

Zahl der Kolonate.	Gesammtgehalt des Fehns (Diemat à 400 Q.-R. Rheinisch.)	Davon sind bis jetzt kultivirt (Diemat à 400 Q.-R. Rheinisch.)	Länge der Fahrkanäle nach Ruthen von 20' Rhein.: Haupt-Wieken.	Länge der Fahrkanäle nach Ruthen von 20' Rhein.: In-Wieken.	Zahl der Seeschiffe	Zahl der Torfschiffe.	Bemannung der Seeschiffe.	Bemannung der Torfschiffe.
53			240	—	9	—	39	—
103	2200	1676	950	—	29	10	126	20
283			1319	—	7	88	28	176
68	394	394	60	—	1	1	4	2
24	300	300	338	—	—	1	—	2
103	1065	1035	700	300	19	6	82	12
222	1087	788	1360	270	14	62	85	124
85	710	645	1772	219	11	16	48	32
178	1200	857	1945	333	3	54	12	108
96	538	406	650	280	2	44	5	88
57	2809	384	2028	1045	—	17	—	34
402	1359	620	1360	1940	23	52	73	104
71	257	257						
127	287	287	326	—	5	5	17	10
189	1150	260	1272	1893	3	56	22	74
404	1632	924	1980	3000	21	109	84	169
43	315	130	—	—	—	—	—	—
60	1430	139	433	—	—	23	—	46
85	—	299	594	869	—	20	—	40
125	510	162	870	96	1	36	3	72
2779	17243	9563	18197	10245	148	600	628	1113

15. Viehbestand nach der Zählung vom 3. Dezember 1864.

Selbstständige Städte.	Pferde.	Rindvieh.	Schafe.	Schweine.	Ziegen.	Bienenstöcke.
Aurich	147	357	128	313	171	13
Emden	205	634	485	92	84	27
Esens	88	312	247	279	85	116
Leer	196	708	571	479	234	40
Norden	227	442	236	461	121	32
Aemter.						
Aurich	4234	29336	11732	6289	116	4474
Berum	4402	14795	9381	5818	220	1194
Emden	4469	16748	11895	3229	134	290
Esens	3023	10461	8083	3193	89	1297
Leer	1738	11471	4508	2154	182	947
Stickhausen	2571	18990	11407	6208	233	3165
Weener	3451	16897	5924	2960	385	1223
Wittmund	3826	19767	10068	4491	505	2200
	28577	140918	74665	35966	2559	15018

Druckfehler.

S. 7 lies statt Baltrum, Nordernei — Nordernei, Baltrum.

S. 190 Zeile 18 v. o. eine statt ein.

S. 217 Zeile 6 v. o. gespuckt statt gespukt.

Schnellpressendruck von H. Risius in Weener.

www.ingramcontent.com/pod-product-compliance
Lightning Source LLC
Chambersburg PA
CBHW020854270326
41928CB00006B/698

* 9 7 8 3 7 4 2 8 0 9 5 0 6 *